ABITUR 2016

Original-Prüfungsaufgaben mit Lösungen

Latein

Bayern

2011–2015

STARK

6. ergänzte Auflage
www.stark-verlag.de

Inhalt

Übungsaufgabe 5

Original-Prüfungsaufgaben

Abiturprüfung 2011

Abiturprüfung 2012

Abiturprüfung 2013

Abiturprüfung 2014

Abiturprüfung 2015

Jeweils im Herbst erscheinen die neuen Ausgaben der Abiturprüfungsaufgaben mit Lösungen.

Autoren

Sonja Hausmann-Stumpf, Gerhard Metzger

Vorwort

Liebe Schülerin, lieber Schüler,

der vorliegende Band unterstützt Sie bei Ihrer effektiven Vorbereitung auf die schriftliche Abiturprüfung.

- Das einführende Kapitel „**Hinweise und Tipps**" gibt Ihnen wertvolle Informationen zum **Ablauf des Abiturs** sowie zum Spektrum der prüfungsrelevanten Schwerpunktthemen. Ferner werden Ihnen mögliche Arbeitsanweisungen (**Operatoren**) vorgestellt. Leicht umsetzbare, konkrete Tipps, die Ihnen bei Ihrer Vorbereitung und beim Verfassen der Antworten helfen, ergänzen diesen Abschnitt.
- Der zweite Teil des Buches enthält **Übungsaufgaben mit Musterlösungen**, die entsprechend den Vorgaben für das zentrale Abitur in Latein konzipiert sind und sich alle auf die im **Lehrplan** genannten Themen und Autoren beziehen. Vorangestellt und ebenfalls mit Lösungen versehen ist das **Musterabitur im Fach Latein** des Staatsinstituts für Schulqualität und Bildungsforschung (ISB). Mithilfe der Übungsaufgaben können Sie sowohl Ihre im Unterricht erworbenen Kenntnisse auffrischen als auch die Bearbeitung von Aufgaben unter Prüfungsbedingungen trainieren und optimieren. Insofern dient diese Übersicht auch der **selbstständigen Wiederholung des abiturrelevanten Lernstoffs**.
- Im dritten Teil folgen die vom Bayerischen Staatsministerium für Unterricht und Kultus gestellten **Original-Prüfungsaufgaben** der Jahre **2011** bis **2015**.
- Zu jeder Übungs- und Original-Prüfungsaufgabe finden Sie ausführliche, von unseren Autoren verfasste **Lösungsvorschläge**. Durch Rauten gekennzeichnet, vermitteln konkrete **Bearbeitungshinweise** Ihnen eine gezielte Vorgehensweise bei einzelnen Aufgaben.
- Ein **Stichwortverzeichnis** zu den Lösungen der Aufgaben von Teil B erleichtert Ihnen einen schnellen Zugriff auf zentrale Sachverhalte.

Sollten nach dem Erscheinen dieses Bandes noch **wichtige Änderungen** in der Abiturprüfung 2016 vom Bayerischen Staatsministerium für Unterricht und Kultus bekannt gegeben werden, finden Sie aktuelle Informationen dazu im Internet unter www.stark-verlag.de/pruefung-aktuell.

Verlag und Autoren wünschen Ihnen eine gute Vorbereitungsphase und viel Erfolg in der Abiturprüfung!

Stichwortverzeichnis

Hinweise und Tipps

1 Ablauf der Prüfung

Die schriftliche Abiturprüfung in Latein besteht aus zwei Teilen, einer Übersetzung (Teil A) und einem Aufgabenteil (Teil B). In Teil B sind acht Aufgaben zu bearbeiten, die der Prüfling selbstständig aus vierzehn vorgegebenen Aufgaben auswählt. Teil A und Teil B werden im Verhältnis 2:1 gewichtet.

Bearbeitungszeit

Die Bearbeitungszeit beträgt 240 Minuten (4 Stunden). Davon sind 30 Minuten als Einlesezeit vorgesehen, in der Sie auch schon Ihre 8 Aufgaben aus Teil B auswählen können. Geht man bei der Bearbeitungszeit ebenfalls von einer Gewichtung der Teile A und B im Verhältnis 2:1 aus, stehen für die Übersetzung des lateinischen Textes 140 Minuten und für die Bearbeitung des Aufgabenteils 70 Minuten zur Verfügung.

Erlaubte Hilfsmittel

Als Hilfsmittel kann ein zweisprachiges Wörterbuch benutzt werden, das vom Staatsministerium für Unterricht und Kultus genehmigt ist.

2 Inhalte

Die Übersetzung (Teil A) und der Aufgabenteil (Teil B) beziehen sich auf die im Lehrplan genannten Autoren und Anforderungen, inhaltlich in erster Linie auf die vier Semesterthemen.

11/1 *Vitae philosophia dux* – philosophische Haltungen
Autoren und Texte: philosophische Werke von Cicero (z. B. Auszüge aus: *De finibus*, *De natura deorum*, *Tusculanae disputationes*) und Seneca (z. B. Auswahl aus den *Epistulae morales ad Lucilium*); Texte zur Ergänzung: ausgewählte Passagen z. B. aus Lukrez: *De rerum natura*, aus Horaz: *Oden*, aus Werken christlicher Autoren (Augustinus, Boethius o. a.)

11/2 *Ridentem dicere verum* – satirische Brechungen
Autoren und Texte: aus Petrons *Satyrica* die *Cena Trimalchionis* (in Auszügen), ggf. weitere Passagen, Überblick über das Werk; Horaz: Auswahl aus

den Satiren; Texte zur Ergänzung: ausgewählte Passagen z. B. aus den satirischen Epigrammen Catulls, aus der mittelalterlichen Vagantendichtung, ggf. aus Erasmus von Rotterdam: *Laus Stultitiae*

12/1 *Nunc aurea Roma est* – politische Perspektiven
Autoren und Texte: Vergil: *Aeneis* (in Auszügen), Überblick über das Werk; Livius: *Ab urbe condita* (ausgewählte Passagen); Texte zur Ergänzung: ausgewählte Passagen z. B. aus Horaz: *Oden*, Augustus: *Res gestae*, Tacitus: *Annales*, Ovid: *Tristia*, *Epistulae ex Ponto*, Sueton: *Augustus-Vita*

12/2 *Si in Utopia fuisses mecum* – staatsphilosophische Entwürfe
Autoren und Texte: Cicero: *De re publica* (in Auszügen), Überblick über das Werk; Texte zur Ergänzung: ausgewählte Passagen z. B. aus Cicero: *De officiis*, Sallust: *Catilinae coniuratio* (Proöm), Seneca: *De clementia*, Augustinus: *De civitate Dei*

3 Prüfungsteile

Teil A: Die Übersetzung besteht aus einem Prosatext im Umfang von etwa 170 lateinischen Wörtern.

Teil B: Die im Aufgabenteil zu bearbeitenden Aufgaben sind drei im Anspruch sich steigernden Aufgabenbereichen zugeordnet.

- Teil I widmet sich sprachlichen, stilistischen bzw. literaturgeschichtlichen Grundkenntnissen und umfasst in der Regel Aufgaben der Typen: Angeben, Auswählen, Benennen, Beschreiben, (Wieder-)Erkennen, Nennen, Ordnen, Wiedergeben, Zusammenstellen, Zuweisen. Hier sind von fünf vorgegebenen Aufgaben vier selbst gewählte zu bearbeiten. Erreichbar sind jeweils vier Bewertungseinheiten.
- Teil II umfasst den Stoff verschiedener Halbjahre und in der Regel Aufgaben der Typen: Analysieren, Belegen, Einordnen, Entwickeln, Erfassen, Erklären, Erläutern, Erschließen, Herausarbeiten, Nachweisen, Paraphrasieren. Hier sind von sechs vorgegebenen Aufgaben drei selbst gewählte zu bearbeiten. Erreichbar sind jeweils sechs Bewertungseinheiten.
- Im Teil III müssen Sie anhand eines lateinischen Textes, dem eine deutsche Übersetzung beigegeben ist, im Rahmen einer Interpretation ein vertieftes Textverständnis nachweisen. Die hier in der Regel auftretenden Aufgabentypen sind: Begründen, Definieren, Erörtern, Interpretieren, Stellungnehmen, Überprüfen, Untersuchen, Vergleichen. Von drei vorgegebenen Aufgaben (darunter mindestens ein dichterischer Text und ein Prosatext) ist eine selbst gewählte zu bearbeiten. Erreichbar sind 16 Bewertungseinheiten.

4 Bewertung

Teil A: Die Bewertung der Übersetzung richtet sich nach folgenden Fehlerzahlen: 0–5,5 Fehler: Note 1; 6–10 Fehler: Note 2; 10,5–14,5 Fehler: Note 3; 15–19 Fehler: Note 4; 19,5–25 Fehler: Note 5; über 25 Fehler: Note 6.
Die Noten werden ins 15-Punkte-System umgerechnet und so weiter differenziert:

Note	Punkte	Fehler	Note	Punkte	Fehler	Note	Punkte	Fehler
1+	15	0–2,5	1	14	3–4	1–	13	4,5–5,5
2+	12	6–7	2	11	7,5–8,5	2–	10	9–10
3+	9	10,5–11,5	3	8	12–13	3–	7	13,5–14,5
4+	6	15–16	4	5	16,5–17,5	4–	4	18–19
5+	3	19,5–21	5	2	21,5–23	5–	1	23,5–25
6	0	über 25						

Teil B: Die Bewertung der Interpretationsaufgabe richtet sich nach folgenden Bewertungseinheiten (BE): 50–44 BE: Note 1; 43–35 BE: Note 2; 34–26 BE: Note 3; 25–17 BE: Note 4; 16–8 BE: Note 5; 7–0 BE: Note 6.
Die Noten werden ins 15-Punkte-System umgerechnet und so weiter differenziert:

Note	Punkte	BE	Note	Punkte	BE	Note	Punkte	BE
1+	15	50–49	1	14	48–47	1–	13	46–44
2+	12	43–41	2	11	40–38	2–	10	37–35
3+	9	34–32	3	8	31–29	3–	7	28–26
4+	6	25–23	4	5	22–20	4–	4	19–17
5+	3	16–14	5	2	13–11	5–	1	10–8
6	0	7–0						

5 Anforderungsbereiche und Operatoren

Teil A: Der Übersetzungstext ist meist Werken von Cicero, Seneca oder Livius bzw. diesen in Stil und Inhalt verwandten Autoren entnommen.
Teil B: Damit man bei den drei Aufgabenbereichen (I, II, III) eindeutig erkennen kann, was bei den einzelnen Aufgabenstellungen vom Bearbeiter verlangt wird, werden diese mit Operatoren (Schlüsselwörtern) formuliert. Im Allgemeinen lassen sich die Operatoren jeweils einem der drei Teile und einem Anforderungsbereich zuordnen. Die verschiedenen Operatoren entsprechen dem unterschiedlichen Anspruchsniveau der drei Anforderungsbereiche.
Im Folgenden werden die Operatoren in der für die Aufgabenstellung typischen Form der an Sie gerichteten Arbeitsanweisung anhand von Beispielen verdeutlicht.

Anforderungsbereich I:

Arbeitsanweisung	Worauf Sie achten müssen	Beispiel
Benennen Sie …	Sie versehen vorgegebene Inhalte bzw. Sachverhalte mit einem Begriff.	Benennen Sie die linguistische (sprachliche) Besonderheit der beiden Formen aus dem Übersetzungstext und die geläufigere Variante derselben: adparatu, adligatos. (S. 33)
Beschreiben Sie …	Sie legen die spezifischen Merkmale eines Sachverhalts in eigenen Worten dar.	Beschreiben Sie kurz das Verhältnis zwischen Seneca und Lucilius, wie es sich in den *Epistulae morales* darstellt. (2015-2)
Geben Sie … an	Sie führen Inhalte zu vorgegebenen Sachverhalten ggf. zusammenfassend auf.	Geben Sie die Namen zweier Göttinnen, die auf die Handlung in Vergils Äneis Einfluss nehmen, sowie jeweils ein Motiv für deren Einflussnahme an! (2013-2)
Geben Sie … wieder	Sie stellen bekannte Inhalte bzw. Sachverhalte knapp dar.	Geben Sie in knappen Worten wieder, wie die epikureische Philosophie zur menschlichen Gemeinschaft steht! (2014-2)
Nennen Sie …	Sie (er)kennen definierte Begriffe bzw. Phänomene und geben diese knapp und präzise wieder.	Nennen Sie zwei vorbildhafte Römer bzw. Römerinnen aus der Frühzeit Roms und weisen Sie Ihnen jeweils einen lateinischen Wertbegriff zu …! (2015-2)
Führen Sie … zurück	Sie nennen das zugrunde liegende lateinische Wort.	Führen Sie die beiden unterstrichenen italienischen Wörter auf ihren lateinischen Ursprung zurück! (2013-3)
Ordnen Sie …	Sie systematisieren Begriffe bzw. Elemente nach vorgegebenen oder selbst erarbeiteten übergeordneten Gesichtspunkten.	Ordnen Sie die historischen Ereignisse der Regierung des jeweiligen Kaisers zu, indem Sie auf Ihrem Arbeitsblatt zum jeweiligen Buchstaben die entsprechende Ziffer schreiben. (S. 2)
Stellen Sie … zusammen	Sie sammeln Begriffe bzw. Elemente nach vorgegebenen oder selbst erarbeiteten übergeordneten Gesichtspunkten.	Stellen Sie vier lateinische Substantive zum Wortfeld, Geist/Verstand zusammen! (2011-2)
Wählen Sie … aus	Sie prüfen vorgegebene Inhalte bzw. Sachverhalte und suchen gemäß der Aufgabenstellung die geforderten Elemente heraus.	Wählen Sie aus den folgenden Formen die vier aus, bei denen es sich um ein Gerundium handeln kann! (2012-2)

Weisen Sie … zu	Sie ordnen einzelne Inhalte bzw. Sachverhalte einer vorgegebenen Kategorie zu.	Weisen Sie die Namen der Personen den literarischen Werken zu, in denen sie jeweils eine wichtige Rolle spielen (…)! (2011-2)
Welche(n/s) … erkennen Sie … (wieder)	Sie erfassen und identifizieren vorgegebene Inhalte bzw. Sachverhalte.	Welche Stilmittel erkennen Sie im folgenden Ausschnitt aus dem Übersetzungstext? (2014-2)

Anforderungsbereich II:

Arbeitsanweisung	**Worauf Sie achten müssen**	**Beispiel**
Analysieren Sie …	Sie stellen einen Vers mit Symbolen für kurze und lange Silben sowie für Zäsuren dar.	Analysieren Sie die folgenden Verse metrisch, indem Sie Längen und Kürzen auf Ihr Arbeitsblatt schreiben und die einzelnen Verselemente gegeneinander abgrenzen! (2013-2)
Arbeiten Sie … heraus	Sie erkennen in den Aussagen eines Textes einen bestimmten Sachverhalt und stellen diesen dar.	Arbeiten Sie Gemeinsamkeiten und Unterschiede zwischen Ciceros Staatsdefinition und folgender Begriffsbestimmung in einem modernen Lexikon heraus! (2011-3)
Belegen Sie …	Sie weisen vorgegebene oder selbst aufgestellte Behauptungen bzw. Aussagen nach.	Belegen Sie anhand Ihrer Kenntnis von Petrons *Cena Trimalchionis*, dass die folgenden Aussagen des Klassischen Philologen B. Kytzler zutreffen. (2015-3)
Entwickeln Sie …	Sie strukturieren Sach- und Denkzusammenhänge selbstständig und stellen diese mit eigenen Worten dar.	Entwickeln Sie ausgehend von der vorliegenden Textstelle, welche Funktionen Anspielungen auf die Geschichte Roms in der *Aeneis* haben! (2012-7)
Erfassen Sie …	Sie verstehen einen bestimmten sprachlichen oder inhaltlichen Sachverhalt in seinem Kern.	Erfassen Sie zwei wesentliche Informationen, die im folgenden italienischen Text über Shakespeares Werk *Julius Caesar* enthalten sind! (2012-3)
Erklären Sie …	Sie ordnen einen Sachverhalt in einen Zusammenhang (z. B. Regel, Modell, Kontext) ein und legen die bestehenden inneren Beziehungen dar.	Erklären Sie aufgrund Ihrer Kenntnisse der Überlieferung die Richtigkeit des Zitats. Zwei Gesichtspunkte mit Belegen aus dem Text genügen. (S. 35)
Erläutern Sie …	Sie verdeutlichen einen Sachverhalt durch zusätzliche Informationen (Beispiele, Belege, Begründungen) auf nachvollziehbare Weise.	Erläutern Sie, inwieweit die folgenden Aussagen des Historikers Fritz Stern über die Aufgaben eines Geschichtsschreibers auf die Geschichtsschreibung des Livius zutreffen! (2014-3)

Erschließen Sie …	Sie ermitteln durch bestimmte Schlussfolgerungen einen bestimmten sprachlichen oder inhaltlichen Sachverhalt.	Erschließen Sie den Sprecher der folgenden Worte! (2012-3)
Ordnen Sie … ein	Sie fügen einen Sachverhalt bzw. eine Aussage mit erläuternden Hinweisen in einen Zusammenhang ein.	Ordnen Sie folgende Textstelle in ein philosophisches System der Antike ein! (2014-2)
Paraphrasieren Sie …	Sie geben mit eigenen Worten den Textinhalt unter Wahrung der Informationsreihenfolge wieder.	Paraphrasieren Sie kurz die folgende Passage aus Livius' Geschichtswerk, in welcher der Beginn der Schlacht am Trasimener See (217 v. Chr.) geschildert wird! (2011-3)
Weisen Sie … nach	Sie bestätigen einen Sachverhalt bzw. eine Aussage durch eigene Untersuchungen am Text.	Weisen Sie anhand des folgenden lateinischen Textes nach, dass Lucretia von Livius zum Idealbild einer römischen Frau stilisiert wird! (2012-4)

Anforderungsbereich III:

Arbeitsanweisung	Worauf Sie achten müssen	Beispiel
Begründen Sie …	Sie stützen einen Sachverhalt bzw. eine Aussage durch nachvollziehbare Argumente (und Belege).	
Definieren Sie …	Sie erklären den Inhalt eines Begriffes so knapp und präzise wie möglich und grenzen gegebenenfalls zwei Begriffe gegeneinander ab.	Definieren Sie den historischen Begriff „Annalistik". (S. 64)
Erörtern Sie …	Sie untersuchen eine These bzw. Problemstellung in Form einer Gegenüberstellung von Argumenten und Gegenargumenten und bewerten diese mit einer begründeten Stellungnahme.	Erörtern Sie aus Ihrer Kenntnis der antiken Philosophie die im Text behandelte Todesproblematik. (S. 53)
Interpretieren Sie …	Sie erarbeiten auf der Basis methodisch reflektierten und sachangemessenen Deutens von textimmanenten und ggf. textexternen Elementen und Strukturen die Gesamtdeutung eines Textes bzw. Textteils selbstständig und stellen nachvollziehbar ein komplexes Textverständnis unter Beweis.	Interpretieren Sie – ausgehend vom lateinischen Original – die vorliegende Textstelle nach formalen und inhaltlichen Gesichtspunkten! (2014-5)

Nehmen Sie … Stellung	Sie vertreten unter Heranziehung von Kenntnissen (über Autor, Sachverhalt, Kontext) differenziert eine eigene begründete Position.	
Überprüfen Sie …	Sie überprüfen eine Aussage auf ihre Richtigkeit vor dem Hintergrund vorhandener Kenntnisse.	
Untersuchen Sie …	Sie arbeiten unter gezielten Fragestellungen sprachliche, inhaltliche und/oder strukturelle Merkmale eines Textes heraus und stellen diese im Zusammenhang dar.	Untersuchen Sie, inwieweit die hier geschilderte Staatsform der Vorstellung Ciceros von der bestmöglichen Staatsverfassung entspricht. (2015-4)
Vergleichen Sie … (allgemein)	Sie ermitteln nach vorgegebenen oder selbst gewählten Gesichtspunkten Gemeinsamkeiten, Ähnlichkeiten und Unterschiede von Texten, Bildern o. Ä. und stellen diese dar.	Vergleichen Sie, wie Einstellung und Lebensumstände des Ganymedes und des Trimalchio in den *Satyrica* jeweils dargestellt werden! (2012-5)
Vergleichen Sie … (Übersetzungen)	Sie vergleichen Übersetzungen lateinischer Texte mit dem Original oder untereinander.	Vergleichen Sie die beiden Übertragungen der Passage aus dieser Horaz-Satire sowohl mit dem Original als auch untereinander. (S. 6)

6 Methodische Hinweise und allgemeine Tipps

Teil A: Übersetzung

a) Stellen Sie den Autor fest und überlegen Sie, welche Texte dieses Autors Sie im Unterricht gelesen haben. Um welche Inhalte ging es?
b) Studieren Sie genau die Überschrift des Übersetzungstextes. Sie gibt Ihnen wichtige Hinweise zum Inhalt.
c) Sie haben genügend Zeit, um den Text zunächst gedanklich kursorisch zu analysieren, bevor Sie an die schriftliche Ausarbeitung gehen.
d) Falls Sie an einer Stelle Verständnisprobleme haben, denken Sie daran, dass der spätere Text oft Hinweise zum Verständnis früherer Sätze liefert. Kehren Sie später wieder zur ungeklärten Stelle zurück: Oft ergibt sich aus dem Gesamttext das Verständnis eines einzelnen Satzes.
e) Übersehen Sie die Hinweise in den Anmerkungen nicht! So ersparen Sie sich unnötige Arbeit.

Teil B: Aufgabenteil

a) Bedenken Sie, wie viele Bewertungseinheiten jeder Aufgabe zugeordnet sind (Teil I: 4 Bewertungseinheiten; Teil II: 6 Bewertungseinheiten; Teil III: 16 Bewertungseinheiten!). Entsprechend umfangreich ist die von Ihnen erwartete Arbeitsleistung.

b) Das unter a Ausgeführte gilt vor allem für den Teil III: 16 Bewertungseinheiten bedeuten, dass Sie etwa acht bewertbare Aspekte vorbringen sollten, um die volle Punktzahl zu erreichen. Dabei ist zu berücksichtigen, dass die Lösung der Interpretationsaufgabe in zwei Teilaufgaben oder in einer zusammenhängenden Darstellung ohne Trennung in Teilaufgaben (Beispiele für Letzteres vgl. S. 91 f., S. 130 f.) erfolgen kann. Die Argumentation sollte präzise und folgerichtig sein und sich an der Fachterminologie des Faches Latein orientieren.

c) Lesen Sie jede Aufgabenstellung genau durch und machen Sie sich klar, wonach gefragt ist, um keinen Gesichtspunkt auszulassen, aber auch nicht durch überflüssige Argumente Zeit zu verlieren.

Machen Sie sich mit gängigen Aufgabentypen vertraut und üben Sie diese ein. Folgende Aufgabentypen haben sich in den vergangenen Jahren oft wiederholt und sind gut vorzubereiten:

- Anforderungsbereich I: Erkennen von Stilfiguren, Zusammenstellen von Wortfeldern, Zuordnung von Realien oder literarischen Werken zu Personen (Autoren, Regenten usw.);
- Anforderungsbereich II: Erklärung aus dem Lateinischen stammender Fremdwörter, metrische Analyse von lateinischen Versen (Distichon oder Hexameter), Satzanalyse eines Prosatextes, Einordnung einer lateinischen Textstelle in ein philosophisches System der Antike;
- Anforderungsbereich III: Interpretation eines Gedichts oder eines Prosatextes.

Besonders wichtig für den Aufgabenteil sind folgende vier Inhaltsbereiche, die Sie sich anhand einer Literaturgeschichte oder anhand von Unterrichtsskripten sicher aneignen und beherrschen müssen:

- Epikur und seine Philosophie (Epikureismus)
- die Philosophie der Stoa
- Ciceros Werk vom Staat *(De re publica)*
- Vergils *Aeneis*

Abitur Latein (Bayern)
Musterabitur

Teil A: Übersetzung

Politiker sollen dem Gemeinwohl, nicht Einzelinteressen dienen! (Cicero)

Qui rei publicae praefuturi sunt, duo Platonis praecepta teneant: unum, ut utilitatem civium sic tueantur, ut, quaecumque agunt, ad eam referant – obliti commodorum suorum; alterum, ut totum corpus rei publicae curent, ne, dum partem aliquam tuentur, reliquas deserant. Ut enim tutela[1], sic procuratio rei publicae ad eorum utilitatem, qui commissi sunt, non ad eorum, quibus commissa est, gerenda est. Qui autem parti civium consulunt, partem neglegunt, rem perniciosissimam in civitatem inducunt.

Hinc apud Athenienses magnae discordiae ortae sunt, in nostra re publica non solum seditiones, sed etiam pestifera bella civilia. Quae gravis et fortis civis et in re publica principatu dignus fugiet atque oderit tradetque se totum rei publicae neque opes aut potentiam consectabitur totamque eam sic tuebitur, ut omnibus consulat. Nec vero criminibus falsis in odium aut invidiam quemquam vocabit.

Et omnino ita iustitiae honestatique adhaerescet, ut, dum[2] ea conservet, graviter offendat[3] mortemque oppetat potius, quam deserat illa, quae dixi.

Nec vero audiendi sunt, qui graviter inimicis irascendum putabunt. Nihil enim laudabilius, nihil magno et praeclaro viro dignius placabilitate atque clementia.

(172 lateinische Wörter)

1 tutela, -ae *hier:* Vormundschaft
2 dum *hier:* solange nur
3 offendere *hier:* Anstoß erregen

Teil B: Aufgabenteil

Teil I

Bearbeiten Sie von den folgenden fünf Aufgabenstellungen ***vier Aufgaben nach eigener Wahl****. Erreichbar sind je 4 Bewertungseinheiten.*

1. Welche Stilmittel erkennen Sie im folgenden Ausschnitt aus dem Übersetzungstext? Geben Sie zwei Stilmittel mit den entsprechenden lateinischen Belegstellen an.

   Ut enim tutela, sic procuratio rei publicae ad eorum utilitatem, qui commissi sunt, non ad eorum, quibus commissa est, gerenda est. Qui autem parti civium consulunt, partem neglegunt, rem perniciosissimam in civitatem inducunt.

2. Stellen Sie vier lateinische Verben zum Wortfeld „sich kümmern, sich sorgen" zusammen. Der Übersetzungstext bietet Ihnen Anhaltspunkte.

3. Geben Sie in knappen Worten wieder, was man unter dem philosophischen Begriff *eudaimonia* versteht.

4. Wählen Sie aus den nachstehenden Begriffen die vier aus, mit denen sich das folgende metrische Schema charakterisieren lässt.

   – ∪ ∪ / – – / – – / – ∪ ∪ || – ∪ ∪ / – ∪

   Bukolische Dihärese, Daktylus, Hephthemimeres, Hexameter, Iambus, Pentameter, Spondeus, Tetrameter

5. Ordnen Sie die historischen Ereignisse der Regierung des jeweiligen Kaisers zu, indem Sie auf Ihrem Arbeitsblatt zum jeweiligen Buchstaben die entsprechende Ziffer schreiben (z. B. G → 5).

A) Nero	1. *Kreuzigung Jesu*
B) Hadrian	2. *Varusschlacht*
C) Augustus	3. *Brand von Rom*
D) Titus	4. *Einweihung des Kolosseums*
E) Tiberius	
F) Diokletian	

Teil II

Bearbeiten Sie von den folgenden sechs Aufgabenstellungen ***drei Aufgaben nach eigener Wahl****. Erreichbar sind je 6 Bewertungseinheiten.*

6. „Satire ist immer unbescheiden (K. Tucholsky)".
   Belegen Sie diese Aussage aus Ihrer Kenntnis von Petrons *Satyrica*.

7. Erschließen Sie drei Informationen aus dem folgenden italienischen Text über die Arena von Verona.

   Gli spettacoli iniziano alle nove. Le persone con i biglietti entrano circa due o tre ore prima per occupare i posti migliori. Quando l' orchestra inizia a suonare, tutti gli spettatori accendono una candela e l' Arena resta illuminata per alcuni minuti.

8. Entwickeln Sie anhand des vorliegenden Textes die Auffassung Ciceros von der Rolle der Götter. Drei wesentliche Gesichtspunkte genügen.

   Sit igitur hoc iam a principio persuasum civibus, dominos esse omnium rerum ac moderatores deos, eaque, quae gerantur, eorum geri iudicio ac numine, eosdemque optime de genere hominum mereri, et qualis quisque sit, quid agat, quid in se admittat, qua mente, qua pietate colat religiones, intueri, piorumque et impiorum habere rationem.

   Übersetzung
   Die Bürger sollen also schon von Anfang an überzeugt davon sein, dass die Götter die Herren und Lenker aller Dinge sind, dass alles, was geschieht, aufgrund ihrer Entscheidung und mit ihrem Willen geschieht, dass sie sich ebenso um das Menschengeschlecht in höchstem Maße verdient machen und dass sie genau sehen, wie jeder Einzelne ist, was er tut, was er sich zuschulden kommen lässt, mit welcher Einstellung und mit welcher Gesinnung er seine religiösen Pflichten erfüllt, und dass sie die Frommen wie die Frevler zur Rechenschaft ziehen. → stoisches Gedankengut

   (Cicero: Über die Gesetze. Stoische Paradoxien/De legibus. Paradoxa Stoicorum. Hg. und übersetzt von Rainer Nickel. 3. Aufl. Düsseldorf: Artemis & Winkler 2004)

9. Arbeiten Sie, ausgehend von folgender Passage des Werks *De cive* von Th. Hobbes, die Unterschiede zu Ciceros Auffassung vom Zusammenleben der Menschen im Staat heraus. Drei Gesichtspunkte genügen.

   Homo homini deus et homo homini lupus. Illud, si concives inter se, hoc, si civitates comparemus. Illic iustitia et caritate, virtutibus pacis, ad similitudinem dei acceditur. Hic propter malorum pravitatem recurrendum etiam bonis est, si se tueri volunt, ad virtutes bellicas vim et dolum, id est ad ferinam pacitatem.

   Übersetzung
   Der Mensch ist ein Gott für den Menschen und der Mensch ist ein Wolf für den Menschen; jener, wenn man die Bürger untereinander, dieser, wenn man die Staaten untereinander vergleicht. Dort nähert man sich durch Gerechtigkeit, Liebe und alle Tugenden des Friedens der Ähnlichkeit mit Gott; hier müssen selbst die Guten bei der Verdorbenheit der Schlechten ihres Schutzes wegen die kriegerischen Tugenden, die Gewalt und die List, d. h. die Raubsucht der wilden Tiere, zu Hilfe nehmen.

   (M. Frischeisen-Köhler)

10. Entwickeln Sie in knappen Worten drei wesentliche Merkmale des Maecenaskreises.

11. Arbeiten Sie anhand der abgebildeten Statue des Augustus wesentliche propagandistisch-politische Aussagen, die mit dieser Darstellung dem Betrachter vermittelt werden sollten, heraus. Drei Gesichtspunkte genügen.

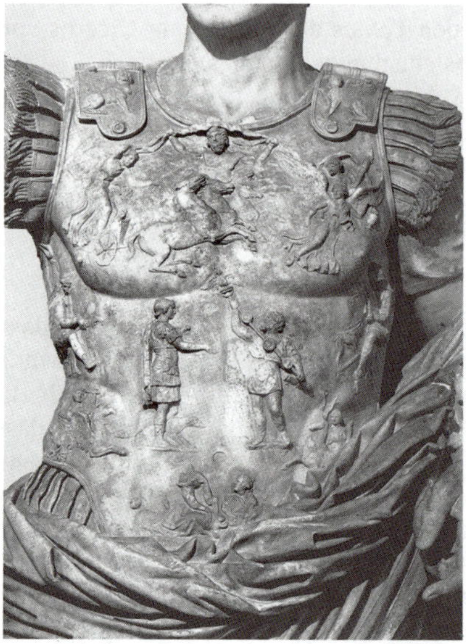

Foto: © akg-images

Foto: bpk/Scala

→ großer Herrführer (Rüstung) → göttlich bestimmt (Amor)

Teil III → guter Redner (erhobener Arm)

Bearbeiten Sie von den folgenden drei Aufgabenstellungen ***eine Aufgabe nach eigener Wahl****. Die Bearbeitung dieser Aufgabe kann auch in einer zusammenhängenden Darstellung ohne Trennung in Teilaufgaben erfolgen. Erreichbar sind 16 Bewertungseinheiten.*

12. **Cicero, *De finibus bonorum et malorum* 1,38**

Itaque non placuit Epicuro medium esse quiddam inter dolorem et voluptatem; illud enim ipsum, quod quibusdam medium videretur, cum omni dolore careret, non modo voluptatem esse, verum etiam summam voluptatem. Quisquis enim sentit, quemadmodum sit affectus, eum necesse est aut in voluptate esse aut in dolore. Omnis autem privatione doloris putat Epicurus terminari summam voluptatem, ut postea variari voluptas distinguique possit, augeri amplificarique non possit.

Übersetzung

Deswegen lehnte Epikur die Meinung ab, es gebe ein Mittleres zwischen Schmerz und Lust; er meinte nämlich, eben das, was manche für das Mittlere hielten, wenn man von jedem Schmerz frei sei, bedeute nicht nur Lust, sondern sogar die höchste Lust. Denn jeder, der empfindet, wie er gestimmt ist, befindet sich zwangsläufig entweder im Zustand der Lust oder in dem des Schmerzes. In jedem Fall wird aber nach der Meinung Epikurs die höchste Lust durch die Befreiung von Schmerz bestimmt, sodass danach die Lust zwar noch verändert und differenziert, jedoch nicht mehr gesteigert und erweitert werden kann.

(Cicero: De finibus bonorum et malorum. Über das höchste Gut und das größte Übel. Lat./Dt. Übers. und hg. von Harald Merklin. Stuttgart: Reclam 1989)

a) Interpretieren Sie – ausgehend vom lateinischen Original – den obigen Text nach formalen und inhaltlichen Kriterien. (10 BE)

b) In einem Philosophielexikon wird der Begriff „Hedonismus“ wie folgt definiert:

„Bezeichnung für eine ethische Haltung, die zum einen das Erreichen des Glücks als oberstes Ziel menschlichen Handelns und Strebens lehrt … und andererseits das Wesen des Glücks in der Erreichung der Lust sieht. Das ethische Verhalten wird von einem objektiven Gut her bestimmt, das ein Höchstmaß an menschlichem Wohlbefinden bietet. Hinsichtlich der inhaltlichen Angabe, was unter Wohlbefinden zu verstehen sei, beschränkt sich der Hedonismus darauf, Glück negativ zu bestimmen als Vermeiden von Unlust, positiv als möglichst großen Lustgewinn.“

(Peter Prechtl/Franz-Peter Burkhard (Hgg.): Metzler Lexikon Philosophie. 2. Aufl. Stuttgart, Weimar: J. B. Metzler 1999, S. 229)

Vergleichen Sie diese Definition mit den entsprechenden Vorstellungen der Epikureer. (6 BE)

13. Horaz, Satiren 2,1,1–12

Sunt, quibus in satura videar nimis acer et ultra
legem tendere opus; sine nervis altera, quicquid
composui, pars esse putat similisque meorum
mille die versus deduci posse. Trebati[1]*,*
quid faciam, praescribe! „Quiescas.“ Ne faciam, inquis,
omnino versus? „Aio.“ Peream male, si non
optimum erat; verum nequeo dormire. „Ter uncti
transnanto Tiberim, somno quibus est opus alto,
inriguumque mero sub noctem corpus habento.
Aut, si tantus amor scribendi te rapit, aude
Caesaris invicti res dicere, multa laborum
praemia laturus.“

1 Trebatius: berühmter Rechtsgelehrter, auch Freund von Cicero und Octavian

Übersetzung I

Einigen scheine zu scharf ich zu sein in meiner Satire,
über das Maß den Bogen zu spannen; ein andrer Teil hält für
kraftlos, was ich geschaffen, meint, Verse wie meine vermöcht man
tausend am Tage zu spinnen. Was soll ich da machen, Trebatius?
Gib deinen Rat mir! – „Nun, hör damit auf!“ – Du meinst, gar keine Verse
soll ich mehr schreiben? – „So ist es.“ – Beim Henker, es wäre das Beste!
Aber ich kann halt nicht ruhen. – „Wer Tiefe des Schlafes entbehret,
möge sich salben mit Öl und dreimal den Tiber durchschwimmen
und seinen Körper zur Nacht von innen mit Rebensaft tränken.
Oder wenn dich so machtvoll die Lust zum Schreiben gepackt hält,
wag es, die Taten des unüberwindbaren Caesar zu singen!
Reichlich wird's lohnen der Mühen.“

(Übersetzt von Manfred Simon. In: Horaz: Sämtliche Werke: Oden, Epoden, Satiren, Briefe. Hg. und übersetzt von Manfred Simon und Wolfgang Ritschel. Köln: Anaconda 2009)

Übersetzung II

Horaz Es gibt Personen, denen ich zu scharf im Tadeln, und die Rechte der Satire weit über das Gesetz zu dehnen scheine: hingegen andre finden alles, was ich noch geschrieben, nervenlos, und meinen, solcher Verse wie diese könne man in einem Tag ein ganzes Tausend spinnen. Rate mir, Trebaz, was soll ich machen? **Trebatius** Ruhig sein. **Hor**. Gar keine Verse machen, meinst du? **Tr**. Allerdings. **Hor**. Ich will gehangen sein, wofern das nicht das beste wär'; allein, ich kann nicht schlafen. **Tr**. Wem fester Schlaf gebricht, dem fügen wir zu wissen, dass er, wohl mit Öl gesalbt, die Tiber dreimal durchzuschwimmen und die Kehle vor dem Schlafengehn mit altem Weine reichlich zu waschen habe! – Oder, wenn dich ja die Schreibesucht so übel plagt, so wag' es die Taten des unüberwundnen Cäsars zu singen; eine Mühe, die gewiss sich wohl belohnen würde.

(Chr. M. Wieland)

a) Interpretieren Sie – ausgehend vom lateinischen Original – den obigen Text nach <u>formalen</u> und <u>inhaltlichen</u> Kriterien. Arbeiten Sie hierbei auch die für die Satirendichtung des Horaz typischen Elemente heraus. (10 BE)

b) Vergleichen Sie die beiden Übertragungen der Passage aus dieser Horaz-Satire sowohl mit dem Original als auch untereinander. (6 BE)

14. **Livius, *Ab urbe condita* 1,16,5–8**

König Romulus verschwindet am Ende seines Lebens während eines Gewitters auf mysteriöse Weise, nachdem ihn eine Wolke verhüllt hat. Das trauernde Volk ist unsicher, ob es an seine Entrückung zu den Göttern oder an seine Beseitigung durch die dem König weniger geneigten Senatoren glauben soll. In dieser Situation spricht ein gewisser Proculus Iulius zum Volk:

„Romulus," inquit, „Quirites, parens urbis huius, prima hodierna luce caelo repente delapsus se mihi obvium dedit. Cum perfusus horrore venerabundusque adstitissem petens precibus, ut contra intueri fas esset, ‚Abi, nuntia,' inquit, ‚Romanis, caelestes ita velle ut mea Roma caput orbis terrarum sit; proinde rem militarem colant sciantque et ita posteris tradant nullas opes humanas armis Romanis resistere posse.' Haec, inquit, locutus sublimis abiit." Mirum quantum illi viro nuntianti haec fides fuerit, quamque desiderium Romuli apud plebem exercitumque facta fide immortalitatis lenitum sit.

Übersetzung

„Mitbürger, heute beim ersten Licht des Tages kam Romulus, der Vater dieser Stadt, plötzlich vom Himmel herab und trat mir entgegen. Als ich vom Schauer durchbebt und in tiefer Ehrfurcht vor ihm stand und ihn bat, ihm ins Antlitz blicken zu dürfen, sagte er: ‚Geh, verkünde den Römern, es sei der Wille der Himmlischen, dass mein Rom das Haupt des Erdkreises sei. Sie sollen alle das Kriegswesen pflegen und sie sollen es wissen und es an ihre Nachkommen weitergeben, dass keine Macht der Welt den Waffen Roms widerstehen kann.' Nach diesen Worten", sagte er, „entschwand er in die Höhe". Es ist erstaunlich, wie viel Glaube der Mann mit diesen Worten fand und wie der Schmerz um Romulus beim Volk und beim Heer gelindert wurde, nachdem seine Unsterblichkeit als erwiesen galt.

a) Interpretieren Sie – ausgehend vom lateinischen Original – den obigen Text nach formalen und inhaltlichen Kriterien. (10 BE)

b) Vergleichen Sie die Aussagen über die Bestimmung Roms mit den folgenden Äußerungen des Anchises in Vergils *Aeneis.* (6 BE)

Excudent alii spirantia mollius aera
(credo equidem), vivos ducent de marmore vultus,
orabunt causas melius, caelique meatus
describent radio et surgentia sidera dicent:
tu regere imperio populos, Romane, memento
(hae tibi erunt artes), pacique imponere morem,
parcere subiectis et debellare superbos *(Vergil, Aeneis 6,847–853)*

Übersetzung

Andere werden sein, die behutsam seelenvolle Erzbildnisse schaffen, so glaube jedenfalls ich, und aus Marmor lebendige Gestalten meißeln. Andere werden Rechtssachen besser vertreten und den Umlauf des Himmels genauer mit dem Zirkel beschreiben und das Steigen der Gestirne vorhersagen. Du aber, Römer, bedenke, dass du mit deiner Macht die Völker lenken sollst! Darin wird deine Kunstfertigkeit bestehen. Und in den Frieden sollst du Gesittung pflanzen, schonen die Unterlegenen und die Anmaßenden mit Krieg überziehen.

(Vergil: Aeneis. Prosübertragung, Nachwort und Namenverzeichnis von Volker Ebersbach. Stuttgart: Reclam 1982)

Lösungen

Teil A: Übersetzung

Leute *(ergänzt),* die den Staat leiten sollen (praefuturi sunt: *Coniugatio periphrastica activa*), mögen sich an zwei Grundsätze Platons halten: Erstens, dass sie den Nutzen für die Bürger so im Blick haben, dass sie, was auch immer sie tun, auf ihn beziehen – ohne an den eigenen Vorteil zu denken; zweitens, dass sie sich um den ganzen Staatskörper kümmern, um nicht, während sie für einen Teil sorgen, den Rest aus dem Auge zu verlieren. Nämlich wie eine Vormundschaft, so ist die Fürsorge für den Staat zum Nutzen derjenigen, die anvertraut sind, nicht aber derjenigen, denen er anvertraut ist, zu gestalten. Leute aber, die nur *(ergänzt)* für einen Teil der Bürgerschaft sorgen, einen Teil vernachlässigen, bringen schlimmstes Verderben in den Staat.
Hieraus entstanden in Athen (*wörtlich:* bei den Athenern) große Zwistigkeiten, in unserem Staat nicht nur aufrührerische Bewegungen, sondern auch unheilvolle Bürgerkriege. Solche (*wörtlich:* diese) wird ein ernsthafter, tatkräftiger und der ersten Stelle im Staat würdiger Mitbürger vermeiden, ablehnen, sich ganz dem Staat widmen und nicht nach Reichtum und Macht streben, vielmehr *(ergänzt)* sich um ihn (den Staat) in seiner Gesamtheit (*für* totam: insgesamt) so kümmern, dass er für alle sorgt. Und er wird wahrlich niemanden durch falsche Anschuldigungen verhasst machen oder in Verruf bringen.
Und er wird sich überhaupt so der Gerechtigkeit und Ehrenhaftigkeit verschreiben (*für* adhaerescet: anhängen), dass er, solange er diese nur unversehrt *(ergänzt)* bewahren kann, eher schweren Anstoß (graviter: *im Lateinischen Adverb*) erregen und den Tod akzeptieren würde, als dass er jene Grundsätze *(ergänzt),* welche ich beschrieben habe, aufgäbe.
Nicht freilich darf man auf diejenigen *(ergänzt)* hören, welche glauben *(im Lateinischen Futur)*, dass man Feinden ernsthaft zürnen müsse. Nichts nämlich ist lobenswerter, nichts eines großen und bedeutenden Mannes würdiger als eine versöhnliche und milde Wesensart (*für* placabilitate atque clementia: Versöhnlichkeit und Milde; *hier liegt ein Ablativus comparationis vor, ein Ablativ des Vergleichs*).

Cicero, De officiis 1, 85 ff.

Teil B: Aufgabenteil

Teil I

1. Vergleich: *ut enim tutela, sic procuratio ...*
   Antithese: *ad eorum ... non ad eorum ...*

2. *consulere, curare, providere, tueri*

3. Das griechische Wort *eudaimonia* bedeutet „Glück". In der antiken Philosophie ist dieses „Glück" Ziel einer richtigen Lebensführung, wie sie nach den Maximen verschiedener Philosophenschulen in unterschiedlicher Weise anempfohlen wird. Im Lateinischen steht für *eudaimonia* die Bezeichnung *vita beata*, vgl. die Schrift Senecas *De vita beata.*

4. Bukolische Dihärese, Daktylus, Hexameter, Spondeus

5. E 1, C 2, A 3, D 4

Teil II

6. *Sie können bei Ihrer Argumentation davon ausgehen, dass die* Satyrica *Petrons weder in ihrer literarischen Qualität noch in ihrer Wirkung auf den Leser „unbescheiden" sind.*

   „Bescheiden" könnte eine Satire sein, wenn sie ohne Glanz und literarischen Anspruch daherkäme oder wenn sie nicht auf eindringliche Wirkung auf den Adressaten aus wäre. Beides gilt für Petrons *Satyrica* nicht: Die von Petron geschriebene menippeische Satire, die aus einer Verbindung von Vers- und Prosapassagen besteht, ist voller literarischer Glanzstücke, sie spielt auf ironische Weise gekonnt mit verschiedenen Gattungen, man denke nur an die Novelle der „Witwe von Ephesus" oder an die Travestie eines Epos in der Darstellung der „Zerstörung Trojas" durch den Dichter Eumolpus.
   Auch Wirkung auf den Leser kann man den *Satyrica* nicht absprechen: Wie unnachahmlich drastisch und köstlich in der *Cena Trimalchionis* der Gastgeber Trimalchio und seine Gäste, lauter Freigelassene, dargestellt sind, wie die sklavische Herkunft dieser halbgebildeten Menschen sich in übermäßigem Prunk zu verstecken sucht, ist für den Leser sowohl literarischer Hochgenuss als auch eine lehrreiche soziologische Studie einer wichtigen sozialen Gruppe der Kaiserzeit.
   So gesehen, sind die *Satyrica* Petrons durchaus „unbescheiden".

7. Die Darstellung auf der Bühne beginnt um neun Uhr *(alle nove).* Es empfiehlt sich, zwei oder drei Stunden vor Beginn einzutreten, um die besseren Plätze zu bekommen *(per occupare i posti migliori).* Beginnt das Orchester zu spielen, zünden alle Zuschauer eine Kerze an *(una candela).*

8. Die Götter sind nach dieser Textpassage (*De legibus* 2,15) die Herren und Lenker der Welt *(dominos esse omnium rerum ac moderatores),* alles Geschehen ist ihrem Urteil und Willen unterworfen *(eorum geri iudicio ac numine).* Die Welt stellt sich also als ganz und gar von Göttern durchwaltet dar. Weiterhin stehen die Götter in enger Beziehung zu den Menschen, um die sie sich intensiv kümmern *(optime de genere hominum mereri),* von denen sie andererseits als Antwort rechtes Handeln (*qualis quisque sit, quid agat, quid in se admittat)* und fromme Verehrung *(qua pietate colat religiones)* erwarten, wobei sie „die From-

men wie die Frevler zur Rechenschaft ziehen“ *(piorumque et impiorum habere rationem).* Damit stellt Cicero dem religiösen Weltbild Epikurs, dessen Götter keinerlei Einfluss auf die Welt oder die Menschen ausüben, die stoische Lehre einer von göttlichem Geist geformten und getragenen Welt gegenüber.

9. *Geläufig ist Ihnen der Satz* homo homini lupus *von Thomas Hobbes. Gehen Sie bei der Bearbeitung dieser Aufgabe davon aus, dass der Satz* homo homini deus *nur auf ein bereits durch einen „Staatsvertrag“ gesittetes Gemeinwesen zutreffen kann. Bei der Darstellung der ganz anders gearteten Staatsvorstellung Ciceros gehen Sie von der Ihnen bekannten Staatsdefinition Ciceros in* De re publica *(1,39) aus.*

Das Zitat stammt aus der Widmung von Thomas Hobbes’ Werk *De cive:* Wenn hier der Mensch in einer Gesellschaft von *concives* als *homo homini deus* dargestellt wird, dann denkt Hobbes an ein durch einen „Staatsvertrag“ bereits gesittetes Gemeinwesen: Nach Hobbes wird der Mensch von Natur aus von zwei Kräften gelenkt, von seinen Begierden nach einem möglichst großen Anteil an den allen zur Verfügung stehenden Gütern und von seiner Furcht vor Verletzungen durch seine konkurrierenden Mitmenschen, im schlimmsten Fall vor dem Tod *(homo homini lupus).* Um dem Kampf aller gegen alle zu entgehen, muss der Mensch in einem „Staatsvertrag“ die gesamte Staatsgewalt einem Souverän übergeben, der dann mit absoluter Gewalt den so geschaffenen Staat regiert, Regeln des bürgerlichen Lebens aufstellt *(iustitia … virtutibus pacis)* und damit den Bürger vor seinem Mitbürger schützt, aus „dem Wolf“ „einen Gott“ macht *(ad similitudinem dei acceditur).* Im zitierten Textabschnitt befinden sich die Staaten *(civitates)* noch im natürlichen Urzustand des Kampfes aller gegen alle *(recurrendum … ad virtutes bellicas … id est ad ferinam pacitatem).*
Die Staatsdefinition Ciceros (*De re publica* 1,39) erscheint nur auf den ersten Blick ähnlich: *Est igitur res publica res populi, populus autem … coetus multitudinis iuris consensu et utilitatis communione sociatus.* Für Cicero handelt es sich beim Staatswesen der Menschen nicht um eine unter einen Herrscher zusammengezwungene Notgemeinschaft wie bei Hobbes, sondern um einen freiwilligen Zusammenschluss von Natur aus gemeinschaftsbildender Wesen, deren Staat auf gleicher Rechtsauffassung *(multitudinis iuris consensu)* zum Genuss des gemeinsamen Nutzens *(utilitatis communione)* beruht. Der entscheidende Unterschied liegt darin, dass bei Hobbes (Zwangs-)Recht erst durch einen Staatsvertrag geschaffen wird, in Ciceros Auffassung ein allgemeines Recht schon von jeher, vor jeder Staatsbildung existiert, das metaphysisch begründet ist und an dem sich die Staatsbürger und ihre Staatslenker orientieren können: „Das wahre Gesetz (ist) die mit der Natur in Übereinstimmung sich befindende unverfälschte Vernunft, an der alle Menschen Anteil haben, die festbegründet, ewig ist“ (*De re publica* 3,33).

10. Maecenas, ein reicher Mann und wichtiger Diplomat des Kaisers Augustus, sammelt einen Kreis von Dichtern um sich, als deren Patron er sich fühlt und die er finanziell in ihrem Schaffen unterstützt.
Im Maecenaskreis herrscht eine wohltuende Atmosphäre, die Mitglieder fühlen sich als Freunde, persönlicher Ehrgeiz steht zurück, „jeder Einzelne hat seinen ihm angemessenen Platz“, wie Horaz in seiner Satire 1,9 schreibt.
Maecenas und sein Kreis stehen der moralischen Erneuerungsbewegung des Augustus nahe, Vergil, Horaz, Properz werden zu Verkündern einer vom Kaiser eingeleiteten neuen Epoche nach den Bürgerkriegen.

11. *Bei Ihrer Darstellung der propagandistisch-politischen Aussagen der Augustus-Statue von Prima Porta sollten Sie folgende Bildelemente berücksichtigen: Die klassischen Gesichtszüge des Kaisers und sein Auftreten mit der Geste eines Redners, die Amorstatuette zu Füßen des Kaisers, die auf Venus, die Stammmutter der* gens Iulia *verweist. Im Zentrum des Brustpanzers ist die Rückgabe der von Crassus einst verlorenen römischen Feldzeichen abgebildet, oben in der Mitte der Gott Saturn (Goldenes Zeitalter!), unten in der Mitte Tellus mit einem Füllhorn reicher Gaben. Ein Querverweis zur augusteischen Dichtung, zu Vergil (4. Ekloge) und Horaz (Ode 4,5) würde sich anbieten.*

Die Augustus-Statue von Prima Porta zeigt den *princeps* Augustus als Feldherrn mit Brustpanzer und Feldherrnmantel *(paludamentum)*. Auf diese Weise soll auf den Sieg des „Feldherrn“ Octavian/Augustus bei Actium gegen Antonius, womit er die römische Reichseinheit wiederhergestellt hat (der eigentliche Feldherr war Agrippa), und die „Überwindung“ der Parther 20 v. Chr., von denen Crassus 53 v. Chr. besiegt worden war, verwiesen werden: Die Rückgabe der damals verloren gegangenen Feldzeichen hatte Maecenas vermittelt. Der „Sieg“ über die Parther ist auch das zentrale Thema der Darstellungen auf dem Brustpanzer, wo ein Parther einem römischen Soldaten die Feldzeichen übergibt. Um wen es sich hierbei handelt (evtl. eine Darstellung des Mars?), ist unklar.
Augustus, der, wie die Darstellung vermitteln soll, das Römische Reich militärisch gesichert hat, ist aber keineswegs nur kriegerisch dargestellt, der Feldherr mit den klassischen Gesichtszügen tritt dem römischen Betrachter mit der Geste eines Redners gegenüber, womit neben der militärischen auch die zivile Leistung des Princeps angedeutet wird.
Die Amor-Statue zu Füßen des Augustus weist auf seine politische Legitimation als (Adoptiv-)Sohn Caesars hin und damit auf die genealogische Zurückführung der *gens Iulia* auf die Göttin Venus, die Mutter des Aeneas, wodurch Augustus mit dem Gründer Roms in Verbindung gebracht wird und damit zusätzlich in seinem Machtanspruch als Erneuerer und Führer Roms legitimiert erscheint (vgl. Vergils *Aeneis*). Venus selbst ist auf dem Brustpanzer oben rechts (vom Betrachter aus gesehen) unter der Schulterklappe mit einer Fackel in der Hand dargestellt.
Die von der augusteischen Propaganda verbreiteten Züge eines von Augustus eingeleiteten neuen Zeitalters sollen dem Betrachter durch weitere auf dem

Brustpanzer dargestellte Themen vermittelt werden: Oben in der Mitte befindet sich eine Darstellung des Himmelsgottes Caelus oder des Saturn (vgl. Erika Simon: Altes und Neues zur Statue des Augustus von Primaporta. In: Saeculum Augustum. Bd. III. Hg. von Gerhard Binder. Darmstadt: Wissenschaftliche Buchgesellschaft 1991, S. 234–248), der an das Goldene Zeitalter erinnern soll (vgl. die Darstellung der Zeitalter in Ovids *Metamorphosen*): Hier wird in der Plastik ein Thema angeschnitten, das auch in der augusteischen Dichtung thematisiert ist: So erwarten sich Vergil in der 4. Ekloge und Horaz in seiner Ode 4,5 von der durch Augustus eingeleiteten neuen Epoche eine Rückkehr in ein Goldenes Zeitalter. Dieses neue Zeitalter wird auch in der unteren Mitte des Brustpanzers durch die Darstellung der Tellus, die mit einem Füllhorn reicher Gaben dargestellt ist, symbolisiert. Die Darstellung der Tellus ist auch ein wichtiges Motiv an der von Augustus errichteten *Ara pacis,* dem Friedensaltar, dessen Propaganda dem römischen Volk eine nach den blutigen Bürgerkriegen anbrechende Friedenszeit, die *pax Augusta,* verspricht.

Teil III

12. a) *Sie sind sich bewusst, dass die Interpretation des lateinischen Textes zeigen muss, wie sich Inhalt und sprachliche Form aufeinander beziehen, wie der (von Ihnen dargestellte) Inhalt durch formale Mittel unterstrichen wird. Sie stützen Ihre Argumentation durch lateinische Belege.*

Epikur lehnt nach Meinung des hier zitierten Sprechers in Ciceros Dialog die Vorstellung ab, es gebe zwischen Schmerz und Lust noch ein Mittleres: *medium esse quiddam inter dolorem et voluptatem.* Diese Aussage wird im folgenden Satz noch spezifiziert: Das von manchen (Philosophen) angenommene Mittlere *(illud ..., quod quibusdam medium videretur)* wird als Freisein von jeglichem Schmerz definiert *(cum omni dolore careret):* Genau dieser Zustand aber bedeutet für Epikur nicht nur bereits einen Zustand der Lust, sondern sogar das Maximum an Lust *(non modo voluptatem esse, verum etiam summam voluptatem).* Stilistisch auffallend ist hier die Häufung von Pronomina anstelle konkreter Begriffe *(medium ... quiddam; illud ... ipsum ... quibusdam),* was dem Text einen sehr abstrakten Charakter verleiht: Der Autor verzichtet hier zugunsten philosophischer Exaktheit auf lebendigere farbige Begriffe.
Der Sprecher fährt folgerichtig mit Pronomina fort, ohne bestimmte Personen zu nennen: *Quisquis ..., eum ...:* Jeder sich seines Gefühls bewusste Mensch *(sentit, quemadmodum sit affectus)* befinde sich, wie dem Leser zum zweiten Mal eingeschärft wird, entweder im Zustand der Lust oder des Schmerzes *(aut in voluptate ... aut in dolore).* Der folgende AcI, der in Form eines Hyperbatons das übergeordnete urteilende Subjekt *(Epicurus putat)* einrahmt, fasst Epikurs Definition von Lust noch einmal eindringlich zusammen: Höchste Lust ist Freisein von Schmerz *(privatione doloris ... terminari summam voluptatem),* sodass der Begriff zwar noch modifiziert werden kann

(durch das Hyperbaton *variari … distinguique* wird das gerahmte *voluptas* hervorgehoben), eine Variante der gegebenen Definition durch die Vorstellung noch intensiverer Lust aber abgelehnt wird *(augeri amplificarique non possit).*
Dass positive (z. B. sexuelle) Lustgefühle im Gegensatz zu Schmerzen von Epikur nicht anerkannt werden, sondern als schädliche „Leidenschaften" *(cupiditates)* abqualifiziert werden, wird im vorliegenden Text nicht mehr ausgeführt.

b) *Hilfreich ist hier, wenn Sie wissen, dass Epikurs Lustbegriff* (voluptas) *zwischen „Lust in der Bewegung" und „Lust in der Ruhe" unterscheidet. Die von Epikur allein als Lebensziel akzeptierte „Lust in der Ruhe" zeigt Ihnen, dass die zitierte Definition des Hedonismus nur teilweise mit der Lehre Epikurs übereinstimmt.*

Auch für Epikur und seine Anhänger bedeutet Philosophieren Lebenshilfe für richtiges Handeln, ist somit Teil der Ethik („Bezeichnung für eine ethische Haltung"). Ziel des rechten Handelns ist wie in der vorliegenden Definition des Hedonismus das Glück (griech.: *eudaimonia,* lat.: *vita beata*), das Epikureer ebenfalls in „der Erreichung der Lust" sehen. Ethisches Verhalten orientiert sich also an einem „Höchstmaß an menschlichem Wohlbefinden". Oberstes Ziel ist für Epikur aber nicht der aktive Lustgewinn, sondern die „Befreiung vom „Schmerz" *(privatio doloris)*, das Erreichen der *ataraxia.* Wird Glück negativ nur als „Vermeiden von Unlust" bestimmt, wäre Epikur ein Hedonist, wird es aber positiv „als möglichst große(r) Lustgewinn" bestimmt, ist Epikur, wie das Zitat aus *De finibus* zeigt, kein Vertreter des Hedonismus mehr. Übrigens gilt als eigentlicher Begründer des philosophischen Hedonismus der Sokratesschüler Aristippus von Kyrene.

13. a) *Horaz zieht in der ersten Satire seines zweiten Satirenbuches ein Fazit seiner bisherigen Satirendichtung. Bei der Interpretation der lateinischen Verse sind Sie sich bewusst, dass Sie zeigen müssen, wie sich Inhalt, sprachliche Form und Versbau aufeinander beziehen, wie der (von Ihnen dargestellte) Inhalt durch formale Mittel unterstrichen wird. Sie stützen Ihre Argumentation durch lateinische Belege. Hilfreich für die Interpretation ist der Titel lateinischer Satiren:* sermones – *Plaudereien.*

Sunt, quibus … beginnt Horaz die erste Satire seines zweiten Satirenbuches: „Es gibt Leute, die …" etwas an seiner Satirendichtung (des ersten Buches) auszusetzen haben: Er sei ihnen zu scharf *(nimis acer)* und spanne sein Werk über das gewohnte Maß hinaus *(ultra legem tendere opus);* „ohne Muskeln" *(sine nervis),* glaubt ein anderer Teil der Leser *(altera … pars … putat),* sei seine Komposition *(quicquid composui),* also wohl kraftlos und fad.

Gleich zu Beginn bringt Horaz durch das Stilmittel der Variatio *(sunt, quibus ... altera ... pars)* in Verbindung mit dem das Subjekt *quicquid composui* einrahmenden Hyperbaton Abwechslung in die ersten Hexameter. In diesem Versmaß hat Horaz alle seine Satiren verfasst. Die Kritik, tausend solcher Verse wie die seinen könnten an einem Tag aneinandergereiht werden, steht in einem doppelten Hyperbaton, die durcheinandergewirbelten Worte scheinen das Stimmengewirr der Kritiker abzubilden: *similisque ... mille ... versus.* Dass sich Horaz nach dem Abschluss des ersten Buches der Satiren am Beginn des zweiten der Kritik stellt, verwundert nicht. Zum Schiedsrichter bestimmt er einen Freund, einen berühmten Mann, Trebatius (exponierte Stellung des Vokativs am Ende des vierten Verses in Verbindung mit einem Enjambement). „Sag, was soll ich tun" *(quid faciam, praescribe).* Sofort kommt die lakonische Antwort: „Hör auf!" *(Quiescas).* Nun geht die Satire in einen munteren Dialog über, was dem lateinischen Titel dieser Literaturgattung angemessen ist: Es handelt sich um *sermones* (Plaudereien). „Ich soll ganz aufhören"? fragt Horaz *(Ne faciam ... omnino versus?).* „Ja" *(Aio),* ist die eindeutige Antwort. Mit einem volkstümlichen Ausdruck: „Der Teufel soll mich holen" *(Peream male)* gibt Horaz dem Freund Recht, aber er könne nachts so schlecht schlafen, rechtfertigt er in lustiger Manier sein literarisches Schaffen *(verum nequeo dormire).* Die Leser haben am folgenden Rat des weisen Trebatius sicher ihr Vergnügen: Wer an Schlafmangel leide, solle sich einsalben *(uncti)* und vor dem Bett dreimal den Tiber durchschwimmen *(ter ... transnanto Tiberim),* wobei die t-Alliteration das Zauberspruchartige des Ratschlags deutlich macht. Der zweite Rat bleibt bei der Wasser-Metaphorik: Auch könne es nicht schaden, für die Nacht *(per noctem)* „den Körper gut mit Wein durchwässert zu haben": *inriguumque mero ... corpus* (Hyperbaton) *habento.*
Am Anfang des 10. Verses folgt ein scharfes *aut!* und markiert eine Kehrtwendung von mehr oder weniger ernst gemeinten Vorschlägen hinsichtlich einer Heilung des Schreibbedürfnisses hin zum Versuch, Horaz' Schreibbedürfnis für Augustus nützlicher zu gestalten. Ironisch meint Trebatius, „wenn die Liebe zur Literatur so groß sei" *(si tantus amor scribendi),* solle er die Geschichte des Caesar (Augustus) schreiben: Hier greift Horaz, wiederum im unernsten und leichten Ton der Satire, ein öfter geäußertes Ansinnen des Kaisers, seine Taten zu thematisieren, auf, um es im Folgenden zurückzuweisen, wie er es auch in seiner späteren lyrischen Dichtung da und dort tun wird, so im *carmen* 4,15, wo ihm Apollo vom epischen Ton abrät: Er solle sich nicht mit seinem kleinen Boot auf das hohe Meer hinauswagen.
Horaz gelingt hier wie so oft ein augenzwinkerndes, sehr amüsantes Geplauder, man denkt an das berühmte Wort, mit dem er seine Satirendichtung an anderer Stelle charakterisiert: *ridentem dicere verum* (Satire 1,1,24). Dabei kommt aber auch das *verum* nicht zu kurz: Horaz setzt sich mit wohl tatsächlich erhobener Kritik an seinen Satiren und auch Augustus' Plänen auseinander, um seine Sicht der Dinge humorvoll, aber deutlich darzulegen.

b) *Sie zeigen, wie eng sich die beiden Übersetzer in Wortwahl, Ausdruck und Satzbau an den lateinischen Text anlehnen, wie weit sie sich von ihm entfernen. Bei Gedichten ist zu untersuchen, ob der Übersetzer die lateinische Metrik (hier den Hexameter) nachbildet oder eine Prosaübersetzung vorzieht. Eine abschließende Beurteilung beider Übersetzungen ist empfehlenswert.*

Simon behält den Hexameter der lateinischen Satire im Deutschen bei, Wieland entzieht sich diesem Zwang in seiner Prosaübersetzung. Der erste Satz ist von Simon bis auf die Metapher „den Bogen überspannen" fast wörtlich übersetzt, Wieland ergänzt „Personen", „im Tadel", „die Rechte". Die Metapher *sine nervis* übersetzt Simon mit dem eher farblosen Prädikatsnomen „kraftlos", Wieland bleibt näher am Text und ist mit „nervenlos" auch eindringlicher, aber vom heutigen Sprachgebrauch weiter entfernt. *Deduci* verwandeln beide Übersetzer in die Metapher „Verse ... spinnen".
Die Antwort des Trebatius *Quiescas* übersetzt Simon mit „Nun, hör damit auf!", Wieland wörtlicher „Ruhig sein", wobei er die jeweiligen Sprecher beim Namen nennt. Beide Übersetzer suchen für *Peream male* einen ähnlichen umgangssprachlichen drastischen deutschen Ausdruck, Simon: „Beim Henker", Wieland: „Ich will gehangen sein." Das simple *somno quibus est opus alto* wird von beiden Übersetzern etwas exaltiert mit „Wer der Tiefe des Schlafes entbehret" (Simon) und „Wem fester Schlaf gebricht" wiedergegeben. Die zwar freie Übersetzung Simons für den Rat des Trebatius ist näher am lateinischen Text als Wieland, der etwas altertümlich „dem fügen wir zu wissen" formuliert, „wohl mit Öl" ergänzt und das Trinken *(inriguum mero ... corpus habento),* sich locker vom lateinischen Text entfernend, blumig ausmalt: „... und die Kehle vor dem Schlafengehn mit altem Wein reichlich zu waschen habe". Das einfache *si tantus amor scribendi* wird bei Simon zu „so machtvoll die Lust zum Schreiben", bei Wieland „ja die Schreibsucht so übel". *Caesaris invicti* übersetzt Simon mit „des unüberwindbaren Caesar", Wieland mit „des unüberwundnen Cäsars", beides ist möglich.
Die zwei Übersetzer bemühen sich, nah am lateinischen Text zu bleiben, wobei bei Simon manche etwas umständlich wirkende Übersetzung dem Zwang des Versmaßes geschuldet ist, bei Wieland für den modernen Leser manches altertümlich klingt. Insgesamt ist die Sprache des Horaz schlichter als beide Übertragungen, wie jeweils die deutsche Wiedergabe der letzten Worte *multa laborum praemia laturus* zeigt.

14. a) *Sie sind sich bewusst, dass die Interpretation des lateinischen Textes zeigen muss, wie sich Inhalt und sprachliche Form aufeinander beziehen, wie der (von Ihnen dargestellte) Inhalt durch formale Mittel unterstrichen wird. Sie stützen Ihre Argumentation durch lateinische Belege.*

Proculus Iulius spricht die Römer mit der vornehmen Bezeichnung *Quirites* an und trifft mit der Apposition zu Romulus *(parens urbis)* gleich die Stimmung des über den Verlust des Königs trauernden Volkes, dem er eine wunderbare Erscheinung zu berichten hat: Im allerersten Morgenlicht tritt ihm, wie vom Himmel gefallen *(caelo repente delapsus),* Romulus entgegen. Proculus malt im folgenden Satz den ehrfurchtsvollen Schrecken, der ihn dabei überkommt, breit aus: *Perfusus terrore ... venerabundus ... petens precibus* (Alliteration), *ut contra intueri fas esset.* Gerade die Bitte, dem sich offenbarenden König ins Gesicht blicken zu dürfen, verleiht diesem eine unnahbare göttliche Aura. Der doppelte Imperativ *(Abi, nuntia ...)* vor der Prophezeiung des Romulus verleiht den folgenden Worten Gewicht: Es sei der Wille der Götter, dass „mein Rom" (auch nach seinem Weggang bleibt Romulus seiner Stadt eng verbunden) „das Haupt des Erdkreises sei". Daraus ergibt sich als erste Aufgabe für das römische Volk, das Kriegswesen zu pflegen *(ut rem militarem colant),* keine Macht der Erde werde dann den römischen Waffen widerstehen können: Das gelte heute und in Zukunft *(sciant et ita posteris tradant).* Romulus verkündet also demnach selbst der von ihm (38 Jahre zuvor) gegründeten Stadt ihre Bestimmung und ist durch seine inzwischen erfolgte Apotheose dazu legitimiert. Allerdings erfolgt diese Verkündung nicht direkt und vor einer großen Zahl von Zeugen, sondern durch einen Mittelsmann. Livius fährt fort, es sei erstaunlich *(mirum)*, in welchem Maß die Botschaft dieses Mannes auf Zustimmung stieß (das Hyperbaton *quantum ... fides* rahmt den Bericht des Boten ein: *illi viro nuntianti haec*), und begründet diesen Umstand psychologisch damit, dass die Trauer um den Verlust des Romulus *(desiderium Romuli)* durch den Glauben an seine Unsterblichkeit *(facta fide immortalitatis)* besänftigt worden sei. Allerdings wird durch das *mirum* ein gewisser Zweifel des Livius an der Glaubwürdigkeit dieses Ereignisses deutlich.
Mit seinem Bericht gelingt es Proculus, Gerüchte über eine Beseitigung des Königs durch Verschwörer aus dem Senat im Keim zu ersticken und gleichzeitig durch die Schaffung einer Legende über den in den Himmel aufgestiegenen König ein Leitmotiv für das künftige Handeln der Römer zu schaffen. Proculus erweist sich durch sein im entscheidenden Moment beispielhaftes Handeln *(exemplum)* als ein *vir vere Romanus*. Ferner lässt sich auch eine Parallele zur Vergöttlichung Caesars ziehen, die zu Livius' Lebzeiten stattfand und unter den Zeitgenossen umstritten war. Somit wird ein gewisser Vorbehalt des Livius gegenüber den scheinbar übernatürlichen Ereignissen rund um die Apotheose eines Menschen erkennbar.

b) *Sie sollten bei Ihrem Vergleich darauf achten, dass Vergil die bei Livius prophezeite militärisch errungene Weltherrschaft Roms moralisch begründet.*

Vergil lässt Anchises, der seinem in die Unterwelt hinabgestiegenen Sohn die Zukunft Roms offenbart, die Römer in Vergleich zu anderen Völkern und ihren Kulturen setzen: Andere werden bessere Bildhauer sein *(spirantia … aera; de marmore vultus)* und bessere Gerichtsredner *(orabunt causas melius)* – gemeint sind die Griechen –, andere sind den Römern in der Wissenschaft der Astronomie voraus – man denkt an Ägypten und Mesopotamien: Rom wird alle Völker beherrschen *(regere imperio populos):* An dieser Stelle unterscheidet sich Vergil von Livius: Er spricht nicht nur wie dieser von der militärisch begründeten Weltherrschaft Roms, sondern legitimiert diese mit dem moralischen Auftrag, der Welt Frieden und Sittlichkeit zu garantieren *(pacique imponere morem),* römische Herrschaft soll also auf dem Fundament der Moral ruhen. Berühmt ist die letzte Zeile des zitierten Textes: *parcere subiectis et debellare superbos.* In einer Zeile wird das Ideal römischer Herrschaft zusammengefasst: Hilfe für die Schwachen, Züchtigung der Hochmütigen. Dass sich der hohe, pathetische Ton des hexametrischen Epos von der eher nüchternen Prosa des Historikers unterscheidet, muss wohl nicht betont werden. Jedoch ist beiden Texten gemeinsam, dass die Aussagen über die Bestimmung Roms jeweils aus göttlich legitimiertem Mund stammen, wobei Livius Zweifel an der Wahrhaftigkeit der Legende durchblicken lässt.

Abitur Latein (Bayern)
Übungsaufgabe 1

Teil A: Übersetzung

Verschiedene Arten von Recht

Existunt etiam saepe iniuriae calumnia[1] quadam et nimis callida, sed malitiosa iuris interpretatione.

Ex quo illud „summum ius, summa iniuria" factum est iam tritum sermone proverbium. Quo in genere etiam in re publica multa peccantur, ut ille, qui, cum triginta dierum essent cum hoste indutiae[2] factae, noctu populabatur agros, quod dierum essent pactae, non noctium indutiae.

Ne noster Fabius quidem probandus, si verum est Q. Fabium Labeonem, arbitrum Nolanis[3] et Neapolitanis de finibus a senatu datum, cum ad locum venisset, cum utrisque separatim locutum esse, ne cupide quid agerent, atque ut regredi quam progredi mallent. Id cum utrique fecissent, aliquantum agri in medio relictum est. Itaque illorum fines sic, ut ipsi dixerant, terminavit. In medio quod relictum erat, populo Romano adiudicavit. Decipere hoc est quidem, non iudicare. Quocirca in omni est re fugienda talis sollertia[4].

Atque in re publica maxime conservanda sunt iura belli. Quare suscipienda quidem bella sunt ob eam causam, ut sine iniuria in pace vivatur. Parta autem victoria conservandi sunt ii, qui non crudeles in bello fuerunt.

(170 lateinische Wörter)

1 calumnia, -ae	Rechtsverdrehung
2 indutiae, -arum	Waffenstillstand
3 Nolani, -orum	*Einwohner von Nola (Stadt in Kampanien, unweit von Neapel)*
4 sollertia, -ae	Gerissenheit

Teil B: Aufgabenteil

Teil I

Bearbeiten Sie von den folgenden fünf Aufgabenstellungen ***vier Aufgaben nach eigener Wahl****. Erreichbar sind je 4 Bewertungseinheiten.*

1. Stellen Sie vier lateinische Verben zum Gerichtsverfahren und jeweils eine deutsche Übersetzung zusammen. Der Übersetzungstext bietet Ihnen Anhaltspunkte.

2. Welche Stilmittel erkennen Sie im folgenden Satz aus dem Übersetzungstext? Geben Sie zwei Stilmittel mit den entsprechenden lateinischen Belegen an.

Ex quo illud „summum ius, summa iniuria“ factum est iam tritum sermone proverbium. Parallelismus, Anapher
Hyperbaton

3. Ordnen Sie den Schriftstellern ein literarisches Werk zu, indem Sie auf Ihrem Arbeitsblatt zum jeweiligen Buchstaben die entsprechende Ziffer schreiben.

A) Tacitus	1. *Ab urbe condita*
B) Vergil	2. *Origines*
C) Seneca	3. *Georgica* B
D) Ovid	4. *Annales* A
	5. *Epistulae ex Ponto* D
	6. *De clementia* C

4. Analysieren Sie die folgenden Verse metrisch, indem Sie Längen und Kürzen auf Ihr Arbeitsblatt schreiben und die einzelnen Verselemente (Metren) gegeneinander abgrenzen.

Dum loquor, elatae metuendus acumine caudae
Scorpios in virides praecipitatur aquas.

5. Wählen Sie aus den folgenden Wortformen die vier aus, die im Genitiv Singular stehen.

laudatis testis templis laudantis diei tibi ibi isti templi

Teil II

Bearbeiten Sie von den folgenden sechs Aufgabenstellungen ***drei Aufgaben nach eigener Wahl****. Erreichbar sind je 6 Bewertungseinheiten.*

6. a) Erschließen Sie die Gesetzessammlung, aus der das folgende Zitat entnommen ist. Zwölftafelgesetz

b) Auf welche Gesichtspunkte stützen Sie Ihre Entscheidung? Zwei Gesichtspunkte mit Belegen aus dem Text genügen.

SI INIURIAM FAXSIT, VIGINTI QUINQUE POENAE SUNTO

Wenn jemand ein Unrecht (eine leichte Körperverletzung) beging, soll die Strafe 25 (As) sein.

- kurz gefasstes Gesetz
- verkürzte Form

7. a) Erschließen Sie, welche Göttin auf dem folgenden Foto als Giebelfigur dargestellt ist.

   b) Auf welche Bildelemente stützen Sie Ihre Entscheidung. Zwei Argumente genügen.

• Iustitia
↳ Schwert
↳ Wage

8. a) Erschließen Sie zwei wesentliche Informationen aus der folgenden italienischen Gebrauchsanweisung.

   b) Führen Sie die beiden unterstrichenen Wörter auf ihren lateinischen Ursprung zurück.

Attenzione: Per l'uso leggere attentamente e conservare il manuale d'uso. Conservare al riparo dalla luce, dal calore e umidita'. Dopo l'uso non disperdere nell'ambiente.

usus: Gebrauch; lux = Licht

9. Erfassen Sie nach einer Ihnen geläufigen Methode die syntaktische Struktur (das Satzgefüge) des folgenden Satzes.

Etenim si isti callidi rerum aestimatores prata et areas quasdam magno aestimant, quod ei generi possessionum minime quasi noceri potest, quanti est aestimanda virtus, quae nec eripi nec subripi potest umquam, neque naufragio neque incendio amittitur, nec vi tempestatum nec temporum perturbatione mutatur.

10. Geben Sie die deutschen Begriffe für die folgenden technischen Errungenschaften des 20. Jahrhunderts an. Gehen Sie in Ihrer knappen Erläuterung von den lateinischen Bestandteilen dieser Wörter aus.

   a) *capacissima aeronavis*

   b) *siderale instrumentum exploratorium*

11. a) Ordnen Sie die folgende Beschreibung einem griechischen Philosophen zu.

b) Auf welche Gesichtspunkte stützen Sie Ihre Entscheidung? Zwei Gesichtspunkte mit Belegen aus dem Text genügen.

(Is) mihi videtur, id quod constat inter omnes, primus a rebus occultis et ab ipsa natura involutis, in quibus omnes ante eum philosophi occupati fuerunt, avocavisse philosophiam et ad vitam communem adduxisse, ut de virtutibus et vitiis omninoque de bonis rebus et malis quaereret, caelestia autem vel procul esse a nostra cognitione censeret vel, si maxime cognita essent, nihil tamen ad bene vivendum conferre.

Teil III

*Bearbeiten Sie von den folgenden drei Aufgabenstellungen **eine Aufgabe nach eigener Wahl**. Die Bearbeitung dieser Aufgabe kann auch in einer zusammenhängenden Darstellung ohne Trennung in Teilaufgaben erfolgen. Erreichbar sind 16 Bewertungseinheiten.*

12. **Petron, *Satyrica* 46**

Bei Trimalchios Gastmahl wendet sich Echion an einen anderen Gast:

Videris mihi, Agamemnon, dicere: „Quid iste argutat molestus?" Quia tu, qui potes loquere, non loquis. Non es nostrae fasciae, et ideo pauperorum verba derides. Scimus te prae litteras fatuum esse. Quid ergo est? Aliqua die te persuadeam, ut ad villam venias et videas casulas nostras? Inveniemus quod manducemus, pullum, ova. Belle erit, etiamsi omnia hoc anno tempestas depravavit. Inveniemus ergo unde saturi fiamus. Et iam tibi discipulus crescit cicaro meus. Iam quattuor partis dicit. Si vixerit, habebis ad latus servulum.

Übersetzung

Du siehst mir so aus, Agamemnon, als ob du sagen wolltest: „Was schwätzt der lästige Mensch da?" Weil du, der's Reden versteht, nicht redst. Du bist von anderem Kaliber als wir, und deshalb lachst du über dem Plebs seine Worte. Wir wissen, du hast vor lauter gelehrtes Zeugs einen Klaps. Wie stehts also? Ob ich dich eines schönen Tages herumkriege, dass du meinen Landsitz besuchst und die Buden meiner Wenigkeit besichtigst; wir finden schon etwas zu beißen, ein Hähnchen, Eier; es wird nett werden, obschon das Wetter heuer alles verdorben hat; also, wir finden schon etwas zum Sattwerden. Übrigens gibt es bald einen Schüler für dich, mein Butzelmann wächst heran. Er kann schon durch vier teilen; wenn er am Leben bleibt, wirst du an ihm einen Pikkolo zur Seite haben.

(Petronius: Satyrica. Lat.-dt. von Konrad Müller und Wilhelm Ehlers. 3. Aufl. München: Artemis 1983, S. 87)

a) Interpretieren Sie – ausgehend vom lateinischen Original – den vorliegenden Text nach formalen und inhaltlichen Gesichtspunkten. (10 BE)

b) Vergleichen Sie den Text mit anderen Ihnen bekannten Passagen aus Petrons *Satyrica*. (6 BE)

13. **Cicero, *De re publica* 6,20**

Der Gastgeber Scipio Africanus Minor erzählt seinen Gästen und Gesprächsteilnehmern von einem Traum, in dem er seinen verstorbenen Adoptivgroßvater Scipio Africanus Maior auf der Milchstraße trifft, der ihm Folgendes erklärt:

Sentio te sedem etiam nunc hominum ac domum contemplari; quae si tibi parva, ut est, ita videtur, haec caelestia semper spectato, illa humana contemnito. Tu enim quam celebritatem sermonis hominum aut quam expetendam consequi gloriam potes?
Vides habitari in terra raris et angustis in locis, et in ipsis quasi maculis, ubi habitatur, vastas solitudines interiectas, eosque qui incolunt terram non modo interruptos ita esse ut nihil inter ipsos ab aliis ad alios manare possit, sed partim obliquos partim transversos partim etiam adversos stare vobis. A quibus expectare gloriam certe nullam potestis.

Übersetzung
Ich merke, dass du auch jetzt noch den Sitz und das Heim der Menschen betrachtest. Wenn es dir klein scheint, wie es auch ist, schaue immer auf diese himmlischen Dinge, jene menschlichen schätze gering. Denn welche Berühmtheit im Gespräch der Menschen und welch erstrebenswerten Ruhm kannst du erreichen? Du siehst, man wohnt auf der Erde an spärlichen und engen Plätzen, und an den, ich möchte sagen, Flecken, wo man wohnt, liegen weite Einöden dazwischen, und die, welche die Erde bewohnen, sind nicht nur so unterbrochen, dass nichts unter ihnen selber von den einen zu den anderen dringen kann, sondern sie liegen auch teils beiseite, teils quer zu euch, teils auch auf der Gegenseite. Von denen könnt ihr sicherlich keinen Ruhm erwarten.

(Cicero: De re publica. Übersetzt und hg. von Karl Büchner. Stuttgart: Reclam 1987)

a) Interpretieren Sie – ausgehend vom lateinischen Original – den vorliegenden Text nach formalen und inhaltlichen Gesichtspunkten. (10 BE)

b) Vergleichen Sie den Ausschnitt aus *De re publica* mit den folgenden Versen aus Vergils *Aeneis*, in denen Anchises Aeneas den Weg in die Zukunft weist. (6 BE)

Nunc age, Dardaniam prolem quae deinde sequatur
gloria, qui maneant Itala de gente nepotes,
inlustris animas nostrumque in nomen ituras,
expediam dictis et te tua fata docebo.
(Vergil, Aeneis 6, 756–759)

Übersetzung

Nun will ich den künftigen Ruhm des Dardanerstammes,
Was an Enkeln dereinst dir wird vom Italervolke,
Seelen, die reich an Ruhm und unseres Namens Bewahrer,
Kund dir tun und deuten, was selbst das Geschick dir beschieden.

(Vergil: Aeneis. Lateinisch und Deutsch. Eingeleitet und übertragen von August Vezin. 6. Aufl. Münster: Aschendorff 2000, S. 317)

14. **Cicero, *De legibus* 1,8**

Das Wesen des Menschen

Nam cum de natura hominis quaeritur, disputari solet – et nimirum ita est, ut disputatur –, perpetuis cursibus conversionibusque caelestibus exstitisse quandam maturitatem serendi generis humani, quod sparsum in terras atque satum divino auctum sit animorum munere, quomque alia, quibus cohaererent, homines e mortali genere sumpserint, quae fragilia essent et caduca, animum esse ingeneratum a deo. Ex quo vere vel agnatio nobis cum caelestibus vel genus vel stirps appellari potest.

Übersetzung

Denn wenn man eine Untersuchung über das Wesen des Menschen anstellt, bringt man gewöhnlich den folgenden Gedanken ins Gespräch – und er trifft zweifellos die Wahrheit: Im Zuge der unablässigen Bewegungen und Umläufe der Himmelskörper sei irgendwann einmal die Zeit für die Erschaffung des Menschengeschlechts gekommen, das dann in alle Welt verstreut und nachdem es ausgesät war, mit dem göttlichen Geschenk der Seelen beglückt worden sei, und während alles andere, woraus die Menschen beständen, vergänglich, und das heißt zerbrechlich und hinfällig sei, sei ihnen eine Seele von Gott eingepflanzt worden. Daher kann man mit Recht sowohl von unserer Verwandtschaft mit den himmlischen Göttern als auch von entsprechender Herkunft und Abstammung sprechen.

(M. Tullius Cicero: De legibus. Paradoxa Stoicorum. Hg., übersetzt und erläutert von Rainer Nickel. Düsseldorf: Artemis & Winkler 1994)

a) Interpretieren Sie – ausgehend vom lateinischen Original – den vorliegenden Text nach formalen und inhaltlichen Gesichtspunkten. (10 BE)

b) Vergleichen Sie diesen Text mit Epikurs Position. (6 BE)

Lösungen

Teil A: Übersetzung

Es entstehen auch oft Ungerechtigkeiten durch eine Art Rechtsverdrehung und eine allzu schlaue, aber bösartige Deutung des Rechts. Daraus entstand auch jenes durch den Sprachgebrauch schon abgenutzte Sprichwort „höchstes Recht ist *(ergänzt)* höchste Ungerechtigkeit". In dieser Hinsicht werden auch in der Politik viele Fehler begangen. Ein Beispiel dafür ist jener (*wörtl.:* wie jener), der, als ein Waffenstillstand von dreißig Tagen mit dem Feind geschlossen war, nachts die Felder verwüstete, weil ein Waffenstillstand von Tagen, nicht von Nächten geschlossen worden sei. Nicht einmal unser Fabius ist gutzuheißen, wenn es wahr ist, dass Quintus Fabius Labeo, der den Einwohnern von Nola und Neapel vom Senat als Schiedsrichter in Grenzstreitigkeiten (*wörtl.:* über Grenzen) gegeben worden ist, nachdem er zu dem Ort gekommen war, mit beiden Parteien *(ergänzt)* getrennt gesprochen hat, sie sollten nichts gierig erstreben und sollten lieber zurück- als vorwärts gehen wollen. Als dies beide Gruppen *(ergänzt)* getan hatten, blieb ziemlich viel Ackerland in der Mitte übrig. Also begrenzte er deren Gebiete so, wie sie selbst es gesagt hatten. Was in der Mitte übrig gelassen worden war, sprach er dem römischen Volk zu. Das heißt freilich täuschen, nicht Recht sprechen. Deshalb ist in jeder Angelegenheit eine solche Gerissenheit zu vermeiden.
Und in der Politik sind die Kriegsrechte am meisten einzuhalten. Deshalb darf man Kriege zwar aus dem Grund auf sich nehmen, dass man ohne Unrecht in Frieden lebt. Nachdem man aber den Sieg errungen hat, sind die, die im Krieg nicht grausam waren, zu begnadigen.

Cicero, De officiis 1, 33–35, mit Auslassungen und geringfügigen Änderungen („Fabius" ergänzt in Z. 7, „esse" ergänzt in Z. 9, „sunt" ergänzt in Z. 16)

Teil B: Aufgabenteil

Teil I

1. *Vier Verben genügen.*

iudicare	urteilen
damnare	verurteilen
defendere	verteidigen
accusare	anklagen
arguere	beschuldigen
in ius vocare	vor Gericht rufen

2. *Zwei Stilmittel genügen.*

Parallelismus:	*summum ius, summa iniuria*
Polyptoton:	*summum, summa* (dasselbe Wort in verschiedenen Formen)

Anapher:	*summum, summa* (mehrere Satzteile beginnen mit demselben Wort)
Antithese:	*ius, iniuria*
Oxymoron:	*summum ius, summa iniuria* (enge syntaktische Verbindung sich widersprechender Begriffe, Spezialfall der Antithese)
Hyperbaton:	*tritum … proverbium* (Trennung von Nomen und zugehörigem PPP)

3. A 4, B 3, C 6, D 5

4.
– ∪ ∪ |– –| – ∪∪|– ∪ ∪|– ∪ ∪| – –
Dum loquor, elatae metuendus acumine caudae
– ∪∪ |– ∪∪|– || – ∪ ∪|– ∪ ∪ | –
Scorpios in virides praecipitatur aquas. *Ovid, Fasti 4,163 f.*

5. *testis, laudantis, diei, templi*

Teil II

6. a) Das Zitat stammt aus dem Zwölftafelgesetz, der ältesten fragmentarisch überlieferten Gesetzessammlung der Römer.

   b) *Faxsit* ist eine altlateinische Form statt *fecit, fecerit*. Typisch ist die lapidare Kürze, da jeder Buchstabe mühsam gemeißelt werden musste. Der Täter des charakteristischen Bedingungssatzes bleibt ebenso ungenannt wie die Währungseinheit.

7. a) Es handelt sich um eine Justitia, und zwar um die Statue der Justitia am Giebel des 1897 fertiggestellten Justizpalastes in München (Foto: Waugsberg, http://commons.wikimedia.org/wiki/File:Justitia_Justizpalast_Muenchen.jpg, lizenziert unter der Creative Commons-Lizenz „Namensnennung-Weitergabe unter gleichen Bedingungen“, Version 1.0, 2.0 und 2.5).

   b) In der linken Hand hält die Jungfrau Justitia eine Waage, um zu demonstrieren, dass erst nach sorgfältigem Abwägen der Sachlage Recht gesprochen wird. Der schräg gelegte Balken der Waage symbolisiert den Grundsatz *in dubio pro reo* (im Zweifel für den Angeklagten). Das Richtschwert in der rechten Hand verdeutlicht, dass das Urteil mit der nötigen Härte durchgesetzt wird. Erst ab dem 16. Jahrhundert trägt Justitia eine Augenbinde, da sie ohne Ansehen der Person richtet. In der Antike wird Justitia wie hier von Friedrich Thiersch sehend dargestellt.

8. a) Achtung: Lesen Sie zum Gebrauch die Bedienungsanleitung aufmerksam durch und heben Sie diese auf. Vor Licht, Hitze und Feuchtigkeit schützen. Nach dem Gebrauch nicht in die Landschaft werfen.

b) uso *uti* benützen, gebrauchen
luce *lux, lucis* Licht

9. Satzanalyse nach der Einrückmethode:

HS	NS1	NS2
	Etenim si isti callidi rerum aestimatores prata et areas quasdam magno aestimant,	
		quod ei generi possessionum minime quasi noceri potest,
quanti est aestimanda virtus,		
	quae nec eripi nec subripi potest umquam,	
	neque naufragio neque incendio amittitur,	
	nec vi tempestatum nec temporum perturbatione mutatur.	

(Cicero, Paradoxa Stoicorum 6,51)

10. a) Großraumflugzeug („Raumschiff" würde auch akzeptiert)
capax, -acis geräumig (Superlativ: *capacissimus, -a, -um*)
aer, aeris Luft
navis, -is Schiff

b) Weltraumsonde (Man könnte auch an ein Teleskop denken, das allerdings keine Erfindung des 20. Jahrhunderts ist.)
sidus, -eris Himmel, Sternbild
instrumentum, -i Gerät
explorare erforschen

(Quelle: Neues Lateinlexikon. Lexicon recentis latinitatis. Hg. von der Libraria Editoria Vaticana. Übers. von Stefan Feihl, Carmen Grau und Heinrich Offen. Bonn: Edition Lempertz 2004)

11. *Lenken Sie Ihre Aufmerksamkeit nicht auf die Satzstruktur, sondern vielmehr auf wichtige Schlüsselbegriffe, die Sie in Ihrer Begründung lateinisch zitieren und deutsch wiedergeben sollen. Dabei sollte Ihnen auffallen, dass der Betreffende als* primus *von allen früheren Philosophen abgegrenzt wird. Einerseits ist von* caelestia *die Rede, andererseits von* virtutes *und* vitia.

Übersetzung
Er scheint mir, was allgemein feststeht, als Erster die Philosophie weggerufen zu haben von verborgenen und von der Natur selbst verschlüsselten Fragen, mit denen alle Philosophen vor ihm beschäftigt waren, und zum gemeinsamen Leben hingeführt zu haben, um über Tugenden und Laster und überhaupt über Gutes und Schlechtes Fragen zu stellen; das Himmlische aber, meinte er, sei entweder von unserer Erkenntnis weit entfernt oder trage, selbst wenn es höchst bekannt wäre, dennoch nichts zum guten Leben bei.

(Cicero, Academici libri 1,4,15, der Name am Satzanfang wurde durch „Is" ersetzt)

a) Die Rede ist von Sokrates.

b) Alle Philosophen vor ihm *(omnes ante eum philosophi)* werden mit dem Sammelbegriff „Vorsokratiker“ zusammengefasst, die verschiedene Naturphänomene untersuchten *(rebus occultis et ab ipsa natura involutis).*
Sokrates verleiht der Philosophie eine ganz neue Richtung, indem er das Menschenleben in der Gemeinschaft *(de virtutibus et vitiis ... quaereret)* ins Zentrum seiner Überlegungen stellt. In der athenischen Polis diskutiert er mit seinen Mitmenschen über Gut und Böse *(de bonis rebus et malis)* und schließt den Kosmos *(caelestia)*, dessen Geheimnisse nichts zu einem guten Erdenleben beitragen *(nihil tamen ad bene vivendum conferre)*, aus seinen Überlegungen aus.

Teil III

12. a) *Mithilfe der Übersetzung verschaffen Sie sich ohne großen Zeitverlust einen Überblick über die gesamte Textstelle. Bei Ihrer Interpretation beweisen Sie, dass Sie sich dann mit dem Originaltext auseinandergesetzt haben, indem Sie Belege lateinisch zitieren. Die sprachlich-stilistische Analyse soll den Zusammenhang zwischen Inhalt und äußerer Form herstellen. Bedenken Sie, dass Petron die wichtigste Quelle für das Vulgärlatein ist. Überlegen Sie, in welchem Zusammenhang Ihnen Echion und Agamemnon im Unterricht schon begegnet sind.*

Der keineswegs redegewandte Echion überfällt seinen Gesprächspartner mit einem wahren Wortschwall. Obwohl er mehrere Fragen stellt, gibt er seinem Tischnachbarn so schnell keine Gelegenheit zu antworten. Seine Sätze sind kurz, parataktisch und stark vom Vulgärlatein geprägt. Er weiß nicht, dass *loqui* ein Deponens ist, sondern bildet den Infinitiv *loquere* und *loquis* als 2. Person Singular statt *loqueris*. Er irrt sich auch in den Deklinationsklassen, indem er *pauperorum* statt *pauperum* sagt. Er weiß nicht, dass *dies* maskulin ist *(aliqua die)*. Längst ist der Akkusativ sein Lieblingskasus, *persuadere* hat bei ihm kein Dativobjekt, die Präposition *prae* keinen Ablativ *(te persuadeam, prae litteras)*. Er verwendet typisch vulgärlateinische Deminutive *(casulas, servulus)* und ergänzt *esse* mit einem Adverb *(belle erit)*. Auch bei der Wortwahl greift er mehrmals daneben – *bellus, -a, -um* ersetzt das bisher gängige *pulcher, -ra, -rum, manducare* das weniger drastische *edere* – und legt den Grundstein für die romanischen Sprachen: vgl. französisch „belle“, „manger“.
Besonders komisch wirkt diese Ballung von sprachlichen Fehlern, da er sich an den Rhetoriklehrer Agamemnon wendet, der noch die Hochsprache beherrscht. „Agamemnon“ ist ein gängiger Name für Freigelassene griechischen Ursprungs, erinnert aber auch an den mykenischen König zur Zeit des trojanischen Kriegs und ist als Name eines wenig heldenhaften Lehrers ein Element der Epenparodie in Petrons Werk.

Nicht nur der proletenhafte Gastgeber Trimalchio schmückt sich gern mit gebildeten Gästen, auch Echion möchte ihn gerne einladen *(venias et videas casulas nostras)*.
Echion wohnt allerdings, wie er sagt, in einem Hüttchen *(casula)* und kann nur Hühnchen und Eier bieten *(pullum, ova)*, weil das Wetter die Ernte vernichtet hat *(omnia hoc anno tempestas depravavit)*. Warum lädt Echion trotz Lebensmittelknappheit einen Fremden ein, den er als Erstes einmal kräftig beschimpft *(non es nostrae fasciae, te prae litteris fatuum esse)*? Er hofft auf kostenlosen Unterricht für seinen Sohn, den er mit dem Kosenamen *cicaro* einführt. Er beherrscht schon Grundzüge des kleinen Einmaleins *(iam quattuor partis dicit)* und soll Agamemnon als Assistent *(servulus)* zur Seite stehen.

b) *Beim Vergleich ermitteln Sie Gemeinsamkeiten, Ähnlichkeiten und Unterschiede der vorliegenden Textstelle mit den aus dem Unterricht bekannten Passagen hinsichtlich Situation, Inhalt und sprachlicher Gestaltung.*

Der gebildete Rhetoriklehrer Agamemnon ist ein willkommener Gast bei Trimalchio und Echion, zwei ungebildeten Proleten. Der neureiche Trimalchio lädt ihn zusammen mit vielen anderen in seine riesige Villa mit eigenen Thermen ein. Echion will ihn allein in seinem Hüttchen empfangen. Bei Trimalchio wird die ganze Nacht geschlemmt, Echion kann nur Hühnchen und Eier bieten. Dem abwechslungsreichen Unterhaltungsprogramm bei Trimalchio mit Sängern, Tänzern, Akrobaten und Dichtern hat Echion nichts entgegenzusetzen. Beim Neureichen wechseln sich ganze Abteilungen von Sklaven beim Dienst ab. Echion wird wohl selbst kochen und bedienen, lediglich seinen Sohn bezeichnet er als Agamemnons *servulus*, der ihn aber wohl nicht bedienen, sondern als Hilfslehrer unterstützen soll.
Echions Monolog ist Teil der sogenannten Freigelassenengespräche in der *Cena Trimalchionis*. Unsere Kentnisse des Vulgärlateins verdanken wir auch den anderen Freigelassenen Dama, Seleucus, Phileros und Ganymedes, deren Äußerungen sprachlich und inhaltlich mit dem Ausschnitt aus Kapitel 46 vergleichbar sind.

13. a) *Beachten Sie besonders den deutschen Einleitungssatz. Anhand der Übersetzung verschaffen Sie sich anschließend einen Überblick über die gesamte Textstelle. Bei Ihrer Interpretation beweisen Sie, dass Sie sich dann mit dem Originaltext auseinandergesetzt haben, indem Sie Belege lateinisch zitieren.*

Scipio Maior bemerkt, dass sein Adoptivenkel von der Milchstraße aus die Erde ehrfürchtig wie ein Gotteshaus betrachtet *(contemplari*, vgl. *templum)*. Die Erde bezeichnet er mit Hyperbaton und Hendiadyoin als *sedem hominum ac domum*. Im Imperativ II fordert er ihn auf, die kleine Erde *(parva)* gering zu achten und stattdessen dem Himmel die gebührende Ehrfurcht zu schenken. *Haec caelestia semper spectato, illa humana contemnito* formuliert er

eindringlich mit Alliteration, Parallelismus, Antithese und Asyndeton. Das erstrebenswerte Ziel eines römischen Politikers, nämlich Ruhm und Ehre *(celebritatem, expetendam ... gloriam)*, werde er nicht durch das Gerede der Menschen *(sermonis hominum)* erreichen, versucht er ihm mit einer rhetorischen Frage zu vermitteln. Dies veranschaulicht er ihm durch einen gemeinsamen Blick auf die Erde *(vides in terra)*, die er in einem langen Satz beschreibt. Die Erde sei nur an wenigen, engen Stellen bzw. Flecken bewohnt *(maculis ubi habitatur)*, zwischen denen ausgedehnte Wüsten liegen *(vastas solitudines interiectas)*, weshalb zwischen den bewohnten Orten keine Kommunikation stattfinden kann *(interruptos; nihil inter ipsos ab aliis ad alios manare possit)*. Abschließend wiederholt er die vorherige rhetorische Frage als Aussage: *A quibus exspectare gloriam certe nullam potestis.* Ob er mit der 2. Person Plural alle Scipionen, alle Römer oder alle Menschen meint, bleibt offen und bewirkt, dass auch der Leser sich angesprochen fühlt.
Empfiehlt nun Scipio Maior bzw. der Autor Cicero wegen der Aussichtslosigkeit menschlichen Ruhms ein epikureisches *lathe biosas*? Keineswegs! Vielmehr stellt er menschliche Leistungen in eine höhere, transzendente Dimension. Dafür steht er gewissermaßen als „lebender" Beweis auf der Milchstraße. Darauf hofft wohl auch Cicero, der am Ende seines Lebens aus der aktiven Politik verdrängt war und als politischer Schriftsteller seinen Beitrag für die Gesellschaft leistete.

b) *Beim Vergleich ermitteln Sie Gemeinsamkeiten, Ähnlichkeiten und Unterschiede zwischen den beiden Textstellen. Beachten Sie, dass sich zwei verschiedene Autoren in unterschiedlichen literarischen Gattungen mit dem zentralen Begriff* gloria *auseinandersetzen.*

Beide Gespräche finden an einem surrealen, für Menschen unzugänglichen Ort mit einem Verstorbenen statt.
Scipio trifft seinen verstorbenen Adoptivgroßvater auf der Milchstraße, Aeneas seinen Vater Anchises in der Unterwelt. Scipio Maior zeigt seinem Enkel die kugelförmige Erde und die anderen Planeten unseres Sonnensystems. Vergil leitet mit den vorliegenden Versen die sogenannte Römerschau ein. Der von den Irrfahrten völlig erschöpfte Aeneas sieht die künftigen Römer als Schattenwesen an sich vorbeiziehen und erkennt, dass seine Anstrengungen mit dem Ruhm seiner Nachkommen *(gloria, inlustris animas)* belohnt werden. Als Höhepunkt der römischen Geschichte wird am Ende der Heldenschau das Goldene Zeitalter unter Augustus, dem Auftraggeber der *Aeneis*, gefeiert. Aeneas ist nach dem Unterweltsgang gestärkt für die zweite Hälfte seiner schweren Prüfungen, die Kämpfe in Latium. Vergil feiert nach dem Ende des Bürgerkriegs aus eigener Überzeugung und im Auftrag des Herrschers die *pax Augusta*.
Im vorliegenden Cicerotext wird irdischer Ruhm dagegen stark relativiert *(quam celebritatem ... aut quam expetendam consequi gloriam potes?; gloriam certe nullam)*. Auch der verdienstvollste römische Politiker kann keine

Verehrung in anderen Erdteilen erwarten *(obliquos... transversos ... adversos ... a quibus exspectare gloriam certe nullam potestis).* Diese Aussage ist für den Vollblutpolitiker Cicero untypisch und steht im Gegensatz zu vielen Texten, in denen eine politische Laufbahn als die edelste und gottgefälligste Lebensgestaltung bewertet wird.

14. a) *Mithilfe der Übersetzung verschaffen Sie sich ohne großen Zeitverlust einen Überblick über die gesamte Textstelle. Bei Ihrer Interpretation beweisen Sie, dass Sie sich dann mit dem Originaltext auseinandergesetzt haben, indem Sie Belege lateinisch zitieren. Bei der sprachlich-stilistischen Analyse soll der Zusammenhang zwischen Inhalt und äußerer Form erkannt werden.*

In *De legibus* fingiert Cicero ein Gespräch mit seinem Bruder Quintus und seinem Freund und Verleger Atticus. In dieser Passage spricht Cicero selbst über das Wesen des Menschen *(de natura hominis).* Er betont, dass an der Richtigkeit der gängigen Meinung *(disputari solet),* – man beachte das Passiv und das Polyptoton *(disputari, disputetur)* –, kein Zweifel besteht *(et nimirum ita est, ut disputatur).* Die Menschen entstanden, als die Zeit reif war *(quandam maturitatem serendi generis humani)* nach ewigen Kreisläufen der Planeten *(perpetuis cursibus conversationibus caelestibus).* Hendiadyoin und c-Alliteration weisen auf die Besonderheit der Erschaffung *(serendi, satum)* der Menschen hin, mit denen gewissermaßen nach ewig gleichen Kreisläufen eine neue Ära beginnt. Sie werden gesät und auf verschiedene Länder verstreut. Cicero stellt den Schaffungsprozess allerdings mit Hysteron-Proteron in der umgekehrten Reihenfolge dar *(sparsum in terras atque satum).* Anders als alle anderen Lebewesen werden sie mit dem Geist als göttlichem Geschenk bereichert. *Divino auctum sit animorum munere*, formuliert Cicero mit Hyperbaton, wobei *munus* auch eine Aufgabe der Götter für die Menschen sein könnte.

Jedenfalls ist beim Menschen nur der Geist göttlich und damit unsterblich *(animum esse ingeneratum a deo)*, was durch den Kontrast *alia ... homines e mortali genere sumpserint* betont wird. Die Definition des sterblichen Teils mit Hendiadyoin als *fragilia ... et caduca* macht die lange Periode noch komplexer. Pointiert wirkt das Schlusswort *deo.* Den sterblichen Körper schaffen die Menschen selbst durch Fortpflanzung *(sumpserint)*, der Geist wird ihnen eingepflanzt von Gott *(ingeneratum).* Austauschbar scheinen für Cicero die Begriffe *deus* und *caelestes*; es gibt in der Stoa ein göttliches Prinzip, das mit den römischen Göttern nicht im Widerspruch steht. An der Wahrheit seiner Ausführungen lässt Cicero keinen Zweifel. Das Trikolon bzw. die Synonymenhäufung *agnatio, genus, stirps* wird anaphorisch durch *vel* eingeleitet und ermöglicht auch noch die Alliteration *vere, vel.* In diesem Zusammenhang benennt *vel* keine Alternativen, sondern dreimal dasselbe Phänomen.

Cicero schließt sich der stoischen Vorstellung an, dass die menschliche Seele einen Funken vom göttlichen Urfeuer in sich trägt und im Gegensatz zum Körper unsterblich ist. Diese Vorstellung steht aber auch nicht im Widerspruch zu dem von Platon betonten Dualismus von Körper und Geist, passt also auch gut in das von Platons *Nomoi* inspirierte Werk *De legibus*.

b) *Wenn ein Vergleich mit Epikurs Position gefordert ist, handelt es sich beim lateinischen Text möglicherweise um stoisches Gedankengut. Beachten Sie die zentralen Begriffe* homo *und* deus, *die in verschiedenen Flexionsformen erscheinen.*

Die ewigen Kreisläufe der Himmelskörper sind eine typisch stoische Vorstellung. Für Epikur dagegen entsteht in Anlehnung an Demokrits Atomlehre alles aus einer zufälligen Zusammenballung von Atomen und vergeht bei deren Auflösung. Beim Tod eines Menschen zerfallen Körper und Geist wieder in Atome, nichts am Menschen ist unvergänglich. Doch auch Epikur stellt den vernunftbegabten und nach Weisheit strebenden Menschen über die anderen Lebewesen. Nach Auffassung der Stoa ist der menschliche Geist mit den Göttern durch das göttliche Urfeuer verwandt und somit unsterblich. Auch Epikur geht von der Existenz der Götter aus, da alle Menschen eine Vorstellung von ihnen haben. Sie sehen, obwohl keinerlei verwandtschaftliche Beziehung besteht, aus wie besonders schöne und große Menschen, sind glücklich und unsterblich und leben in Intermundien. Zwar verdienen sie aufgrund ihrer hervorragenden Eigenschaften Verehrung, sind aber nicht zu fürchten, da sie am Leben der Menschen keinen Anteil nehmen.

Abitur Latein (Bayern)
Übungsaufgabe 2

Teil A: Übersetzung

Herrscher stehen im Rampenlicht

Seneca dankt in De clementia *dem neu ernannten Kaiser Nero für seine vielversprechenden Anfänge.*

Quam multa tibi non licent, quae nobis beneficio tuo licent! Possum in qualibet parte urbis solus incedere sine timore, quamvis nullus sequatur comes, nullus sit domi, nullus ad latus gladius. Tibi in tua pace armato vivendum est. Aberrare a fortuna tua non potes; obsidet te et, quocumque descendis, magno adparatu sequitur.

Est haec summae magnitudinis servitus non posse fieri minorem; sed cum dis tibi communis ipsa necessitas est. Nam illos quoque caelum adligatos tenet, nec magis illis descendere datum est quam tibi tutum; fastigio[1] tuo adfixus es.

Nostros motus pauci sentiunt, prodire nobis ac recedere et mutare habitum sine sensu publico licet. Tibi non magis quam soli latere contingit. Multa contra[2] te lux est, omnium in istam conversi oculi sunt. Prodire te putas? Oreris[3].

Loqui non potes, nisi ut vocem tuam, quae ubique sunt, gentes excipiant. Irasci non potes, nisi ut omnia tremant. Ut fulmina paucorum periculo cadunt, omnium metu, sic animadversiones[4] magnarum potestatum terrent latius quam nocent, non sine causa: Non enim, quantum fecerit, sed quantum facturus sit, cogitatur in eo, qui omnia potest.

(175 lateinische Wörter)

1 fastigium, -i	hohes Niveau
2 contra	*hier:* um … herum (*wie* circa)
3 oriri	aufgehen (wie die Sonne)
4 animadversio, -onis, f.	Maßnahme

Teil B: Aufgabenteil

Teil I

Bearbeiten Sie von den folgenden fünf Aufgabenstellungen ***vier Aufgaben nach eigener Wahl****. Erreichbar sind je 4 Bewertungseinheiten.*

1. Stellen Sie vier lateinische Nomina mit der Bedeutung „Licht(quelle)“ und jeweils eine deutsche Übersetzung zusammen. Der Übersetzungstext bietet Ihnen Anhaltspunkte.

lux = Licht

2. Welche Stilmittel erkennen Sie im folgenden Satz aus dem Übersetzungstext? Geben Sie zwei Stilmittel mit den entsprechenden lateinischen Belegen an.

Ut fulmina paucorum periculo cadunt, omnium metu, sic animadversationes magnarum potestatum terrent latius quam nocent, non sine causa.

3. Ordnen Sie die Gebäude den Kaisern als Bauherrn zu, indem Sie auf Ihrem Arbeitsblatt zum jeweiligen Buchstaben die entsprechende Ziffer schreiben.

A) *Collosseum*	1. Augustus
B) *Ara pacis*	2. Tiberius
C) *Domus aurea*	3. Caligula
D) *Villa Iovis auf Capri*	4. Claudius
	5. Nero
	6. Vespasian/Titus

4. Analysieren Sie die folgenden Verse metrisch, indem Sie Längen und Kürzen auf Ihr Arbeitsblatt schreiben und die einzelnen Verselemente (Metren) gegeneinander abgrenzen.

Umbra videtur item nobis in sole moveri
et vestigia nostra sequi gestumque imitari.

5. Benennen Sie die linguistische (sprachliche) Besonderheit der beiden folgenden Formen aus dem Übersetzungstext und die geläufigere Variante derselben:

adparatu *adligatos*

Teil II

*Bearbeiten Sie von den folgenden sechs Aufgabenstellungen **drei Aufgaben nach eigener Wahl**. Erreichbar sind je 6 Bewertungseinheiten.*

6. Erklären Sie die Bedeutung der folgenden kirchlichen Begriffe, indem Sie das entsprechende lateinische Wort und die grammatikalische Form benennen.

Beispiel: Konfession ≈ „Bekenntnis, Religionszugehörigkeit“;
von *confessio, -onis:* Bekenntnis (Nomen)

a) Ministrant
b) Konfirmand
c) Advent

7. a) Erschließen Sie, welche Szene aus der *Aeneis* Pierre Narcisse Guérin (1774–1833) gemalt hat.

b) Auf welche Bildelemente stützen Sie Ihre Entscheidung? Zwei Argumente genügen.

Küste von Karthago im Hintergrund
Aeneas in voller Rüstung

Foto: The Yorck Project

8. Paraphrasieren Sie die beiden folgenden Strophen eines Wintergedichts aus dem 20. Jahrhundert:

Iuvenis nunc soleas ligneas iam rapit,
nivem calcans pedibus montis culmen capit.
Dum ascendit sursum, gustat iam decursum

Non descendit pedibus, soleas subnectit,
quibus cito labitur pulchre viam flectit
Hei, quam sulcat nivem montem per proclivem.

9. Erfassen Sie nach einer Ihnen geläufigen Methode die syntaktische Struktur (das Satzgefüge) des folgenden Satzes.

Nam qui se ipse norit, primum aliquid se habere sentiet divinum, ingeniumque in se suum sicut simulacrum aliquod dicatum putabit, tantoque munere deorum semper dignum aliquid et faciet et sentiet, et quom se ipse perspexerit totumque temptarit, intelleget, quem ad modum a natura subornatus in vitam venerit, quantaque instrumenta habeat ad obtinendam adipiscendamque sapientiam, quoniam principio rerum omnium quasi adumbratas intelligentias animo ac mente conceperit, quibus inlustratis sapientia duce bonum virum et ob eam ipsam causam cernat se beatum fore.

10. a) Ordnen Sie die folgende Textstelle in ein philosophisches System der Antike ein.

b) Auf welche Gesichtspunkte stützen Sie Ihre Entscheidung? Zwei Gesichtspunkte mit Belegen aus dem Text genügen.

Quare, corpus ubi interiit, periisse necessest
confiteare animam distractam in corpore toto.
Quippe etenim mortale aeterno iungere et una
consentire putare et fungi mutua posse
desiperest.

11. a) Erschließen Sie bei dem folgenden Zitat eines Spott-Epigramms aus Suetons Kaiserbiografien das Wortspiel, das auf der Doppeldeutigkeit von *sustulit* beruht.

b) Erklären Sie aufgrund Ihrer Kenntnisse der Überlieferung die Richtigkeit des Zitats. Zwei Gesichtspunkte mit Belegen aus dem Text genügen.

Quis negat Aeneae magna de stirpe Neronem,
sustulit hic matrem, sustulit ille patrem.

(Sueton, Nero 39,2)

Teil III

Bearbeiten Sie von den folgenden drei Aufgabenstellungen ***eine Aufgabe nach eigener Wahl****. Die Bearbeitung dieser Aufgabe kann auch in einer zusammenhängenden Darstellung ohne Trennung in Teilaufgaben erfolgen. Erreichbar sind 16 Bewertungseinheiten.*

12. **Horaz, Satire 2,7,22–35**

Der Sklave Davus nutzt die Narrenfreiheit der Saturnalien, um seinem Herrn Horaz schonungslos die Wahrheit zu sagen.

„Laudas
fortunam et mores antiquae plebis, et idem,
si quis ad illa deus subito te agat, usque recuses,
aut quia non sentis, quod clamas, rectius esse,
aut quia non firmus rectum defendis et haeres
nequiquam caeno cupiens evellere plantam.
Romae rus optas; absentem rusticus urbem
tollis ad astra levis. Si nusquam es forte vocatus
ad cenam, laudas securum holus ac, velut usquam
vinctus eas, ita te felicem dicis amasque,
quod nusquam tibi sit potandum. Iusserit ad se
Maecenas serum sub lumina prima venire
convivam: ‚nemon oleum fert ocius? ecquis
audit?‘ cum magno blateras clamore fugisque.“

Übersetzung

„Du lobst die Vermögensverhältnisse und die Biederkeit des alten Römervolkes; aber wenn dich plötzlich ein Gott in jene Zeiten versetzen wollte, würdest du dich immer wieder dagegen sträuben, entweder weil du an das Bessere, das du mit lautem Geschrei verkündest, im Herzen nicht glaubst oder weil du das Richtige nicht beharrlich verfichtst, sondern im Morast stecken bleibst und vergebens den Fuß herausziehen willst. In Rom wünschst du dich aufs Land, auf dem Land erhebst du wankelmütig die ferne Hauptstadt bis zu den Sternen. Wenn du zufällig nirgends zum Essen eingeladen bist, dann rühmst du dein Gemüse, das du in behaglicher Ruhe essen könntest, und preisest dich glücklich und bist zufrieden, dass du nirgends zechen musst, gerade wie wenn du irgendwohin in Ketten gehen müsstest. Beordert dich aber Maecenas noch am späten Abend zur Tafel, wenn schon die ersten Lichter angezündet werden, plärrst und schreist du laut: ‚Bringt vielleicht einer bald das Öl? Hört denn keiner?‘ Und dann rennst du fort.“

(Horaz: Satiren und Episteln. Lat. und dt. von Otto Schönberger. 2., erweiterte Aufl. Berlin 1991)

a) Interpretieren Sie – ausgehend vom lateinischen Original – den Ausschnitt aus Horazens Satire nach formalen und inhaltlichen Gesichtspunkten. (10 BE)

b) Vergleichen Sie diesen Textausschnitt mit Ihnen bekannten Horaz-Satiren. (6 BE)

13. **Plinius, Briefe 5,8,1 f. 4**

Suades, ut historiam scribam, et suades non solus: multi hoc me saepe monuerunt et ego volo, non quia commode facturum esse confidam (id enim temere credas nisi expertus), sed quia mihi pulchrum in primis videtur non pati occidere, quibus aeternitas debeatur, aliorumque famam cum sua extendere. Me autem nihil aeque ac diuturnitatis amor et cupido sollicitat, res homine dignissima, eo praesertim, qui nullius sibi conscius culpae posteritatis memoriam non reformidet. (...) Orationi enim et carmini parva gratia, nisi eloquentia est summa: historia quoquo modo scripta delectat.

Übersetzung

Du rätst mir, Geschichte zu schreiben, und Du bist nicht der Einzige, der das tut; viele haben mich schon mehrfach dazu aufgefordert, und ich möchte wohl; nicht, weil ich glaubte, es würde mir nicht schwerfallen – das wäre Leichtsinn, wenn man es noch nicht versucht hat –, sondern weil es mir als eine besonders schöne Aufgabe erscheint, Männer, denen Ewigkeit gebührt, nicht in Vergessenheit geraten zu lassen und den Ruhm anderer zugleich mit dem eigenen zu verbreiten. Mich aber reizt nichts so sehr wie heißes Verlangen nach dauerndem Fortleben, ein echt menschliches Verlangen zumal für den, der sich keiner Schuld bewusst ist und das Andenken der Nachwelt nicht zu scheuen braucht. (...) Rede und

Gedicht finden wenig Gnade, wenn sie nicht hohen Stil aufweisen; die Geschichte wirkt in jeder Form anziehend.

(Plinius: Briefe. Lat.-dt. hg. von Helmut Kasten. 6. Aufl. München: Artemis 1990)

a) Interpretieren Sie – ausgehend vom lateinischen Original – Plinius' Brief nach <u>formalen</u> und <u>inhaltlichen</u> Gesichtspunkten. (10 BE)

b) Vergleichen Sie diesen Text mit einem Ihnen bekannten Proömium eines Historikers (Sallust, Livius, Tacitus). (6 BE)

14. **Cicero, *De finibus* 1,65**

Epikur und die Freundschaft

De qua Epicurus quidem ita dicit, omnium rerum, quas ad beate vivendum sapientia comparaverit, nihil esse maius amicitia, nihil uberius, nihil iucundius. Nec vero hoc oratione solum, sed multo magis vita et factis et moribus comprobavit. Quod quam magnum sit, fictae veterum fabulae declarant, in quibus tam multis tamque variis ab ultima antiquitate repetitis tria vix amicorum paria reperiuntur, ut ad Orestem pervenias profectus a Theseo. At vero Epicurus una in domo, et ea quidem angusta, quam magnos quantaque amoris conspiratione consentientis tenuit amicorum greges! Quod fit etiam nunc ab Epicureis.

Übersetzung

Doch Epikur sagt über sie, von allen Dingen, die die Weisheit für ein glückliches Leben aufgeboten habe, sei nichts wesentlicher, nichts ergiebiger, nichts angenehmer als die Freundschaft. Er hat das aber nicht allein durch seine Worte, sondern noch viel mehr durch seine Lebensführung, seine Taten und seine Wesensart bestätigt. Was das bedeutet, zeigen die Dichtungen der Alten, in denen sich trotz ihrer so großen Zahl und Mannigfaltigkeit, wenn man bis zu der ältesten Frühzeit zurückgeht, kaum drei Freundespaare finden, wobei man von Theseus ausgehend bis zu Orest gelangt.

Wie groß und wie einträchtig sind dagegen die Freundesscharen, die Epikur in einem einzigen Haus, und dazu noch einem engen, beherbergt hat. So halten es die Jünger Epikurs noch heute.

(Marcus Tullius Cicero: De finibus bonorum et malorum. Über das höchste Gut und das größte Übel. Lat./dt. Übersetzt und hg. von Harald Merklin. Stuttgart: Reclam 1989)

a) Interpretieren Sie – ausgehend vom lateinischen Original – den vorliegenden Text nach <u>formalen</u> und <u>inhaltlichen</u> Gesichtspunkten. (10 BE)

b) Vergleichen Sie diesen Text mit dem folgenden Ausschnitt aus Ciceros *Laelius*. (6 BE)

Virtus, virtus, inquam, C. Fanni, et tu, Q. Muci, et conciliat amicitias et conservat. In ea est enim convenientia rerum, in ea stabilitas, in ea constantia.

Übersetzung

Die Tugend – ich wiederhole es –, Gaius Fannius und du, Quintus Mucius, die Tugend ist es, welche Freundschaften schließt und sie erhält. In ihr liegt nämlich die vollkommene Harmonie, in ihr die Unwandelbarkeit, in ihr die Festigkeit.

(M. Tulli Ciceronis Laelius de amicitia. Lat.-dt. ed. Max Faltner. 3. Aufl. München: Heimeran 1980)

Lösungen

Teil A: Übersetzung

Wie viel ist dir nicht erlaubt, was uns aufgrund deiner Wohltat erlaubt ist! Ich kann in jedem beliebigen Teil der Stadt allein herumlaufen, ohne Angst, obwohl kein Begleiter folgt, kein Schwert zu Hause ist, keines an der Seite. Du musst in deinem Frieden bewaffnet leben. Abweichen von deinem Schicksal kannst du nicht. Es engt dich ein (belagert dich), und wohin auch immer du hinabsteigst, folgt es dir mit großem Aufwand.
Dies ist die Knechtschaft höchster Größe, nicht kleiner werden zu können. Aber diese Notlage selbst ist dir mit den Göttern gemeinsam. Denn auch jene hält der Himmel angebunden, und es ist jenen nicht mehr gegeben herabzusteigen, als es für dich sicher ist. Du bist auf deinem hohen Niveau angeheftet.
Unsere Bewegungen bemerken wenige. Uns ist es ohne öffentliche Aufmerksamkeit erlaubt, auszugehen, zurückzukehren und das Aussehen zu verändern. Dir gelingt es nicht mehr als der Sonne, dich zu verbergen. Viel Licht ist um dich herum, auf dieses sind aller Augen gerichtet. Du glaubst, du trittst auf? Du gehst auf (wie die Sonne). Sprechen kannst du nicht, ohne dass die Völker, die überall sind, deine Stimme vernehmen. Zürnen kannst du nicht, ohne dass alles zittert. Wie Blitze niedergehen unter Gefahr für wenige, (aber) unter der Furcht aller, so erschrecken die Maßnahmen großer Mächte in einem weiteren Umfeld (weiter) als sie schaden; nicht ohne Grund: Denn nicht, wie viel er getan hat, sondern wie viel er tun wird, bedenkt man bei dem, der alles kann.

Seneca, De clementia 1, 8, 2–5 (mit einer Auslassung in 8, 5)

Teil B: Aufgabenteil

Teil I

1. *Vier Nomina genügen.*

lux, lucis	Licht, Tageslicht
fulmen, -inis	Blitz
lumen, -inis	Lichtquelle, Leuchte
sol, solis	Sonnenlicht
candelabrum, -i	Leuchter, Kandelaber
lanterna, -ae	Laterne
lucerna, -ae	Öllampe, Leuchte
taeda, -ae	Fackel

2. *Zwei Stilmittel genügen.*

Vergleich:	*ut … sic*
Alliteration:	*paucorum periculo*
Antithese, Parallelismus, Asyndeton:	*paucorum periculo, omnium metu*
Litotes (doppelte Verneinung):	*non sine*

3. A 6, B 1, C 5, D 2

4. – ◡ ◡|– ◡ ◡|– –|– –|– ◡ ◡|– –
Umbra videtur item nobis in sole moveri
– –|– ◡◡|– ◡ ◡|– –|– ◡ ◡|– –
et vestigia nostra sequi gestumqu(e) imitari. *Lukrez, De rerum natura, 4, 364 f.*

5. Es fehlt die Assimilation (2 BE), gängiger wären *apparatu* und *alligatos* (je 1 BE).

Teil II

6. a) Ministrant ≈ „der Dienende“; von *ministrare:* bedienen (PPA)

   b) Konfirmand ≈ „der im Glauben zu Bestärkende“; von *confirmare:* bestärken (Gerundiv)

   c) Advent ≈ „Warten auf die Ankunft/Geburt Jesu an Weihnachten“; von *adventus, -us:* Ankunft (Nomen)

7. a) Aeneas erzählt Dido und ihrer Schwester Anna von seinen Abenteuern (Bild: „Aeneas berichtet Dido vom Untergang Trojas“, 1815, Paris, Louvre).

   b) Im linken Bildvordergrund sieht man Aeneas auf einem prunkvollen Stuhl mit einem Tigerfell als Überwurf sitzen. Helm und Helmbusch, Schwert, Sandalen und ein leichtes Gewand weisen ihn als Krieger mit edlen jugendlichen Gesichtszügen aus. Dido, die auf einer nicht weniger prächtigen Chaiselongue Platz genommen hat und ein weißes Kleid trägt, wendet sich ihm konzentriert zu. Ihren linken Arm hat sie um einen schönen nackten Knaben gelegt. Auch ohne Flügel erinnert er an Cupido, der im Auftrag von Aeneas' Mutter Venus in den Körper von Ascanius geschlüpft ist, um bei Dido Liebe zu Aeneas zu erwecken. Anna steht hinter ihrer Schwester und lauscht ebenfalls gespannt mit aufgestütztem Ellbogen.
   Im Hintergrund der Palastterrasse mit Säulen und einer Neptun-Statue mit Dreizack erkennt man das doppelte Hafenbecken von Karthago mit einem Leuchtturm.

8. *Da bei dieser Aufgabe maximal 6 BE erreichbar sind, gilt es, die drei wesentlichen inhaltlichen Aspekte zusammenzufassen. Das formal an die mittelalterliche Vagantendichtung erinnernde Gedicht schildert humorvoll die Anfänge des Skifahrens.*

   Ein junger Mann greift sich seine Holzskier und stapft durch den Schnee den Berg hinauf. Voll Vorfreude erklimmt er den Gipfel. Oben schnallt er sich die Skier an und wedelt elegant den Berg hinunter.

9. Satzanalyse nach der Einrückmethode:

HS	NS1	NS2
	Nam qui se ipse norit,	
primum aliquid se habere sentiet divinum,		
ingeniumque in se suum sicut simulacrum aliquod dicatum putabit,		
tantoque munere deorum semper dignum aliquid et faciet et sentiet,		
	et quom se ipse perspexerit totumque temptarit,	
intelleget,		
	quem ad modum a natura subornatus in vitam venerit,	
	quantaque instrumenta habeat ad obtinendam adipiscendamque sapientiam,	
		quoniam principio rerum omnium quasi adumbratas intelligentias animo ac mente conceperit,
		quibus inlustratis sapientia duce bonum virum
		et ob eam ipsam causam cernat se beatum fore.

(Cicero, De legibus 1,59)

10. *Beachten Sie die metrische Form, die auf Autor und Werk und somit auf dessen philosophische Position schließen lässt. Zitieren Sie bei Ihrer Begründung wichtige Schlüsselbegriffe.*

Übersetzung

Ist drum vergangen der Leib, ist vergangen die Seele
auch, das musst du gestehn, die verteilt ist im Ganzen des Körpers.
Ist doch, mit Ewigem Sterbliches fest zu verbinden und meinen,
spüren könnten sie und im Austausch handeln zusammen,
Unsinn. (3,798 ff.)

(Lukrez: De rerum natura. Übersetzt und mit einem Nachwort hg. von Karl Büchner. Stuttgart: Reclam 1996)

a) Es liegt epikureisches Gedankengut vor.

b) Da die Verse im Hexameter, dem Versmaß von Epos und Lehrgedicht, stehen, liegt es nahe, dass es sich um einen Ausschnitt aus *De rerum natura* von Lukrez handelt.
   Laut Epikur stirbt die Seele zusammen mit dem Geist *(corpus ubi interiit, periisse … animam)*, da beide aus einer Zusammenballung von Atomen be-

stehen, die sich nach dem Tod wieder in Einzelteile auflöst. Daher muss eine mögliche Verbindung von Sterblichem und Ewigem als blanker Unsinn abgetan werden *(mortale aeterno iungere ... desiperest).*

11. **Übersetzung**

Wahrlich! Ein echter Sproß von Äneas' Stamme ist Nero:
Schafft' er die Mutter doch, jener den Vater beiseit.

(Sueton: Cäsarenleben. Übertragen und erläutert von Max Heinemann. 7. Aufl. Stuttgart: Kröner 1957)

a) *sustulit* ist 3. Person Singular Indikativ Perfekt Aktiv von *tollere.* Dieses Verb bedeutet „hochheben" und „beseitigen": Aeneas hat seinen Vater hochgehoben, Nero seine Mutter beseitigt.

b) Nach Vergils *Aeneis* (2,707 ff.) trägt Aeneas seinen gebrechlichen alten Vater aus dem brennenden Troja. Indem er ihn unter Einsatz des eigenen Lebens vor den Flammen rettet, erweist er sich lange vor der Gründung Roms als der Prototyp des pflichtbewussten Römers. Im völligen Gegensatz dazu ermordet der römische Kaiser Nero seine Mutter Agrippina, der er nicht nur das Leben, sondern auch die Herrschaft verdankt. Er erweist sich damit als das groteske Zerrbild eines Römers, der sämtliche Herrschertugenden ins Gegenteil verkehrt. Auch die rhetorische Frage des Hexameters ist blanke Ironie: Das muttermordende Monster Nero beansprucht als Nachkomme von Aeneas' Sohn Julus wie alle Julier von göttlicher Abkunft zu sein, da Aeneas ein Sohn der Venus ist.

Teil III

12. a) *Anhand der Übersetzung verschaffen Sie sich ohne großen Zeitverlust einen Überblick über die gesamte Textstelle. Bei Ihrer Interpretation beweisen Sie, dass Sie sich dann mit dem Originaltext auseinandergesetzt haben, indem Sie Belege lateinisch zitieren. Beachten Sie die gesellschaftliche Position des Sprechers im Vergleich mit Horazens Biografie.* Ridentem dicere verum *und* docere et delectare *– so definiert Horaz seine literarische Intention. Lassen Sie den Eigennamen in Vers 33 nicht unbeachtet.*

Davus nutzt die Saturnalien, die in der augusteischen Zeit vom 17. bis 19. Dezember stattfanden, um seinen Herrn Horaz, der selbst der Sohn eines Freigelassenen ist, zu kritisieren. Sein Hauptvorwurf ist Horazens Inkonsequenz, die er an mehreren Beispielen festmacht: Sein Herr kann sich nicht zwischen Vergangenheit und Gegenwart entscheiden (V. 22–27), nicht zwischen Stadt- und Landleben (V. 27 f.) und auch nicht zwischen ruhigen Abenden zu Hause und Gastmählern (V. 28–35).
Davus wirft Horaz vor, er lobe *(laudas)* zwar das einfache Leben der guten alten Zeit – *fortunam et mores antiquae plebis* betont er mit Hendiadyoin –, würde aber nicht wirklich tauschen. Diese fiktive Zeitreise könnte durch

einen plötzlich auftretenden *deus ex machina (si quis ... deus subito)* ermöglicht werden (*agat* steht im Potentialis). Die Vorstellung erinnert an einen Bühnentrick, zumal der Epikureer Horaz wohl nicht an Götter glaubt. Jedenfalls meint Davus, Horaz würde sich weigern (*recuses* ist wieder Potentialis), und führt dafür zwei mögliche Gründe an, die mit Anapher jeweils durch *aut quia* eingeleitet werden.

Es könnte sein, dass er das, was er allzu lautstark verkündet *(clamas)*, gar nicht meint *(non sentis)* oder seinen Standpunkt nicht energisch genug verteidigt *(non firmus rectum defendis)*. Aus dem Komparativ *rectius* ist der Positiv *rectum* geworden. Diese fehlende Charakterstärke illustriert er nun drastisch durch ein Bild: Der Schwächling versucht vergeblich, seine Fußsohle aus dem Schmutz zu ziehen. *Nequiquam caeno cupiens evellere plantam* – so lässt Horaz sich durch Davus selbstironisch beschreiben.

Der zweite Vorwurf wird kürzer, aber umso pointierter abgehandelt: Horaz, der zwischen Rom und seinem Landgut in den Sabinerbergen pendelt, sei mit dem jeweiligen Aufenthaltsort stets unzufrieden. Mit der Alliteration *Romae rus* stellt er die Alternativen unmittelbar gegenüber, das Verb *optas* wird mit Hyperbel zu *tollis ad astra* gesteigert.

Die ruhigen Abende zu Hause genießt Horaz glücklich *(felix)* bei sprichwörtlich einfacher Kost (*holus:* Kohl) und ist froh, nicht schlemmen und bechern zu müssen *(nusquam tibi sit potandum)*, wie es im Anschluss an ein üppiges Mahl üblich war. Nur weist Davus mit Recht darauf hin, dass man zu einem Gastmahl nicht gezwungen, sondern eingeladen *(vocatus ad cenam)* und nicht gefesselt hingeschleppt wird *(velut usquam vinctus eas)*. Der ruhige Abend, den Horaz doch so lobt und liebt *(laudas; te felicem dicis, amasque)*, wird sofort unattraktiv bei einer spontanen Einladung durch Maecenas *(iusserit ad se Maecenas)*, die durch die Wortwahl *iusserit* auch keine Absage zulässt. Wenn Maecenas zu später Stunde *(serum ... convivam)* einlädt, wird Horaz von Hektik befallen. Er schreit seine Sklaven *(magno clamore)* in unangemessener Wortwahl *(blateras)* an, weil sie nicht schnell genug handeln *(ocius)*, und stürzt aus dem Haus, als sei er auf der Flucht *(fugisque)*. In V. 34 f. zitiert Davus seinen Herrn, wodurch ein dialogisches Element eingeführt wird, wie es zu den *Sermones*, Verssatiren in Hexametern, passt. Der Ausschnitt endet mit einem dezenten Kompliment an Maecenas, dessen Einladungen Horaz nicht als Befehl, wie Davus sagt *(iusserit)*, auffasst, sondern als Vergnügen, zu dem er nicht schnell genug eilen kann.

b) *Für den Vergleich bieten sich vor allem die Satiren 1,1 und 2,6 an.*

Wie alle Horaz-Satiren ist auch der vorliegende Ausschnitt aus 2,7 in Hexametern verfasst und dialogisch angelegt. Hier spricht der Sklave Davus seinen Herrn Horaz an, der in Vers 34 f. ironisch sich selbst zitiert, wobei er sich keineswegs wie ein Herr benimmt und ausdrückt *(cum magno blateras clamore fugisque)*. Gepflegte Alltagssprache wechselt hier, wie auch sonst in den *Sermones,* mit plastischen Metaphern (*caeno cupiens evellere plantam*;

vgl. auch: *Iuppiter ambas iratus buccas inflet* 1,1,20 f.). Die Fiktion eines *deus ex machina*, der mit der identischen Formulierung *si quis ... deus* eingeführt wird und den Menschen durch Rollentausch bzw. Ortswechsel zum Glück verhelfen will, ist bereits aus der Satire 1,1 bekannt. Während aber in 1,1 Horaz seinen Mitmenschen ständiges Jammern ohne wirkliche Tauschabsicht vorwirft, bekommt in 2,7 Horaz selbst einen Spiegel vorgehalten.
Der Vergleich zwischen Stadt- und Landleben erinnert vor allem an Satire 2,6, in der Horaz den Göttern, an die ein Epikureer eigentlich nicht glaubt, für das Landgut in den Sabinerbergen dankt, das Maecenas ihm geschenkt hat. In 2,6 zieht Horaz eindeutig das beschauliche Landleben der Hektik der Hauptstadt vor, was er mit der Fabel von der Stadt- und der Landmaus nochmals unterstreicht. Auch in 2,6 schwärmt Horaz von einem einfachen Kohlgericht im vertrauten Kreis der Seinen mit einem zwanglosen anschließenden Umtrunk (V. 65 ff.). Die absolute Priorität eines Treffens mit Maecenas betont Horaz in beiden Satiren. *Tu pulses omne quod obstat, ad Maecenatem memori si mente recurras* (2,6,29 f.) erinnert stark an *cum magno blateras clamore fugisque*. Im ersten Fall ist ein Treffen mit Maecenas der einzige Lichtblick im Rahmen seiner gesellschaftlichen Verpflichtungen in Rom, im zweiten Fall ist ein Gastmahl bei Maecenas einem ruhigen Abend auf dem Land bei Weitem vorzuziehen.

13. a) *Mithilfe der Übersetzung verschaffen Sie sich ohne großen Zeitverlust einen Überblick über die gesamte Textstelle. Bei Ihrer Interpretation beweisen Sie, dass Sie sich dann mit dem Originaltext auseinandergesetzt haben, indem Sie Belege lateinisch zitieren. Bei der sprachlich-stilistischen Analyse soll der Zusammenhang zwischen Inhalt und äußerer Form erkannt werden. Beachten Sie, dass der Schriftsteller Plinius mit einem berühmten Historiker befreundet ist.*

Plinius antwortet mit diesem Brief einem Freund, der ihm geraten hat, Geschichte zu schreiben *(Suades, ut historiam scribam)*. Das doppelte *suades*, verbunden mit der nur durch einsilbige Wörter unterbrochenen Alliteration, sensibilisiert den Leser für eine wichtige Information. Vor dem Briefempfänger haben bereits viele ihn mehrfach dazu dringend aufgefordert *(multi ... saepe monuerunt)*, betont Plinius im Anschluss. Dieser Rat und diese zahlreichen Ermahnungen decken sich auch mit Plinius' eigenen Wünschen *(et ego volo)*. Offen bleibt allerdings die Frage, warum er es bisher und auch später nicht getan hat. Die Begründung für seinen Wunsch leitet er mit Anapher und Antithese ein *(non quia, sed quia)*. Aus der abgelehnten Begründung kann man vielleicht schließen, warum der Wille nicht zu einem Versuch führte. Er stellt sich Geschichtsschreibung durchaus nicht einfach vor *(non quia commode facturum esse confido)*. Nicht logisch scheint die weitere Argumentation: Das glauben nur Leute, die es nicht ausprobiert haben *(id enim temere credas nisi expertus)*, zu denen er auch gehört. Sein Motiv ist

keineswegs ungewöhnlich. Er will dafür sorgen, dass sich die Nachwelt erinnert an Menschen, die es verdienen, sagt er mehrfach *(non pati occidere, quibus aeternitas debeatur; posteritatis memoriam)*. Den Ausdruck *diuturnitatis amor et cupido* betont er mit Hendiadyoin und einer Wortwahl, die eher in die Liebeselegie passt. Er verhehlt aber auch nicht den anderen Aspekt dieses zunächst uneigennützig scheinenden Motivs. Geschichtsschreibung würde auch ihm unsterblichen Ruhm sichern und ihn in die Nähe der von ihm behandelten Persönlichkeiten stellen *(aliorumque famam cum sua extendere)*.
Dieses Streben nach Unsterblichkeit sei des Menschen in höchstem Maße würdig, darauf verweist er mit Superlativ und geschlossener Wortstellung *(res homine dignissima)*, wobei der Mensch gewissermaßen von der würdevollen Tätigkeit eingerahmt wird. Das gilt freilich nur für Menschen, die sich keiner Schuld bewusst sind (*nullius ... conscius culpae*, Alliteration) und deshalb bei der Nachwelt unvergessen sein wollen (*non reformidet*, Litotes). Implizit schließt Plinius sich selbst mit ein.
Der erfolgreiche Redner, der sich auch als Dichter versucht hat, weiß, dass Redekunst und Dichtung ohne Rhetorik keinen Erfolg haben *(orationi ... et carmini parva gratia, nisi eloquentia est summa)*. Überraschend ist dagegen seine Vorstellung, dass jede Art von Geschichtsschreibung entzückt *(historia quoquo modo scripta delectat)*. Mit *historia* bezeichnet man in Rom Zeitgeschichte. Vielleicht hat Plinius seinen Wunsch nicht Wirklichkeit werden lassen, weil er sich dann dem unmittelbaren Vergleich mit Tacitus' Historien hätte stellen müssen.

b) *Es ist nur der Vergleich mit einem einzigen Historikerproömium gefordert. Wenn Sie im Unterricht mehr als eines kennengelernt haben, wählen Sie dasjenige, das Ihnen am besten in Erinnerung ist.*

Sallust:
Sallust hält Geschichtsschreibung für ein besonders schwieriges Unterfangen. Was Plinius nur erwähnt, begründet Sallust in *De coniuratione Catilinae* ausführlich. Geschichtsschreiber müssen die Taten in der angemessenen Wortwahl schildern. Üben sie Kritik, so wird ihnen Neid unterstellt, spenden sie Lob für herausragende Leistungen, so reagieren die Leser entweder mit Gleichgültigkeit oder Unglauben. Plinius' Einschätzung *historia quoquo modo scripta delectat* würde Sallust energisch widersprechen. Auch Sallust erhofft sich von seiner Tätigkeit als Geschichtsschreiber Ruhm und die Erinnerung der Nachwelt (*memoriam nostri quam maxume longam*, Kap. 1; *famam*, Kap. 2; *gloria*, Kap. 3). Seine Einschätzung, dass dieses Ziel leichter durch aktive Politik als durch Geschichtsschreibung zu erreichen ist, wird bei Plinius nicht thematisiert, zumal die Politik in der Kaiserzeit kaum noch Profilierungsmöglichkeiten bietet.

Livius:
Livius hat sich die ganze Geschichte des römischen Volkes vorgenommen und spricht deshalb mit Recht von einem immensen Zeitaufwand *(immensi*

operis), von dem er nicht weiß, ob er sich lohnt (*operae pretium*, Kap. 1). Er will gerne zur Erinnerung an die den Erdkreis beherrschenden Römer beitragen. Auf eigenen Ruhm *(mea fama)* hofft er dabei auch, schließt aber in einem Bescheidenheitstopos die Möglichkeit ein, dass er durch noch bedeutendere Historiker in den Schatten gestellt wird. Livius' *iuvabit* ist mit Plinius' *et ego volo* vergleichbar. Auf historische Fakten legt er vor allem bei der römischen Frühgeschichte nicht so viel Wert *(incorruptis rerum gestarum monumentis)*. Stattdessen setzt er auf exemplarische Darstellung von Vorbildern als Orientierungshilfe für den Leser. Plinius äußert sich dazu nicht, da er ja noch nicht einmal in der Planungsphase ist, würde aber vermutlich bei der Zeitgeschichte historischen Fakten mehr Bedeutung beimessen.

Tacitus:
Plinius und sein etwas älterer Freund Tacitus tauschten ihre Werke vor der Veröffentlichung aus und halfen sich gegenseitig bei ihrer schriftstellerischen Tätigkeit. Plinius hat also höchstwahrscheinlich auch die Proömien des Historikers vor der Veröffentlichung für gut befunden. Die Wahl des Stoffes begründet Tacitus mit einer Marktlücke. Die Republik sei von berühmten Schriftstellern dargestellt worden. Aber die kaiserzeitliche Geschichtsschreibung sei zu Lebzeiten des jeweiligen Kaisers zu wohlwollend, nach dessen Tod zu hasserfüllt. Er dagegen werde unparteiisch, ohne Sympathie und Antipathie berichten, sagt er mit der berühmten Formulierung *sine ira et studio*. Auch in den Historien, Kap. 1, beklagt er die Entstellung der Wahrheit in der bisherigen kaiserzeitlichen Geschichtsschreibung und verspricht mit einer ähnlichen Formulierung, dies besser zu machen *(sed incorruptam fidem professis neque amore quisquam et sine odio dicendus est)*. Während Plinius sich allgemein Geschichtsschreibung nicht leicht vorstellt, nennt Tacitus die konkreten Schwierigkeiten. Anders als Plinius verschweigt Tacitus, dass er sich unsterblichen Ruhm als Geschichtsschreiber erhofft.

14. a) *Anhand der Übersetzung verschaffen Sie sich ohne großen Zeitverlust einen Überblick über die gesamte Textstelle. Bei Ihrer Interpretation beweisen Sie, dass Sie sich dann mit dem Originaltext auseinandergesetzt haben, indem Sie Belege lateinisch zitieren. Bei der sprachlich-stilistischen Analyse soll der Zusammenhang zwischen Inhalt und äußerer Form erkannt werden. Mit einer Ballung rhetorischer Figuren unterstreicht der Autor die Wichtigkeit einer Aussage.*

Im ersten Buch von Ciceros *De finibus* wird Epikurs Philosophie dargestellt. Für das Erreichen des hier mit *ad beate vivendum* umschriebenen Lebensziels des Weisen (vgl. *sapientia*) leistet den wesentlichsten Beitrag die Freundschaft. Das betont der Sprecher durch Anapher, Trikolon, Asyndeton, Parallelismus, Ellipse und die dreifache Verwendung des Ablativus comparationis, der noch über dem Superlativ als die höchste Steigerungsform anzusetzen ist, in dem Ausdruck: *nihil esse maius amicitia, nihil uberius, nihil iucundius*. In der folgenden Antithese macht er deutlich, dass Epikur diese Aussage *(oratione)* durch seine Lebensweise in besonderem Maße bewiesen hat. Die Alliteration *(multo magis)*, das Trikolon mit Polysyndeton *(vita et actis et moribus)* und das Kompositum *(comprobavit)* unterstreichen diese These. Epikurs Verdienste *(quod quam magnum sit)* nicht nur um seine Freunde, sondern um das Phänomen Freundschaft verdeutlicht der folgende Satz, der den Leser in die vorepikureische Vergangenheit zurückversetzt. Bei der Lektüre früherer epischer und tragischer Dichtungen *(fictae veterum fabulae)* finden sich nicht mehr als drei Freundespaare *(tria vix amicorum paria reperiuntur)*, die sogar noch durch Hyperbaton getrennt sind. Sie werden mit Hysteron-Proteron in umgedrehter chronologischer Reihenfolge *(pervenias, profectus)* angedeutet: Orest wird am Satzende erwähnt wegen seiner Freundschaft mit Pylades, Theseus verbindet eine innige Freundschaft mit Peirithoos, das berühmteste Freundespaar, Achill und Patroklos, bleibt ungenannt. Mit gutem Willen ließen sich sicher mehr Beispiele finden, so aber wird Epikur schon fast als der Erfinder der Freundschaft gefeiert, der wiederum im Kontrast zu den mythologischen Beispielen nicht einen guten Freund, sondern ganze Herden in seinem kleinen Haus aufnimmt *(quam magnos ... greges)*. Das ausgeprägte Hyperbaton und die Endstellung von *greges* betonen den Kontrast zum kleinen Haus *(una in domo, et quidem angusta)*. Trotz der räumlichen Beengtheit herrscht in dieser großen Wohn- und Lebensgemeinschaft ausgesprochene Harmonie. Die Formulierung *quanta amoris conspiratione consentientis* verweist auf den engen etymologischen Zusammenhang von *amor* und *amicitia*. Andere Quellen bestätigen diese Schilderung in *De finibus*. Epikurs Ideal *lathe biosas* bedeutete keineswegs, dass er allein leben wollte. Vielmehr lebte er mit einer Schar Gleichgesinnter, unter denen auch Frauen und Sklaven waren, in einer klosterähnlichen Lebensgemeinschaft. Der charismatische Epikur wurde von seinen Anhängern so geliebt und nach seinem Tod so vermisst, dass sie seinen Geburtstag weiterhin feierten. Zeitgenössische Epikureer, so endet der Ausschnitt aus *De finibus*, ahmten die Lebensweise nach.

b) *Sie vergleichen zwei Texte desselben Autors zum selben Thema, auf das bereits die deutsche Überschrift verweist. Beachten Sie den wichtigen Schlüsselbegriff, auf den die Geminatio zu Beginn des zweiten Textes hindeutet.*

Mit Geminatio wiederholt Laelius am Satzanfang den zentralen stoischen Begriff *virtus*. Gemeint ist damit die ethisch beste Haltung, die der Mensch durch das Überwinden der Leidenschaften erreicht. Eindringlich weist der Hauptsprecher und Fachmann für Freundschaft, Laelius, seine Gesprächspartner Fannius und Mucius, die er namentlich anspricht, auf die herausragende Bedeutung der *virtus* für die Freundschaft hin.

Diese sittliche Vollkommenheit schließt und erhält Freundschaften. Bei der Formulierung *virtus ... et conciliat amicitias et conservat* wird das Abstraktum personifiziert und handelt selbst in zweifacher Hinsicht, wie durch Parallelismus und Ellipse betont wird. Mit Anapher, Parallelismus und Trikolon lobt Laelius die Freundschaft in den höchsten Tönen *(in ea enim convenientia rerum, in ea stabilitas, in ea constantia)*. Freundschaft ist für die beiden recht konträren Philosophenschulen ein wertvolles Gut, die Epikureer stellen sie in unmittelbaren Zusammenhang mit *voluptas*, die Stoiker mit *virtus*. Ein Epikureer sucht gleichgesinnte Freunde, mit denen er sich aus dem belastenden politischen Leben zurückzieht, um mit ihnen ein möglichst angenehmes Leben zu führen. Auch der Stoiker wünscht sich dauerhafte Freundschaften. Durch gemeinsame Pflichterfüllung, die auch im Dienst am Staat besteht, nähert man sich dem Ziel eines glücklichen Lebens.

Abitur Latein (Bayern)
Übungsaufgabe 3

Teil A: Übersetzung

Kurz vor der Schlacht von Zama (202 v. Chr.) bittet Hannibal Publius Cornelius Scipio um Frieden: Er stellt dabei dem jungen römischen Feldherrn sein eigenes Schicksal warnend vor Augen.

Quod ad me attinet, iam aetas senem in patriam revertentem, unde puer profectus sum, iam secundae, iam adversae res ita erudiverunt, ut rationem sequi quam fortunam malim: Tuam et adulescentiam et perpetuam felicitatem, ferociora utraque quam quietis opus est consiliis, metuo. Non temere[1] incerta casuum reputat, quem fortuna numquam decepit.

Quod ego fui ad Trasumennum[2], ad Cannas, id tu hodie es: Vixdum militari aetate imperio accepto omnia audacissime incipientem nusquam fefellit fortuna: Patris et patrui[3] persecutus mortem ab calamitate vestrae domus decus insigne virtutis pietatisque eximiae cepisti. Amissas Hispanias recuperavisti quattuor inde Punicis exercitibus pulsis. Consul creatus, cum ceteris ad tutandam Italiam parum animi esset, transgressus in Africam duobus hic exercitibus caesis, me sextum decimum iam annum haerentem in possessione Italiae detraxisti.

Potest victoriam malle quam pacem animus. Novi spiritus magnos magis quam utiles: Et mihi talis aliquando fortuna adfulsit. Quodsi in secundis rebus bonam quoque mentem darent dei, non ea solum, quae evenissent, sed etiam ea, quae evenire possent, reputaremus: Ut omnium obliviscaris aliorum, satis ego documenti in omnes casus sum.

(172 lateinische Wörter)

1 non temere nicht leicht
2 *Hannibal bezieht sich auf seinen Sieg am Trasimener See 217 v. Chr.*
3 *Der Vater und der Onkel Scipios waren in Spanien gefallen.*

Teil B: Aufgabenteil

Teil I

Bearbeiten Sie von den folgenden fünf Aufgabenstellungen ***vier Aufgaben nach eigener Wahl****. Erreichbar sind je 4 Bewertungseinheiten.*

1. Welche Stilmittel erkennen Sie in folgendem Abschnitt aus dem Übersetzungstext? Geben Sie zwei Stilmittel mit den entsprechenden lateinischen Belegstellen an.

Quod ad me attinet, iam aetas senem in patriam revertentem, unde puer profectus sum, iam secundae, iam adversae res ita erudiverunt, ut rationem sequi quam fortunam malim: Tuam et adulescentiam et perpetuam felicitatem, ferociora utraque quam quietis opus est consiliis, metuo. Non temere incerta casuum reputat, quem fortuna numquam decepit. Quod ego fui ad Trasumennum, ad Cannas, id tu hodie es.

2. Wählen Sie aus folgenden Begriffen die vier aus, die für die epikureische Philosophie bezeichnend sind.

Jupiter
Lust
Mischverfassung
Zwischenwelt
Atom
Idee
Teleologie
Vernunft
Zufall

3. Ordnen Sie den Autoren ihr jeweiliges Todesjahr zu.

A) 8 v. Chr.	1. Horaz A
B) 35 v. Chr.	2. Ovid D
C) 19 v. Chr.	3. Sallust B
D) 17 n. Chr.	4. Vergil C

4. In folgenden Ausdrücken finden sich aus dem Lateinischen stammende Fremdwörter. Geben Sie ein jeweils zugrunde liegendes lateinisches Wort an.

a) wichtige Aspekte aspicere
b) menschliches Existenzverständnis existere
c) diskutiertes Thema discutere
d) überindividuelle Mächte individuum

5. Weisen Sie folgenden Verbformen den richtigen Grammatikbegriff zu.

A) *abi*	1. Konjunktiv D
B) *reverti*	2. 1. Person C
C) *ii*	3. Infinitiv B
D) *velis*	4. Imperativ A

Teil II

Bearbeiten Sie von den folgenden sechs Aufgabenstellungen ***drei Aufgaben nach eigener Wahl****. Erreichbar sind je 6 Bewertungseinheiten.*

6. a) Analysieren Sie die folgenden Verse metrisch, indem Sie Längen und Kürzen auf ihr Arbeitsblatt schreiben und die einzelnen Verselemente (Metren) gegeneinander abgrenzen.

   b) Welche Versart(en) erkennen Sie?

   Sexte, nihil debes, nil debes, Sexte, fatemur.
   Debet enim, si quis solvere, Sexte, potest.

7. Weisen Sie nach, dass das seinen Gedichtband einleitende Widmungsgedicht Catulls an Cornelius Nepos ein Programm neoterischer Dichtung enthält.

   Cui dono lepidum novum libellum,
   Arida modo pumice expolitum?
   Corneli, tibi: Namque tu solebas
   Meas esse aliquid putare nugas,
   Iam tum, dum ausus es unus Italorum
   Omne aevum tribus explicare cartis,
   Doctis, Iuppiter, et laboriosis.
   Quare habe tibi, quicquid hoc libelli,
   Qualecumque; quod, o patrona virgo,
   Plus uno maneat perenne saeclo!

   Übersetzung
   Und wem schenk' ich das hübsche neue Büchlein,
   Kaum vom trockenen Bims mir ausgeglättet?
   Dir, Cornelius: denn du glaubtest immer,
   Meine Sächelchen seien wohl ein Etwas,
   Da schon, als du allein der Unsern wagtest,
   Auf drei Blätter den Zeitenlauf zu bannen,
   Inhaltschwere, bei Gott! und mühevolle.
   Darum hab' es denn, wie's nun ist, das Büchlein,
   Ob auch wenig, und mög' es, Herrin Jungfrau,
   Ein Jahrhundert hinaus und länger leben.
   (Theodor Heyse)

8. Vergleichen Sie die folgende Rechtsauffassung, die von einem Gesprächspartner in Ciceros Dialog *De re publica* vertreten wird, mit der von Thomas Hobbes im *Leviathan* vertretenen Staatsauffassung.

   Etenim iustitiae non natura nec voluntas, sed imbecillitas mater est. Nam cum de tribus unum est optandum, aut facere iniuriam nec accipere, aut et facere et accipere, aut neutrum, optimum est facere, impune si possis, secundum nec facere nec pati.

9. Arbeiten Sie die im folgenden Text von dem Juristen Gaius beschriebenen zwei Rechtsschichten heraus.

   Ius autem civile vel gentium ita dividitur: Omnes populi, qui legibus et moribus reguntur, partim suo proprio, partim communi omnium hominum iure utuntur: Nam quod quisque populus ipse sibi ius constituit, id ipsius proprium civitatis est vocaturque ius civile … Quod vero naturalis ratio inter omnes homines constituit, id apud omnes populos peraeque custoditur vocaturque ius gentium.

10. Bestimmen Sie in den folgenden Sätzen die gemeinsame Sinnrichtung der jeweils vorliegenden Satzerweiterungen. Welche syntaktische Satzerweiterung liegt jeweils vor?

    a) *Spectatum miracula cives in forum concurrunt.*
    b) *Dux milites in collem recepit loci se praesidio defensurus.*
    c) *Caesar nuntios Romam misit, ut victoriam ibi referrent.*

11. Erklären Sie den Sinn folgender lateinischer Sprichwörter.

    a) *Bis dat, qui cito dat.*
    b) *Crescentem sequitur cura pecuniam.*

Teil III

Bearbeiten Sie von den folgenden drei Aufgabenstellungen ***eine Aufgabe nach eigener Wahl****. Die Bearbeitung dieser Aufgabe kann auch in einer zusammenhängenden Darstellung ohne Trennung in Teilaufgaben erfolgen. Erreichbar sind 16 Bewertungseinheiten.*

12. **Cicero, *Cato maior de senectute* 19,66 f.**

    Quarta restat causa, quae maxime angere atque sollicitam habere nostram aetatem videtur, adpropinquatio mortis, quae certe a senectute non potest esse longe. O miserum senem, qui mortem contemnendam esse in tam longa aetate non viderit! Quae aut plane neglegenda est, si omnino exstinguit animum, aut etiam optanda, si aliquo eum deducit, ubi sit futurus aeternus; atqui tertium certe nihil inveniri potest. Quid igitur timeam, si aut non miser post mortem aut beatus etiam futurus sum?

    Übersetzung

    Es bleibt der vierte Punkt, der Menschen unseres Alters zu ängstigen und zu beunruhigen scheint, das Nahen des Todes, der im Alter gewiß nicht weit entfernt sein kann. Wie armselig ist doch ein Greis, wenn er in einem so langen Leben nicht erkannt hat, daß der Tod gering zu achten ist! Er ist entweder gänzlich zu vernachlässigen, wenn er die Seele völlig auslöscht, oder sogar zu wünschen, wenn er sie an einen Ort führt, wo ihr ewiges Leben beschieden ist. Eine dritte Möglichkeit ist doch gewiß nicht ausfindig zu machen. Was soll ich also fürchten, wenn es mir bestimmt ist, nach dem Tod entweder nicht unglücklich oder sogar glückselig zu sein?

(Cicero: Cato maior de senectute/Cato der Ältere über das Alter. Übers. und hg. von Harald Merklin. Stuttgart: Reclam 1998)

a) Interpretieren Sie – ausgehend vom lateinischen Original – den obigen Text nach formalen und inhaltlichen Gesichtspunkten. (10 BE)

b) Erörtern Sie aus Ihrer Kenntnis der antiken Philosophie die im Text behandelte Todesproblematik. (6 BE)

13. **Horaz, Satire 1,6,52–64**

(…) Felicem dicere non hoc
me possim, casu quod te sortitus amicum.
Nulla etenim mihi te fors obtulit: Optimus olim
Vergilius, post hunc Varius dixere, quid essem.
Ut veni coram, singultim pauca locutus –
infans namque pudor prohibebat plura profari –
non ego me claro natum patre, non ego circum
me Satureiano vectari rura caballo,
sed quod eram narro. Respondes, ut tuus est mos,
pauca; abeo, et revocas nono post mense iubesque
esse in amicorum numero. Magnum hoc ego duco.

Anmerkung
V. 8: Satureianus, -a, -um *Bezeichnung einer Gegend in Apulien, der Heimat des Horaz*

Übersetzung
Und glücklich pries ich mich niemals,
wenn nur der Zufall als Freund dich mir schenkte. Aber kein Zufall
brachte mir deine Freundschaft. Der beste Vergilius und Varius
legten dir nahe, was an mir sei. Und als ich zu dir kam,
sprach ich nur stockend Weniges. Kindliche Scheu, sie verbot mir,
mehr zu reden. Ich konnt' mich nicht eines ruhmreichen Vaters
rühmen und nicht mit dem Reitpferd prahlen, welches mich über
Vaters geräumige Fluren dahintrug. Ich schilderte schlicht nur,
wer ich war. Du sagtest gemäß deiner Art nur Wen'ges.
Und ich ging. Neun Monate später ludest du ein mich,
nahmst mich auf in den Kreis deiner Freunde …
Das ist, so mein' ich, ein Großes.

(Horaz: Satiren und Episteln. Übers. von Georg Dorminger. München: Goldmann 1959)

a) Interpretieren Sie – ausgehend vom lateinischen Original – den obigen Text nach formalen und inhaltlichen Gesichtspunkten. (10 BE)

b) Vergleichen Sie das Bild, das Horaz hier von seiner Beziehung zu Maecenas zeichnet, mit den Idealen des Maecenaskreises. (6 BE)

14. **Sallust, *Catilina* 25**

Sallust charakterisiert Sempronia, eine Anhängerin Catilinas.

Haec mulier genere atque forma, praeterea viro liberis satis fortunata fuit; litteris Graecis Latinis docta, psallere saltare elegantius quam necesse est probae, multa alia, quae instrumenta luxuriae sunt. Sed ei cariora semper omnia quam decus atque pudicitia fuit: Pecuniae an famae minus parceret, haud facile discerneres: Libido sic accensa, ut saepius peteret viros quam peteretur. Sed ea saepe antehac fidem prodiderat, creditum abiuraverat, caedis conscia fuerat: Luxuria atque inopia praeceps abierat.

Übersetzung

Diese Dame war durch ihre Abkunft und Schönheit, ferner durch Mann und Kinder in einer recht glücklichen Lage; sie war wohl unterrichtet in griechischer und lateinischer Literatur, konnte kunstgerechter musizieren und tanzen, als es für eine anständige Frau nötig ist, und verstand sich auf vieles andere, was zum Rüstzeug des Wohllebens gehört. Doch war ihr noch stets alles andere lieber als Ehrbarkeit und Reinheit. Ob sie mit ihrem Geld oder ihrem guten Ruf weniger schonend umging, hätte man nicht leicht entscheiden können; ihre Sinnlichkeit war so entfacht, dass sie häufiger Männer begehrte als selbst begehrt wurde. Oft schon hatte sie vordem ihr Treuwort gebrochen, ein Darlehen mit einem Meineid weggeleugnet, um eine Mordtat gewusst: Infolge ihrer Genußsucht und Mittellosigkeit war es mit ihr tief abwärts gegangen.

(Sallust: Die Verschwörung Catilinas. Übers. von Josef Lindauer. Düsseldorf: Artemis & Winkler 2007)

a) Interpretieren Sie – ausgehend vom lateinischen Original – den obigen Text nach formalen und inhaltlichen Gesichtspunkten. (10 BE)

b) Vergleichen Sie die Gestalt der Sempronia mit dem traditionellen Bild der römischen Frau, wie es u. a. von Livius gezeichnet wird. (6 BE)

Lösungen

Teil A: Übersetzung

Was mich betrifft, so haben mich, der ich als Greis in die Heimat zurückkehrte, aus der ich als Knabe aufgebrochen war, einerseits (*für* iam) mein Alter, andererseits mein Glück, dann mein Unglück so belehrt, dass ich lieber der Vernunft als dem Glück folgen will: Deine Jugend und dein beständiges Glück, beides ungestümer als es für ruhige Überlegungen nötig wäre, fürchte ich. Nicht leicht bedenkt die Unsicherheit des Glücks (*für* casuum: Wechselfälle), wen das Glück niemals betrogen hat. Was ich am Trasimener See, bei Cannae war, das bist du heute: Nachdem du in kaum militärfähigem Alter den Oberbefehl übernommen hattest, hat dich, der du alles mit größtem Wagemut in Angriff nahmst, das Glück nie enttäuscht: Indem du den Tod deines Vaters und deines Onkels gerächt (*für* persecutus: verfolgt) hast, hast du dir nach dem Unglück eures Hauses den glänzenden Ruf ausgezeichneter Tugend und Loyalität erworben. Die (beiden) verlorenen Spanien hast du zurückerobert, nachdem du von dort vier punische Heere vertrieben hattest. Zum Konsul gewählt, bist du, während die Übrigen zu wenig Mut zum Schutz Italiens besaßen, nach Afrika übergesetzt, hast hier zwei Heere geschlagen und mich, der ich schon 16 Jahre im Besitz Italiens festhing, (von dort) weggeholt.
Das Herz kann einen Sieg lieber wollen als Frieden. Ich kenne Gemütsbewegungen, die eher groß als nützlich sind: Auch mir glänzte einst ein solches Glück. Aber wenn die Götter im Glück auch einen klaren (*für* bonam: guten) Verstand schenken würden, würden wir nicht nur das, was geschehen ist, sondern auch das, was geschehen könnte, bedenken: Um alle anderen zu vergessen, so bin ich selbst ein ausreichendes Beispiel (satis documenti: *im Lateinischen Genitivus partitivus*) für alle Wechselfälle des Glücks.

Livius, Ab urbe condita 30, 30, 10–16

Teil B: Aufgabenteil

Teil I

1. Anapher: *iam ... iam ... iam*
   Litotes: *non temere*

2. Lust, Zwischenwelt, Atom, Zufall

3. A 1, B 3, C 4, D 2

4. a) *aspicere*
   b) *exsistere*

c) *discutere*
d) *individuus, -a, -um*

5. A 4, B 3, C 2, D 1

Teil II

– ∪ ∪|– –|– –| – – | – ∪ ∪|– –
6. a) Sexte, nihil debes, nil debes, Sexte, fatemur.

– ∪ ∪|– –| – || – ∪ ∪| – ∪ ∪|–
Debet enim si quis solvere Sexte, potest. *Martial, Epigrammata 2, 3*

b) Es liegt ein aus einem Hexameter und einem Pentameter bestehendes Distichon vor.

7. In der ersten Hälfte des 1. Jh. v. Chr. etabliert sich in Rom eine Gruppe von Dichtern, deren Vorbilder hellenistische Dichter sind, allen voran Kallimachos von Alexandria. Dabei handelt es sich um die Neoteriker (griech. *neóteroi:* die Modernen), mit denen die römische Lyrik beginnt.
Ihr Programm wird in Catulls *carmen* 1 deutlich formuliert: Ein „kleines Buch" *(libellus)* legt Catull vor, kein Epos wie Naevius oder Ennius, das „nett" *(lepidus)* und „neu" *(novus)* ist, wobei er ein wichtiges poetisches Kriterium des Kallimachos zitiert (*to leptón:* das leichthin Gesagte) und betont, dass sich die Neoteriker als dichterische Avantgarde *(poetae novi)* fühlen. Der Inhalt verzichtet auf gewichtige Themen und vergnügt sich mit „Spielereien" *(nugae)*, die aber sorgfältig ausgearbeitet sind *(arida ... pumice expolitum)* und einen künstlerisch raffinierten und ernsthaft arbeitenden Dichter voraussetzen. Das Lob für die Bücher des Historikers Cornelius Nepos gilt also auch für die Werke der neoterischen Dichter um Catull *(cartae doctae et laboriosae).*
(Catull, carmen 1)

8. *Sie legen Ihrem Vergleich den berühmten Satz von Hobbes aus dessen* Leviathan *zugrunde:* homo homini lupus, *der den Menschen in seinem noch nicht durch einen „Staatsvertrag" gebändigten Urzustand als allein von Selbsterhaltungstrieb und Machtgier geprägt beschreibt.*

Der Sprecher behauptet, Gerechtigkeit gründe nicht in einem natürlichen Antrieb des Menschen *(natura ... voluntas)*, sondern Schwäche *(imbecillitas)* sei die „Mutter der Gerechtigkeit" *(iustitiae ... mater)*. Habe der Mensch die Wahl zwischen drei Möglichkeiten *(de tribus unum):* Unrecht zu tun und nicht zu erleiden, Unrecht zu tun und zu erleiden, oder weder das eine zu tun noch das andere zu erleiden, sei es am besten *(optimum)*, Unrecht zu tun, wenn man es ungestraft tun könne *(impune si possis)*, das Zweitbeste sei es, es weder zu tun noch zu erleiden.
Auch für Thomas Hobbes gibt es kein ideales Recht, an dem der Mensch sich orientieren könnte, er ist auch nicht von Natur ein auf staatliche Gemeinschaft

hin orientiertes Lebewesen (Aristoteles). Im Naturzustand sei der Mensch nur von Selbsterhaltungstrieb und Machtgier geprägt: Daraus würde der Kampf aller gegen alle resultieren *(homo homini lupus)*, wenn die Menschen nicht alle ihre Macht auf den „Souverän" übertrügen: Erst in einem solchen Staatsvertrag könne das Chaos des ursprünglichen Zusammenlebens überwunden und ein gewaltsamer Friede von oben erzwungen werden, wie Hobbes im *Leviathan* darlegt. Die Beschreibung ursprünglicher menschlicher Existenz im lateinischen Text und bei Hobbes ist also die gleiche.

(Cicero, De re publica 3, 23)

9. Gaius unterscheidet *ius civile* und *ius gentium:* Das Recht, das auf eine Nation beschränkt ist *(suo proprio ... iure; ipsius proprium civitatis)*, ist das *ius civile.* Das Recht, das aufgrund der natürlichen Vernunft für alle Völker gilt *(quod vero naturalis ratio inter omnes homines constituit)*, ist das *ius gentium.* Gaius unterscheidet also nationales Recht *(ius civile)* und Völkerrecht *(ius gentium). Ius civile* ist also nicht mit dem modernen Begriff „Zivilrecht" gleichzusetzen.

   (Gaius, Institutiones 1, 2, 1)

10. Bei den drei Satzerweiterungen liegt eine finale Sinnrichtung vor. Die Sätze sind
    a) durch ein Supin,
    b) durch ein Participium coniunctum im Futur,
    c) durch einen finalen Nebensatz

    erweitert.

11. a) „Zweimal gibt, wer schnell gibt": Dieser Satz bringt zum Ausdruck, dass notwendige Hilfe ohne Zögern gegeben werden soll, damit sie ihre volle Wirkung entfaltet.

    b) „Wachsendem Vermögen die Sorge auf den Fuß folgt": Dies bedeutet, dass zunehmendes Vermögen zunehmenden Verwaltungsaufwand verlangt, je mehr Besitz man erworben hat, umso mehr Arbeit muss in seine Erhaltung investiert werden.

Teil III

12. a) *Sie sind sich bewusst, dass die Interpretation des lateinischen Textes zeigen muss, wie sich Inhalt und sprachliche Form aufeinander beziehen, wie der (von Ihnen dargestellte) Inhalt durch formale Mittel unterstrichen wird. Sie stützen Ihre Argumentation durch lateinische Belege.*

    Nachdem der Sprecher Cato anscheinend schon drei Argumente, die gegen das Alter vorgebracht werden können, abgehandelt hat, kommt er auf den vierten und wichtigsten Punkt zu sprechen, der ältere Menschen *(nostram aetatem)* am meisten zu ängstigen scheint, was durch die hier gebrauchten

Synonyme *angere* und *sollicitam habere* hervorgehoben wird, wobei der Ersatz des einfachen Infinitivs von *sollicitare* durch die Umschreibung mit Partizip *(sollicitam habere)* einen Zustand, der sich verfestigt hat, beschreibt: In der nachfolgenden Apposition wird der Grund der Furcht beim Namen genannt: das Nahen des Todes *(adpropinquatio mortis)*, der im Alter nicht mehr fern sein kann (Rahmenstellung von *certe* und *longe;* Homoioteleuton). Seinen Unwillen über die Todesfurcht eines alten Menschen drückt Cato sogleich in der Einleitung seiner Argumentation gegen die Angst vor dem Tod durch den Akkusativ eines empörten Ausrufs aus: *O miserum senem, qui...*, um dann zwei Hauptargumente für eine Haltung zu formulieren, die den Menschen dem Tod zuversichtlich entgegensehen lässt *(aut ... aut)*. Der Tod ist bedeutungslos, wenn er die Seele auslöscht *(si omnino exstinguit animum)*, oder sogar wünschenswert, wenn er sie an einen Ort führt, wo sie ewig existieren wird: Auch hier drückt die Umschreibung des Prädikats durch eine Coniugatio periphrastica activa die Nachhaltigkeit eines zukünftigen ewigen Lebens aus *(ubi sit futurus aeternus)*. Eine dritte Möglichkeit wird ausgeschlossen *(tertium certe nihil inveniri potest)*.
Diese Argumentation lässt an die letzten Worte des Sokrates in seiner Verteidigungsrede vor Gericht denken, wo er seine Freunde, die über seine Verurteilung zum Tode trauern, damit tröstet, dass der Tod entweder einem wunderbaren ewigen Schlaf gleiche oder hinab in die Unterwelt führe und damit Begegnungen mit allen möglichen bedeutenden verstorbenen Seelen ermögliche (Orpheus, Homer, Odysseus usw.), ein Gedanke, der Sokrates amüsiert: In feiner Ironie meint er, er freue sich schon auf die Diskussion mit so vielen interessanten Menschen, sie erscheine ihm als höchstes Glück.
Cato führt seine Argumentation mit einer Art rhetorischer Frage fort: *Quid igitur timeam ...?*, um noch einmal die bereits genannten zwei Argumente gegen die Todesfurcht zu bekräftigen: Entweder bin ich nicht unglücklich nach dem Tod *(non miser post mortem:* Alliteration) oder sogar glücklich *(beatus etiam futurus sum:* Coniugatio periphrastica activa).

b) *Bei Ihrer Erörterung gehen Sie von den zwei einander entgegengesetzten Seelenvorstellungen Epikurs (sterbliche materielle Seele) und der Stoa (mit der Gottheit verbundene unsterbliche Seele) aus.*

Die zwei Möglichkeiten, die Platon in der Apologie des Sokrates spielerisch andeutet, werden später in den zwei großen spätantiken Philosophenschulen in verschiedener Weise ausformuliert und begründet.
Bei Epikur, der ein rein materialistisches Weltbild vertritt, besteht die Seele genauso wie der Körper aus Atomen und zerfällt nach dem Tod wie dieser. Es gibt kein Weiterleben nach dem Tod. Im dualistischen Weltbild der späteren Stoa, dem Cicero zuneigt (hier in der Argumentation Catos), besteht der sterbliche Körper aus vergänglicher Materie, die Seele, dem ewigen Prinzip unsterblichen Geistes angehörend, ist unsterblich, sie vereinigt sich nach dem Tod mit der Gottheit (*per aspera ad astra:* „Durch die Mühsale der Welt hin-

auf zu den Sternen“ ist ein Motto der stoischen Philosophie; vgl. auch das *somnium Scipionis* in Ciceros *De re publica*). In einfacher, kaum rhetorisch ausgeschmückter Sprache behandelt Cicero in dieser Textpassage seines Dialogs die Problematik des Todes, Cato spricht in einem seinem abgeklärten Alter entsprechenden unaufgeregten, aber bestimmten Ton.

13. a) *Die erste Satire des ersten Satirenbuches des Horaz ist dem Freund und Gönner Maecenas gewidmet. Bei der Interpretation der lateinischen Verse (Hexameter) sind Sie sich bewusst, dass Sie zeigen müssen, wie sich Inhalt, sprachliche Form und Versbau aufeinander beziehen, wie der (von Ihnen dargestellte) Inhalt durch formale Mittel unterstrichen wird. Sie stützen Ihre Argumentation durch lateinische Belege.*

Die Satire 1,6 (lateinischer Titel der Satiren: *Sermones*) ist von Horaz seinem Gönner Maecenas gewidmet. Sie beschreibt das Verhältnis des Dichters zum hochgestellten Freund.

Die Satiren des Horaz sind im Hexameter verfasst. Gleich in den ersten Versen des Textes betont Horaz zweimal, dass es nicht der Zufall war, der ihm die Freundschaft des Maecenas schenkte: *non ... casu ... sortitus* (vgl. *sors, sortis:* das Glückslos); *nulla ... fors*.

Nach der bukolischen Dihärese im zweiten Vers (Pause nach dem vierten Metrum) steht an exponierter Stelle der Mann, der Maecenas auf Horaz aufmerksam gemacht hat: *optimus ... Vergilius,* Vergil, den Horaz an anderer Stelle *animae dimidium meae,* „die Hälfte meines eigenen Lebens“ nennt. Dann der Dichter Varius, ein Freund Vergils. Sie haben Maecenas gesagt, um wen es sich handle: Wieder steht an exponierter Stelle im dritten Vers (nach der bukolischen Dihärese) das bescheidene *quid essem*. Dann kommt die bekannte Stelle, an der Horaz sein erstes Zusammentreffen mit Maecenas beschreibt *(ut veni coram):* Er spricht nur wenig *(pauca locutus)*, weil ihn die scheue Ehrfurcht vor Maecenas sprachlos macht *(infans ... pudor):* Die Alliteration bindet die entscheidenden Worte aneinander *(pudor prohibebat plura profari)*. Er kann sich keines bedeutenden Vaters rühmen – auffallend, wie hier durch ein doppeltes Hyperbaton Vater und Sohn im Vers verbunden sind: *me ... natum, claro ... patre* –, keiner Ländereien in Apulien, der Heimat des Horaz, deren Besichtigung nur zu Pferde zu bewältigen wäre *(Satureiano ... caballo:* das Adjektiv bezieht sich auf eine Gegend in Apulien). Mit *quod eram narro* wiederholt Horaz das *quid essem* des vierten Verses, diesmal im Indikativ der Tatsachenbeschreibung.

Auch Maecenas spricht wenig *(ut tuus est mos)*. Im vorletzten Vers kommt es zu einem witzigen Widerspruch: *abeo* und *et revocas* sind durch die Elision eng aneinander gebunden: „Ich gehe und du berufst mich“, aber erst nach neun Monaten *(nono post mense)*! Maecenas hat sich also mit der Prüfung des „Kandidaten“ Zeit gelassen. Und dann kommt es zu der für das Leben des Horaz so wichtigen Entscheidung: *iubesque esse in amicorum numero,* ein großes Geschenk für den Dichter: *magnum hoc ego duco.*

b) *Die Ihnen aus der Literaturgeschichte bekannte Atmosphäre des Maecenaskreises lässt sich leicht in den zitierten Versen belegen, umgekehrt aus eben diesen Versen erschließen (z. B. ein hoher künstlerisch-moralischer Anspruch in Verbindung mit großer persönlicher Bescheidenheit).*

Maecenas, ein reicher Mann aus altetruskischem Adelsgeschlecht, ist ein enger Vertrauter und Mitarbeiter („Chefdiplomat") des Kaisers Augustus. Er sammelt einen Kreis von Schriftstellern um sich, als deren Patron er sich fühlt und die er finanziell unterstützt (Geschenk eines Landgutes in den Sabinerbergen an Horaz). Der Maecenaskreis steht dem Kaiser und der augusteischen Erneuerungsbewegung nahe. In den Werken seiner Dichter und Schriftsteller (Livius, Vergil, Horaz, Properz) atmet der Geist der neuen Zeit, dessen Ziel es ist, die Sitten *(mores maiorum)* und die Würde des alten Rom nach der Bürgerkriegszeit wiederherzustellen.
Gekennzeichnet ist die Atmosphäre des Kreises vom hohen künstlerischen und moralischen Anspruch seiner Mitglieder, der sich aber mit großer persönlicher Bescheidenheit und Verzicht auf politischen Ehrgeiz sowie werbewirksamen Ruhm verbindet. Der Kreis fühlt sich der Welt der Musen *(otium)* verpflichtet, nicht dem Treiben des öffentlichen Lebens.
In den Zeilen des Horaz wird das Ideal des Maecenaskreises schön sichtbar: Es kommt nicht auf Äußerliches an (Reichtum, Herkunft), sondern auf die persönlichen Werte eines Menschen *(quid essem)*, der Kreis ist im positiven Sinne elitär *(nono post mense)* und von ruhiger Unaufdringlichkeit geprägt *(pauca locutus; respondes, ut tuus est mos, pauca).*

14. *Sie sind sich bewusst, dass die Interpretation des lateinischen Textes zeigen muss, wie sich Inhalt und sprachliche Form aufeinander beziehen, wie der (von Ihnen dargestellte) Inhalt durch formale Mittel unterstrichen wird. Sie stützen Ihre Argumentation durch lateinische Belege.*
In Teilaufgabe b zeigen Sie, dass Sallust in Sempronia das Gegenbild einer sittenstrengen römischen Frau (matrona, mater familias), *wie sie von Livius gerne beispielhaft beschrieben wird, zeichnet.*
Bei dieser Aufgabe bietet sich auch eine zusammenhängende Darstellung ohne Trennung in Teilaufgaben an, da sich die dargestellten negativen Eigenschaften Sempronias dem Leser durch den jeweiligen Kontrast zur römischen Matrone verschärft einprägen.

An der Verschwörung Catilinas (63 v. Chr.) waren auch Frauen beteiligt. Eine von ihnen, Sempronia, charakterisiert Sallust im vorliegenden Text. Der erste Satz beschreibt knapp die günstigen Verhältnisse einer römischen Frau aus gutem Hause: Sempronia stammt aus vornehmer Familie *(genere)* und ist schön *(forma)*, hat einen angesehenen Mann *(viro)* und ist mit Kindern gesegnet *(libe-*

ris satis fortunata). Die im zweiten Satz beschriebenen Eigenschaften können schon nicht mehr als typische Attribute der römischen Frau gelten: Beschlagenheit in griechischer und lateinischer Literatur *(litteris Graecis Latinis docta)* ist eher Kennzeichen des vornehmen Römers; beim Musizieren und Tanzen meldet Sallust schon deutliche Kritik an: Sempronia tat das „kunstgerechter … als es für eine anständige Frau nötig ist" *(elegantius quam necesse est probae).*
Schon die ersten Zeilen zeigen in ihrer gedrängten Verdichtung den Stil Sallusts, der jede eingängig breite Darstellung meidet, eher schroff wirkt: Asyndeta *(viro liberis; Graecis Latinis)*, Ellipsen (*docta; psallere saltare:* ein den Infinitiven übergeordnetes Verbum fehlt; *multa alia* muss gedanklich zu einer vollständigen Aussage ergänzt werden) prägen den Text.
Am Ende des zweiten Satzes kennzeichnet Sallust Sempronia mit einem der beiden Hauptlaster, die er für den Niedergang der römischen Republik in seinen Werken verantwortlich macht *(luxuria* und *avaritia)*, nämlich mit der *luxuria (instrumenta luxuriae).* Im folgenden Satz spricht er Sempronia die eine römische Frau hauptsächlich kennzeichnenden Tugenden ab: Anstand und Keuschheit *(decus atque pudicitia).* Hier kommt dem Leser etwa das Muster an Keuschheit *(exemplum)* in den Sinn, das Livius in der Gestalt der Lucretia im ersten Buch von *Ab urbe condita* entworfen hat: Nicht nur, dass Lucretia, als sie von einem Besuch ihres Mannes, der mit seinen Freunden unterwegs ist, überrascht wird, noch spät in der Nacht bei Lampenlicht zusammen mit ihren Mägden mit Wollarbeit beschäftigt ist, sie gibt sich nach der Vergewaltigung durch den mit ihrem Mann befreundeten Sohn des Königs Tarquinius Superbus den Tod mit den Worten, es solle sich in Zukunft niemals eine Frau, die ihre Keuschheit verletzt habe, auf das Vorbild der Lucretia berufen können.
Sempronia kümmert sich nicht um ihren Ruf *(pecuniae an famae minus parceret),* ja sie entwickelt sich geradezu zum Gegenteil einer keuschen römischen Matrone: *libido sic accensa, ut saepius peteret viros quam peteretur.*
Im folgenden Satz zählt Sallust noch einmal in einem parallel gebauten Trikolon (Ausdruck in drei Gliedern) Untaten der Sempronia auf: Sie hatte oft ihr Treuwort gebrochen *(fidem prodiderat),* ein erhaltenes Darlehen abgeleugnet *(creditum abiuraverat)*, war Mitwisserin eines Mordes geworden *(caedis conscia fuerat):* Die Steigerung in der Aufzählung dieser Verbrechen (Klimax) wird durch das Homoioteleuton *(prodiderat … abiuraverat … fuerat)* noch unterstrichen. Der letzte Satz zieht das Fazit von Sempronias Leben: Durch Luxus und Geldmangel *(luxuria atque inopia:* Oxymoron) war es steil mit ihr bergab gegangen.
Indem Sallust in Sempronia geradezu eine Perversion des Ideals einer sittenstrengen römischen Frau *(matrona, mater familias)* zeichnet, macht er sie gewissermaßen zum Symbol des Niedergangs der römischen Republik, als dessen Hauptursache er den zunehmenden Sittenverfall der führenden Schichten Roms beschreibt.

Abitur Latein (Bayern)
Übungsaufgabe 4

Teil A: Übersetzung

Der christliche Schriftsteller Laktanz legt dar, dass alles auf einen bestimmten Zweck hin orientiert ist.

Non fit propter se quicquam, sed propter aliud: Domus aedificatur non ad hoc solum, ut sit domus, sed ut suscipiat et tueatur habitantem. Item navis fabricatur non, ut navis tantum videatur, sed ut in ea possint homines navigare. Vasa item fiunt non, ut vasa sint solum, sed ut capiant ea, quae sunt usui necessaria.

Sic et mundum deus ad usum aliquem fecerit necesse est. Stoici aiunt hominum causa factum, et recte. Homines enim fruuntur iis omnibus bonis, quae mundus in se continet. Sed ipsi homines cur facti sint aut quid in illis utilitatis habeat fabricatrix[1] illa rerum providentia[1], non explicant.

Cuncta propter hominem deus fecit, quia usui hominis cuncta cesserunt[2]. Recte ergo viderunt hoc philosophi, sed illud, quod sequitur, non viderunt: Quod ipsum hominem propter se fecerit deus. Erat enim consequens et pium et necessarium, ut, cum hominis causa tanta opera molitus sit, cum tantum illi honoris, tantum dederit potestatis, ut dominetur in mundo, et homo agnosceret deum tantorum beneficiorum auctorem – qui et ipsum fecit et mundum propter ipsum – eique cultum et honorem debitum redderet.

(175 lateinische Wörter)

1 fabricatrix providentia — schöpferische Vorsehung
2 cedere — *hier:* sich fügen

Teil B: Aufgabenteil

Teil I

Bearbeiten Sie von den folgenden fünf Aufgabenstellungen ***vier Aufgaben nach eigener Wahl****. Erreichbar sind je 4 Bewertungseinheiten.*

1. Geben Sie vier Komposita von *dare* mit einer jeweils treffenden Übersetzung an.

2. Nennen Sie vier wichtige Vertreter der römischen Popularenpartei.
   Marius

3. Geben Sie den Inhalt von Vergils *Aeneis*-Proöm wieder. Vier Hinweise genügen.

4. Weisen Sie folgende literarische Werksanfänge ihren Autoren zu.
   a) *In novas fert animus mutatas dicere formas corpora.*
   b) *Facturusne operae pretium sim, si a primordio urbis res populi Romani perscripserim, nec satis scio.*
   c) *Quo usque tandem abutere, Catilina, patientia nostra?*
   d) *Qui fit, Maecenas, ut nemo, quam sibi sortem seu ratio dederit seu fors obiecerit, illa contentus vivat.*

5. *„Veni, vidi, vici."* Asyndeton, Alliteration, Trikolon
   Welche vier Stilmittel können Sie in diesem Kommentar Caesars zu seinem Sieg in einer Schlacht identifizieren?

Teil II

Bearbeiten Sie von den folgenden sechs Aufgabenstellungen ***drei Aufgaben nach eigener Wahl****. Erreichbar sind je 6 Bewertungseinheiten.*

6. Paraphrasieren Sie folgende Passage aus Ciceros *De senectute*. Der Sprecher ist der ältere Cato.

   Sensi ego in optimo filio mortem omni aetati esse communem. At sperat adulescens diu se victurum, quod sperare idem senex non potest. Insipienter sperat. Quid enim stultius quam incerta pro certis habere, falsa pro veris? At senex ne quod speret quidem habet. At est eo meliore condicione quam adulescens, cum id, quod ile sperat, hic consecutus est: Ille vult diu vivere, hic diu vixit.

7. Erläutern Sie anhand von zwei Beispielen römischer Rechtsquellen, dass es in Rom keine einheitliche Quelle für die Gesetzgebung gab.

8. a) Analysieren Sie die folgenden Verse metrisch, indem Sie Längen und Kürzen auf Ihr Arbeitsblatt schreiben und die einzelnen Verselemente (Metren) gegeneinander abgrenzen.
   b) Welche Versart(en) erkennen Sie?

   Heia age, rumpe moras! Varium et mutabile semper
   femina. Sic fatus nocti se inmiscuit atrae. } Hexameter

9. Erschließen Sie den Autor und das Werk, dem der folgende Text entnommen ist.

   In consulatu sexto et septimo, postquam bella civilia exstinxeram per consensum universorum potitus rerum omnium, rem publicam ex mea potestate in senatus populique Romani arbitrium transtuli ... Post id tempus auctoritate omnibus praestiti, potestatis autem nihilo amplius habui quam ceteri.

10. a) Erschließen Sie drei Informationen aus einem italienischen Campingprospekt.

b) Geben Sie zu den drei unterstrichenen italienischen Wörtern das jeweils zugrunde liegende lateinische Wort an.

Dispone inoltre di ampi spazi verdi con numerose varietà di piante, due campi da tennis, accesso diretto alla spiaggia, pontile privato.

11. Definieren Sie den historischen Begriff „Annalistik". Drei Hinweise genügen.

Teil III

Bearbeiten Sie von den folgenden drei Aufgabenstellungen ***eine Aufgabe nach eigener Wahl****. Die Bearbeitung dieser Aufgabe kann auch in einer zusammenhängenden Darstellung ohne Trennung in Teilaufgaben erfolgen. Erreichbar sind 16 Bewertungseinheiten.*

12. **Martial, Epigramm 2,7**

Declamas belle, causas agis, Attale, belle,
historias bellas, carmina bella facis,
componis belle mimos, epigrammata belle,
bellus grammaticus, bellus es astrologus,
et belle cantas et saltas, Attale, belle,
bellus es arte lyrae, bellus es arte pilae.
Nil bene cum facias, facias tamen omnia belle.
Vis dicam, quid sis? Magnus es ardalio.

Übersetzung

Dein Vortrag ist hübsch, auch als Jurist, Attalus, arbeitest du hübsch,
du schreibst hübsch Geschichte, schreibst hübsche Gedichte,
hübsch komponierst du das Lustspiel, auch Epigramme recht hübsch,
ein hübscher Grammatiker bist du, ein hübscher Astrolog,
du singst hübsch und tanzt hübsch, Attalus,
hübsch spielst du die Leier, hübsch mit dem Ball.
Während du gar nichts gut machst, machst du doch alles ganz hübsch.
Soll ich sagen, was du bist? Du bist ein Hansdampf in allen Gassen.

a) Interpretieren Sie – ausgehend vom lateinischen Original – den obigen Text nach formalen und inhaltlichen Gesichtspunkten. (10 BE)

b) Charakterisieren Sie die Dichterpersönlichkeit Martials. (6 BE)

13. **Cicero, *De natura deorum* 1,67 f.**

An dieser Stelle von Ciceros Dialog über das Wesen der Götter spricht sich der Neuplatoniker Cotta gegen die Gottesvorstellung Epikurs aus:

Concedam igitur ex individuis constare omnia; quid ad rem? Deorum enim natura quaeritur. Sint sane ex atomis; non igitur aeterni. Quod enim ex atomis, id natum aliquandost; si natum, nulli dei, antequam nati; et si ortus est deorum, interitus sit necesse est, ut tu paulo ante de Platonis mundo disputabas. Ubi igitur illud vestrum beatum et aeternum, quibus duobus verbis significatis deum? Quod cum efficere vultis, in dumeta conrepitis.

Übersetzung
Also einmal zugegeben, dass alles (in der Welt) aus unteilbaren Körperchen besteht, was hat das überhaupt mit unserem Gegenstand zu tun? Hier geht es doch um das Wesen der Götter. Gut, es mag aus Atomen bestehen. Dann ist es aber aus mit seiner Ewigkeit. Was nämlich aus Atomen zusammengesetzt ist, muss zu irgendeiner Zeit entstanden sein; und wenn das der Fall ist, dann gab es also vorher keinen Gott. Gibt es aber einen Anfang für ihn, dann notwendigerweise auch ein Ende, wie du es ja soeben auch von Platos Welt dargestellt hast.
Wo bleibt denn da eure Glückseligkeit und Ewigkeit, die beiden Attribute, die ihr Gott zukommen lasst? Beim Versuch, das zu beweisen, nehmt ihr eure Zuflucht zu unentwirrbaren Behauptungen.

(Cicero: De natura deorum/Vom Wesen der Götter. Übers. von Alexander Kabza. München: Goldmann 1965)

a) Interpretieren Sie – ausgehend vom lateinischen Original – den obigen Text nach formalen und inhaltlichen Gesichtspunkten. (10 BE)

b) Erklären Sie, auf welche Argumente Epikur seine These von der Ewigkeit der Götter stützt. (6 BE)

14. **Seneca, Epistel 107,8 f.**

Natura autem hoc, quod vides, regnum mutationibus temperat: Nubilo serena succedunt; turbantur maria, cum quieverunt; flant in vicem venti; noctem dies sequitur; pars caeli consurgit, pars mergitur: Contrariis rerum aeternitas constat.
Ad hanc legem animus noster aptandus est; hanc sequatur, huic pareat. Et quaecumque fiunt debuisse fieri putet nec velit obiurgare naturam. Optimum est pati, quod emendare non possis, et deum, quo auctore cuncta proveniunt, sine murmuratione comitari: Malus miles est, qui imperatorem gemens sequitur.

Übersetzung
Die Natur aber regiert dieses Reich, das du siehst, durch (ständigen) Wechsel: Auf bewölkten Himmel folgt heiteres Wetter; Meere werden aufgewühlt, nachdem sie ruhig waren; Winde wehen im Wechsel; auf die Nacht folgt der Tag; ein Teil des Himmels geht auf, ein Teil sinkt hinab: Ewigkeit besteht aus der Gegensätzlichkeit der Welt.
An dieses Gesetz muss sich unser Geist anpassen; ihm folge er, ihm gehorche er. Und was auch immer geschieht, halte er für notwendiges Geschehen und er möge die Natur nicht tadeln. Es ist das Beste zu erdulden, was man nicht ändern

kann, und Gott, auf dessen Veranlassung alles sich entwickelt, ohne Murren zu folgen: Ein schlechter Soldat ist, wer dem Feldherrn nur unter Protest folgt.

a) Interpretieren Sie – ausgehend vom lateinischen Original – den obigen Text nach formalen und inhaltlichen Gesichtspunkten. (10 BE)

b) Setzen Sie die im Text enthaltene Grundstimmung in Bezug zu Senecas Biografie. (6 BE)

Lösungen

Teil A: Übersetzung

Nichts entsteht um seiner selbst willen, sondern um eines anderen willen: Ein Haus wird nicht allein zu dem Zweck *(ergänzt)* gebaut, dass es ein Haus ist, sondern damit es seinen Bewohner aufnimmt und schützt. Ebenso wird ein Schiff nicht gebaut, damit es nur als Schiff erscheint, sondern damit in ihm Menschen zur See fahren können. Gefäße werden ebenso nicht gemacht, damit sie nur Gefäße sind, sondern damit sie das, was zum Gebrauch nötig ist, fassen.
So muss auch Gott (*wörtl.:* ist es notwendig, dass ...) die Welt zu einem bestimmten Zweck geschaffen haben. Die Stoiker sagen, sie sei um der Menschen willen geschaffen worden, und zu Recht. Die Menschen nämlich genießen alle die Güter, welche die Welt in sich birgt. Aber warum die Menschen selbst geschaffen worden sind oder welchen Zweck (quid utilitatis: *im Lateinischen Genitivus partitivus*) jene schöpferische Vorsehung in der Welt (*für* rerum) mit ihnen verfolgt (*für* habeat: hat), erklären sie nicht.
Gott hat alles um der Menschen willen geschaffen, weil sich alles dem Nutzen des Menschen gefügt hat. Dies also haben die Philosophen richtig gesehen, aber das, was daraus *(ergänzt)* folgt, haben sie nicht gesehen. Dass Gott den Menschen eben um seinetwillen *(also um Gottes willen)* geschaffen hat. Es war nämlich folgerichtig, fromm und geboten (*wörtl.:* notwendig), dass der Mensch, da er um des Menschen willen so viele Werke erschaffen hat, da er ihm so viel Ehre, so viel Macht gegeben hat, damit er in der Welt herrsche, auch seinerseits *(ergänzt)* Gott als den Urheber so vieler Wohltaten anerkennt – welcher sowohl ihn selbst geschaffen hat als auch die Welt um seinetwillen – und ihm die geschuldete Verehrung und Hochachtung erweist.

Lactantius, Epitome institutionum 63, 5–7. 64, 3 f.

Teil B: Aufgabenteil

Teil I

1. *condere* gründen
   addere hinzufügen
   perdere zugrunde richten
   reddere zurückgeben

2. Tiberius Gracchus, Gaius Gracchus, Marius, Cinna, Caesar, Antonius

3. Vergil will von den Waffentaten des Aeneas berichten. Dieser musste auf der Fahrt von Troja nach Italien viel zu Wasser und zu Lande erleiden. In Latium sollte er eine neue Stadt gründen. Juno verfolgt Aeneas mit ihrem Zorn.

4. a) Ovid
   b) Livius
   c) Cicero
   d) Horaz

5. Alliteration, Asyndeton, Trikolon, Homoioteleuton

Teil II

6. Einen frühen Tod musste Cato bei seinem Sohn erleben. Wenn ein junger Mann im Gegensatz zum Greis noch auf ein langes Leben hoffen kann, ist diese Hoffnung doch unklug, weil sie unsicher und unbegründet ist. Die Situation des Greises ist die günstigere, weil er das, was der junge Mann erhofft, schon hat, nämlich ein langes Leben.
   (Cicero, De senectute 19, 68)

7. In Rom gab es keine verfassungsmäßig begründete einheitliche Legislative (in der Neuzeit vergleichbar dem Parlament), sondern in einem langen historischen Prozess erlangten Rechtsbestimmungen aus verschiedenen Quellen Gesetzeskraft: So wurden z. B. nur in den Versammlungen der Plebs beschlossene Plebiszite seit der *lex Hortensia* (287/ 286 v. Chr.) zu für den Gesamtstaat gültigen allgemeinen Gesetzen, in der Kaiserzeit sind vom Princeps erlassene Bestimmungen *(constitutio principalis)* gültige Staatsgesetze.

8. a)
   – ∪ ∪ | – ∪ ∪ | – ∪ ∪ | – – | – ∪ ∪ | – –
   Hei(a) age, rumpe moras! Vari(um) et mutabile semper
   – ∪ ∪ | – – | – – | – – | – ∪ ∪ | – –
   femina. Sic fatus nocti s(e) inmiscuit atrae.
   Vergil, Aeneis 4, 569 f.

   b) Es liegt jeweils ein Hexameter vor.

9. Es handelt sich um den Rechenschaftsbericht *(Res gestae)* des Kaisers Augustus, der an seinem Mausoleum auf dem Marsfeld angebracht werden sollte: Augustus stellt sich zunächst als Beender der Bürgerkriege vor *(postquam bella civilia exstinxeram)*. Der Hinweis auf die Übertragung allumfassender Amtsgewalt durch die Allgemeinheit der Bürger *(per consensum universorum potitus rerum omnium)* bezieht sich auf das von der Volksversammlung bestätigte „Triumvirat zur Wiederherstellung der Republik" im Jahre 43 v. Chr. Obwohl Augustus, wie er sagt, in seinem sechsten und siebten Konsulat das Gemeinwesen in die freie Entscheidungsgewalt von Senat und Bürgerschaft zurückgegeben hat *(rem publicam ex mea potestate in senatus populique Romani arbitrium transtuli)*, lässt er sich später die Amtsgewalt der Volkstribunen und der Konsuln auf Lebenszeit übertragen. Wenn sich Augustus dann rühmt, alle Mitbürger an Ansehen übertroffen zu haben *(auctoritate omnibus praestiti)*, an Amtsgewalt aber nicht mehr als andere gehabt zu haben *(potestatis autem nihilo amplius habui quam ceteri)*

stimmt das nicht ganz mit seiner wirklichen Stellung überein, die er gern als die des *princeps* umschrieb, wie es hier im letzten Satz geschieht.

(Res gestae divi Augusti 34)

10. a) Der Campingplatz verfügt über pflanzenreiche Grünflächen, zwei Tennisplätze und einen direkten Zugang zum Strand.

b) con *cum*
numerose *numerus*
accesso *accessus, accedere*

11. Unter „Annalistik" versteht man eine Geschichtsschreibung, welche die historischen Ereignisse Jahr für Jahr in chronologischer Reihenfolge berichtet.
Der Begriff stammt von den *annales*, den Jahrbüchern des *pontifex maximus*, die wichtige historische Ereignisse chronologisch festhielten.
Die ersten römischen Historiker (z. B. Q. Fabius Pictor) waren Annalisten, in deren Tradition später auch Livius sein Geschichtswerk schrieb.

Teil III

12. a) *Sie sind sich bewusst, dass die Interpretation von Martials Epigramm zeigen muss, wie sich Inhalt, sprachliche Form und Versbau aufeinander beziehen, wie der (von Ihnen dargestellte) Inhalt durch formale Mittel unterstrichen wird. Sie stützen Ihre Argumentation durch lateinische Belege. Besondere Beachtung verlangt das als Polyptoton auftretende* bellus, -a, -um (*Adverb* belle) *und die Pointe des Epigramms im letzten Distichon.*

Das Epigramm Martials besteht aus vier elegischen Distichen (aus einem Hexameter und einem Pentameter bestehenden Doppelversen). Während die ersten drei Distichen die Vielzahl von Tätigkeiten und Fähigkeiten des Adressaten Attalus aufzählen, zieht das vierte Distichon ein überraschendes Fazit.
Das ganze Epigramm ist geprägt von dem Adjektiv *bellus* (Adverb: *belle*), das in den Versen 1–6 zwölfmal erscheint (Polyptoton: ein Wort erscheint mehrmals, aber mit verschiedenen Endungen: *belle, bellas, bellus*). Martial variiert die schlichte Aufzählung dessen, was Attalus alles so „hübsch" beherrscht, durch teils parallel (V. 1, 2, 4, 6; z. B. *historias bellas, carmina bella facis*), teils chiastisch (V. 3, 5; z. B. *componis belle mimos, epigrammata belle*) gebaute Sätze.
Was kann Attalus alles?
Vers 1: *Declamas belle, causas agis, Attale, belle:* Er kann rhetorische Musterreden halten und bewährt sich als Anwalt oder Kläger in Prozessen.
Vers 2: *historias bellas, carmina bella facis:* Er ist Geschichtsschreiber und Dichter in einem.

Vers 3: *componis belle mimos, epigrammata belle:* Er ist Theaterdichter (*Mimus:* ein der Pantomime ähnliches Lustspiel) und Epigrammatiker.
Vers 4: *bellus grammaticus, bellus es astrologus:* Attalus ist gebildet, er kennt sich in den *septem artes liberales,* den sieben freien Künsten aus, wobei das Trivium (Grammatik, Dialektik, Rhetorik) durch Grammatik, das Quadrivium (Geometrie, Astronomie, Arithmetik, Musik) durch die Astrologie vertreten ist. Astrologie und Astronomie wurden in der Antike noch nicht unterschieden.
Vers 5: *et belle cantas et saltas, Attale, belle:* Er ist ein guter Sänger und Tänzer.
Vers 6: *bellus es arte lyrae, bellus es arte pilae:* Er beherrscht das Leierspiel und das Ballspiel. Ein besonders komischer Effekt entsteht hier durch das Nebeneinander zweier so verschiedener Künste.
Bei so vielen Talenten eines einzigen Menschen könnte der Leser oder Hörer des Epigramms neidisch werden. Dann kommt aber die überraschende Pointe im 7. Vers: *nil bene cum facias, facias tamen omnia belle.* Während Attalus vieles sehr hübsch macht *(bellus/belle:* Diminutiv zu *bonus),* macht er nichts „gut" *(bene).* Auf die retardierende Frage im 8. Vers *(vis dicam, quid sis?)* wird Attalus mit dem das Gedicht an exponierter Stelle abschließenden Begriff charakterisiert: *ardalio.* Er ist ein Alleskönner, der nichts richtig kann, ein (aufdringlicher) Dilettant.

b) *Die Dichterpersönlichkeit Martials und der Charakter seiner Epigramme (u. a. sein Motto* parcere personis, dicere de vitiis*) sind Ihnen aus der Literaturgeschichte bekannt.*

M. Valerius Martialis (ca. 40–100 n. Chr.) stammte aus Spanien, kam als junger Mann nach Rom und kehrte im Alter in seine Heimat zurück. Er schrieb nur Epigramme (12 Bücher *Epigrammata* hat er herausgegeben) und wurde, obwohl er auf eine alte Gattung zurückgriff, zum eigentlichen Begründer der europäischen Epigrammdichtung. Auch wenn er hohe Gönner hatte (Seneca, Plinius) und selbst am Hof des Kaisers Domitian verkehrte, ist seine Dichtung vom bunten Leben der Großstadt Rom in seinen vielfältigen Facetten geprägt. Alle gesellschaftlichen Schichten mit ihren Schwächen und Lastern werden dem Leser vorgeführt.
Die Gedichte Martials entstehen oft aus einem spontanen Einfall heraus, ihre Ironie besteht nicht selten darin, dass eine zunächst alltäglich und harmlos erscheinende Darstellung in der Schlusspointe (hier die Entlarvung des Attalus als *ardalio)* ihren wahren Kern enthüllt, wobei menschliche Unzulänglichkeiten, Schwächen und Fehler bloßgestellt werden.
Wahrscheinlich hat Martial bei seiner Kritik an Mitmenschen meist fiktive Personennamen verwendet (*parcere personis, dicere de vitiis* war sein Grundsatz: „Personen zu schonen, nur über ihre Laster zu reden"), was wiederum den Vorteil hatte, dass sich in einer im Epigramm dargestellten Person auch viele andere wiedererkennen konnten.

13. a) *Sie sind sich bewusst, dass die Interpretation des lateinischen Textes zeigen muss, wie sich Inhalt und sprachliche Form aufeinander beziehen, wie der (von Ihnen dargestellte) Inhalt durch formale Mittel unterstrichen wird. Sie stützen Ihre Argumentation durch lateinische Belege.*

Es geht im Text um die Gottesvorstellung Epikurs, die Cotta angreift. Nach Epikur bestehen auch die Götter aus Atomen, sind bloße Materie *(ex individuis; ex atomis).*
Cotta macht zunächst mit zwei im Konzessiv stehenden Prädikaten zwei damit als nicht ernst gemeint deklarierte Zugeständnisse: Gesetzt den Fall *(concedam)*, alles bestehe aus Atomen (*ex individuis constare omnia; individuum:* lateinische Neuprägung für das griechische *átomon*) und somit auch die Götter. Die Prämissen sind von Cotta knapp formuliert. Dann folgt der lapidare Schluss: *non igitur aeterni* (Ellipse: *est* fehlt). In weiteren knappen, von Ellipsen geprägten Sätzen bringt Cotta seine Argumente für diese Schlussfolgerung. Es handelt sich um kurze, eindringliche konditionale Perioden (wenn-dann-Sätze). Was aus Atomen bestehe (statt: wenn etwas ...), müsse einmal entstanden sein *(natum aliquandost)*; wenn es entstanden sei, habe es keine Götter gegeben, bevor sie entstanden seien *(antequam nati)*; wenn es einen Anfang *(ortus)* der Götter gebe, müsse es auch notwendigerweise ihr Ende geben *(interitus).*
Damit sind die Attribute, die Epikur seinen Göttern zuspricht, widerlegt: *Ubi igitur illud vestrum beatum et aeternum:* Wo bleibe also dieses „ewige Glück" der Götter? Ironisch fügt Cotta in einer Metapher an, dass die Epikureer sich mit ihrer Gottesvorstellung „im Gestrüpp" verirrten *(in dumeta conrepitis).*

b) *Hier stellen Sie dar, warum Epikur trotz seines materialistischen Weltbildes meint, an der Existenz von Göttern festhalten zu müssen, und wo er diese Götter ansiedelt (Intermundien).*

Epikur ist Materialist. Er hält trotzdem an der Vorstellung von Göttern fest, da in seiner mechanistischen Wahrnehmungslehre die menschliche Vorstellung von Göttern an deren Existenz gebunden ist: Ohne Gottheit sei der Gedanke „Gott" unmöglich.
Mit seiner Gottesvorstellung verbindet der Mensch die Begriffe „Glück" und „Ewigkeit". Epikur schafft in seinem Kosmos einen Ort, wo eine solche „göttliche" Existenz möglich erscheint: Hohlräume im ewigen Atomregen („Intermundien"), die ewig von Bewegung und Veränderung unberührt sind, in denen die Götter in ruhigstem Frieden leben können, ohne sich um die Welt zu kümmern. Dass eine solche Gottesvorstellung angreifbar ist, macht Cotta deutlich.

14. a) *Sie sind sich bewusst, dass die Interpretation des lateinischen Textes zeigen muss, wie sich Inhalt und sprachliche Form aufeinander beziehen, wie der (von Ihnen dargestellte) Inhalt, der von stoischem Gedankengut geprägt ist, durch formale Mittel unterstrichen wird. Sie stützen Ihre Argumentation durch lateinische Belege.*

Am Beginn des Textes steht der für die Stoa wichtige Begriff „Natur" *(Natura … temperat)*, nach dem Gesetz der Natur zu leben, *secundum naturam vivere,* ist ein wichtiger moralischer Grundsatz des Stoikers. Der erste Satz enthält die These Senecas, die im Folgenden ausgeführt wird: Das Reich der Natur ist von ständigem Wechsel geprägt *(mutationibus).* Eine Reihe von plastischen Beispielen aus der Naturbeobachtung folgt, die syntaktisch abwechslungsreich gestaltet sind: Auf abstrakte Begriffe *(nubilo serena)* folgen konkrete Naturerscheinungen: Meere und Winde, wobei der vordere Satz durch einen temporalen Nebensatz erweitert wird *(cum quieverunt)*, der folgende durch ein Adverb *(in vicem:* Stilmittel der Variatio); parallel zum ersten Beispiel *(nubilo serena succedunt)* folgt die nächste lapidare Feststellung: Auf die Nacht folgt der Tag *(noctem dies sequitur).* Dann blickt Seneca mit der Anapher *pars … pars* auf die Drehung des Himmelsgewölbes, bei der sich Aufsteigen und Sinken gegenseitig bedingen.
Der aus den Beispielen gezogene Schluss ergänzt den ersten Satz: Ständiger Wechsel entsteht aus die Welt beherrschenden Gegensätzen *(contrariis)*, die Prinzipien des Gegensatzes und des Wechsels sind ewig *(aeternitas).*
Seneca bezieht sich hier auf die Lehre der Stoa, dass der Kosmos einen Weltenkreis durchläuft, nach dem er in einem Weltenbrand in Feuer aufgeht. Aus dem lebendigen Feuer wird wiederum eine neue Welt geboren, die nach den gleichen ehernen Gesetzen abläuft wie die vorherige. So schließe sich ein Weltenkreis in immer gleichem Ablauf an den anderen.
Für das menschliche Leben bedeutet diese Sicht der Dinge, dass der menschliche Geist diese Naturgesetzlichkeit akzeptieren muss, was Seneca dreifach betont (Polyptoton: *<u>Ad hanc</u> legem animus noster aptandus est; <u>hanc</u> sequatur, <u>huic</u> pareat).* Und da alles, was geschieht, notwendig geschehe *(debuisse fieri putet)*, dürfe sich der Mensch nicht über die Natur beklagen *(obiurgare naturam).*
Im folgenden Satz wird Gott als Urgrund allen Geschehens genannt *(deum, quo auctore cuncta proveniunt)*, wobei Seneca sich bei seiner Aufforderung an den Briefadressaten, Gott zu folgen, wie auch sonst gerne, Metaphern aus dem militärischen Bereich bedient: *deum … sine murmuratione comitari; malus miles est, qui imperatorem gemens sequitur:* Zu einem richtig geführten Leben scheint für Seneca gewissermaßen militärische Disziplin zu gehören.

b) *Sie wissen, dass für Seneca nur (vor allem stoische) Philosophie die im von Kaiser Nero befohlenen Selbstmord gipfelnden Katastrophen seines Lebens erträglich machte.*

Im vorliegenden Text betont Seneca vor allem den Fatalismus in der stoischen Lehre. Alles Geschehen ist notwendig vorherbestimmt. In ewigem Wechsel lösen sich Gegensätze ab, was für das menschliche Leben auch die Gegensätze Glück – Unglück bedeutet. Ein pessimistischer Grundton prägt den Text: Man dürfe sich nicht beklagen *(obiurgare naturam)*, man müsse erdulden, was man nicht ändern könne *(pati, quod emendare non possis)*.
Die Wechselfälle des Lebens hat Seneca am eigenen Leib erfahren müssen. Unter Kaiser Caligula als führender Redner und Schriftsteller gefeiert, kommt es unter Kaiser Claudius zu seiner Verbannung nach Korsika. Unter dem jungen Nero zunächst als Berater und Lehrer zu höchster Machtfülle aufsteigend, fällt er bald in Ungnade und muss sich in den Ruhestand zurückziehen, wo er – in ständiger Angst vor dem unberechenbaren Kaiser, der ihn später zum Selbstmord zwingen wird – in der Philosophie Trost und Ruhe sucht. Hier geht es ihm vor allem um die stoische Dulderhaltung, deren Ziel es ist, die *ataraxia* (griech. „Unerschütterlichkeit") einzuüben, die den Menschen befähigt, sich in jedes Schicksal mit „stoischer Ruhe" zu fügen.

Abitur Latein (Bayern)
Übungsaufgabe 5

Teil A: Übersetzung

Sind Reisen ein Mittel gegen Depressionen?

Hoc tibi soli putas accidisse et admiraris quasi rem novam, quod peregrinatione tam longa et tot locorum varietatibus non discussisti tristitiam gravitatemque mentis? Animum debes mutare, non caelum. Licet vastum traieceris mare, licet, ut ait Vergilius noster, „terraeque urbesque recedant“[1]: Sequentur te, quocumque perveneris, vitia tua.

Hoc et idem querenti cuidam Socrates ait: „Quid miraris nihil tibi peregrinationes prodesse, cum te circum feras? Premit te eadem causa, quae expulit.“ Quid terrarum iuvare novitas potest? Quid cognitio urbium aut locorum? Quaeris, quare te fuga ista non adiuvet? Tecum fugis. Onus animi deponendum est: Non ante tibi ullus placebit locus.

Vadis huc illuc, ut excutias insidens pondus, quod ipsa iactatione incommodius fit sicut in navi onera inmota minus urgent, inaequaliter convoluta[2] citius eam partem, in quam incubuere, demergunt. Quicquid facis, contra te facis et motu ipso noces tibi: Aegrum enim concutis. At cum istud exemeris malum, omnis mutatio loci iucunda fiet: In ultimas expellaris terras licebit, hospitalis tibi illa qualiscumque sedes erit. Magis quis veneris quam quo, interest.

(166 lateinische Wörter)

1 terraeque urbesque recedant — *Das Zitat stammt aus der Aeneis (3,72).*
2 inaequaliter convoluta — aus dem Gleichgewicht gebracht

Teil B: Aufgabenteil

Teil I

Bearbeiten Sie von den folgenden fünf Aufgabenstellungen ***vier Aufgaben nach eigener Wahl****. Erreichbar sind je 4 Bewertungseinheiten.*

1. Stellen Sie vier lateinische Adjektive zum Wortfeld „gut“ zusammen. Der Übersetzungstext gibt Ihnen einen Hinweis. Machen Sie durch eine deutsche Übersetzung die Bedeutungsunterschiede der Adjektive deutlich.
   bonus
2. Geben Sie zwei maßgebliche Gründe für den Untergang der römischen Republik an. → Triumvirat
   → Cäsar

3. Weisen Sie die Adjektive ihren grammatisch passenden Substantiven zu.

A) *manu* — 1. *magni* D
B) *homini* — 2. *dextra* A
C) *urbe* — 3. *novo* B
D) *exercitus* — 4. *celebri* C

4. Übersetzen Sie folgenden moralischen Grundsatz Epikurs in verständliches Deutsch.

Initium est salutis notitia peccati.

5. Nennen Sie jeweils zwei Schriftsteller, die unter der Regierung und dem Einfluss der Kaiser Augustus bzw. Nero gearbeitet haben.

→ Seneca → Vergil
→ Petron → Horaz

Teil II

Bearbeiten Sie von den folgenden sechs Aufgabenstellungen ***drei Aufgaben nach eigener Wahl****. Erreichbar sind je 6 Bewertungseinheiten.*

6. Erschließen Sie aus folgender Textstelle in Ciceros *De re publica,* welcher Philosophenschule der Gedankengang folgt.

An non cernimus optimo cuique dominatum ab ipsa natura cum summa utilitate infirmorum datum? Cur igitur deus homini, animus imperat corpori, ratio libidini?

7. Ordnen Sie die *Satyrica* Petrons mit jeweils einer kurzen Begründung drei verschiedenen literarischen Gattungen zu.

Satire → Spott, Ironie, Sarkasmus, Parodie
Roman → lang, erzählend (Geschichte eines Liebespaars)
Komödie → lustige Passagen
Epos → handelnde Götter

8. Erfassen Sie nach einer Ihnen geläufigen Methode die syntaktische Struktur (das Satzgefüge) des folgenden Satzes.

Inde Lucius Tarquinius regnare coepit, cui Superbo cognomen facta indiderunt, quia socerum gener sepultura prohibuit – Romulum quoque insepultum perisse dictitans – primoresque patrum, quos Servi rebus favisse credebat, interfecit, neque ad ius regni quicquam praeter vim habebat, utqui neque populi iussu neque auctoribus patribus regnaret.

9. Entwickeln Sie, ausgehend von der Darstellung der Tellus an der *Ara pacis* in Rom und der 5. Strophe der dem Augustus gewidmeten Horaz-Ode 4,5, Grundzüge der Augustus-Propaganda.

Foto: © Visipix.com

Tutus bos etiam rura perambulat,
nutrit rura Ceres almaque Faustitas (Glücksgöttin),
pacatum volitant per mare navitae,
culpari metuit fides.

Übersetzung

Denn in Sicherheit schreitet das Rind über die Äcker,
lassen Ceres und die gütige Faustitas[1] die Felder gedeihen,
eilen die Schiffer über das friedlich gewordene Meer und
wahrt das Versprechen seine Erfüllung.

(Horaz: Carmina (Oden) und Epoden. Übers. von Will Richter. Frankfurt/M.: S. Fischer 1964, S. 167)

1 Faustitas Personifikation der landwirtschaftlichen Fruchtbarkeit

10. Arbeiten Sie aus dem folgenden Text, der aus der „Schwätzersatire" des Horaz stammt, die missverständliche Vorstellung seines Gesprächspartners vom Maecenaskreis heraus.

Nemo dexterius fortuna est usus. Haberes
magnum adiutorem, posset qui ferre secundas,
hunc hominem velles si tradere. Dispeream ni
summosses omnis.

Übersetzung

Niemand hat geschickter sein Glück genutzt. Du hättest
einen starken Helfer, der es ertragen könnte, die zweite Geige zu spielen,
wenn du mir diesen Menschen überlässt. Ich will des Todes sein, wenn
du nicht alle verdrängt haben würdest.

11. Das *Lexicon recentis latinitatis* enthält folgende Übertragungen moderner Alltagssprache ins Lateinische. Übersetzen Sie die Begriffe mit einer jeweiligen kurzen Begründung ins Deutsche.

a) *gallina vaga*
b) *canis vigil*
c) *peregrina avis*

Teil III

Bearbeiten Sie von den folgenden drei Aufgabenstellungen ***eine Aufgabe nach eigener Wahl.*** *Die Bearbeitung dieser Aufgabe kann auch in einer zusammenhängenden Darstellung ohne Trennung in Teilaufgaben erfolgen. Erreichbar sind 16 Bewertungseinheiten.*

12. **Vergil, *Aeneis* 6,778–783.791–795**

Bei seinem Besuch in der Unterwelt werden dem Aeneas von seinem verstorbenen Vater Anchises zukünftige Helden Roms vorgestellt.

Romulus, Assaraci quem sanguinis Ilia mater
educet. Viden ut geminae stant vertice cristae
et pater ipse suo superum iam signat honore?
En huius, nate, auspiciis illa incluta Roma
imperium terris, animos aequabit Olimpo
septemque una sibi muro circumdabit arces ...
Hic vir hic est, tibi quem promitti saepius audis,
Augustus Caesar, Divi genus, aurea condet
saecula qui rursus Latio regnata per arva
Saturno quondam, super et Germantas et Indos
proferet imperium ...

Übersetzung

Romulus; ihn erzieht aus Assarakus[1] Blute die Mutter
Ilia[2]. Siehst du, wie doppelt der Helmbusch ihm ragt auf dem Scheitel,
wie ihn mit eigener Ehre schon ziert der Vater der Götter?
Sohn, unter seinen Auspicien dehnt die erhabene Roma
erdkreisfüllend ihr Reich, hebt Heldenadel zum Himmel;
sieben Burgen umfasst die eine im Ring ihrer Mauer ...
Der aber hier ist der Held, der oft und oft dir verheißen,
Caesar Augustus, der Spross des Göttlichen[3]. Goldene Weltzeit
bringt er wieder für Latiums Flur, wo einstens Saturnus
herrschte, er dehnt sein Reich, wo fern Garamanten[4] und Inder
wohnen, und weiter ...

(Vergil: Aeneis. Lateinisch-Deutsch. In Zusammenarbeit mit Maria Götte hg. und übersetzt von Johannes Götte. 7. Aufl. München, Zürich: Artemis 1988, S. 265 ff.)

1 Assarakus — trojanischer Ahnherr des Aeneas
2 Ilia — Mutter von Romulus und Remus (bei Livius: Rhea Silvia)

3 Augustus bezeichnet sich als *Divi filius*, Sohn des vergöttlichten Caesar
4 Garamanten Volk im Innern Afrikas

a) Interpretieren Sie – ausgehend vom lateinischen Original – den obigen Text nach formalen und inhaltlichen Gesichtspunkten. (10 BE)

b) Erklären Sie das Konstruktionsprinzip, mit dem Vergil in der *Aeneis* Vergangenheit und Gegenwart verschränkt. (6 BE)

13. Tacitus, *Historiae* 1,1

Initium mihi operis Servius Galba iterum Titus Vinius consules erunt. Nam post conditam urbem octingentos et viginti prioris aevi annos multi auctores rettulerunt, dum res populi Romani memorabantur, pari eloquentia ac libertate: Postquam bellatum apud Actium atque omnem potentiam ad unum conferri pacis interfuit, magna illa ingenia cessere; simul veritas pluribus modis infracta, primum inscitia rei publicae ut alienae, mox libidine adsentandi aut rursus odio adversus dominantes: ita neutris cura posteritatis inter infensos vel obnoxios.

Übersetzung
Ich beginne meine Darstellung mit dem zweiten Konsulatsjahr[1] des Servius Galba und des Titus Vinius; denn die rund achthundertzwanzig Jahre der früheren Epoche haben viele Geschichtsschreiber dargestellt, und zwar taten sie das, solange es sich darum handelte, über die Schicksale der römischen Republik zu berichten, mit ebensoviel Beredsamkeit wie Freimut. Nachdem bei Aktium die Entscheidung gefallen war und als es im Interesse des Friedens von Wichtigkeit war, die ganze Macht auf einen Mann zu übertragen, da mussten jene großen Geister den Platz räumen. Zugleich wurde die Wahrheit auf mancherlei Weise entstellt, vor allem aus Unkenntnis des neuen Staatswesens, als ob es ein fremder Staat sei, der die Bürger nichts angehe, sodann aus zügelloser Schmeichelei oder andererseits aus Hass gegen die Gewalthaber. So haben sich beide Parteien in diesem Streite erbitterter oder unterwürfiger Darsteller nicht um die Nachwelt gekümmert.

(Tacitus: Historien. Übers. und erläutert von Franz Eckstein. München: Goldmann 1960)

1 69 n. Chr., nach dem Tod Neros: Tacitus schildert in den „Historien" die Geschichte der flavischen Dynastie.

a) Interpretieren Sie – ausgehend vom lateinischen Original – den obigen Text nach formalen und inhaltlichen Gesichtspunkten. (10 BE)

b) Erörtern Sie, ausgehend vom Text, die schwierige Situation des Historikers Tacitus. (6 BE)

14. Cicero, *De re publica* 1,63

In Ciceros Dialog über den Staat weist Scipio gegenüber Laelius darauf hin, dass das römische Volk in schwierigen Zeiten immer auf einen Alleinherrscher setzt.

Sed ut ille, qui navigat, cum subito mare coepit horrescere, et ille aeger ingravescente morbo unius opem implorat, sic noster populus in pace et domi

imperat et ipsis magistratibus minatur, recusat, appellat, provocat, in bello sic paret ut regi; valet enim salus plus quam libido.
Gravioribus vero bellis etiam sine collega omne imperium nostri penes singulos esse voluerunt, quorum ipsum nomen vim suae potestatis indicat. Nam dictator quidem ab eo appellatur, quia dicitur, sed in nostris libris[1] *vides eum, Laeli, magistrum populi appellari.*

1 Es handelt sich um die *libri augurum*, Aufzeichnungen der Auguren.

Übersetzung

Aber wie der, der auf einem Schiff fährt, bei einem plötzlichen Aufbäumen des Meeres und der Kranke bei einer Verschlimmerung der Krankheit die Hilfe eines einzelnen erfleht, so spielt unser Volk daheim im Frieden den Gebieter, bedroht sogar die Beamten, verwahrt sich, stellt zur Rede, legt Berufung ein, und – im Kriege leistet es Gehorsam wie einem König. Denn die Rücksicht auf die eigene Existenz wiegt schwerer als der Drang, seiner Leidenschaft zu frönen.
In schweren Kriegen aber haben unsere Mitbürger es so gewollt, daß die gesamte Machtbefugnis ohne jede Teilung mit einem Amtsgenossen jeweils in der Hand einer Einzelpersönlichkeit liege, deren Bezeichnung schon das Wesen und die Bedeutung der ihr zustehenden Machtbefugnis besagt. Denn die Bezeichnung „Diktator" rührt ja davon her, daß er ernannt wird. Aber, wie du siehst, mein Laelius, wird er in unseren Büchern „Meister des Volkes" genannt.

(Cicero: Über den Staat. Übers. von Walther Sontheimer. Stuttgart: Reclam 1956)

a) Interpretieren Sie – ausgehend vom lateinischen Original – den obigen Text nach formalen und inhaltlichen Gesichtspunkten. (10 BE)

b) Entwickeln Sie, ausgehend vom Text, Ciceros Idee von der römischen „Mischverfassung". (6 BE)

Lösungen

Teil A: Übersetzung

Glaubst du, dass es dir allein passiert ist, und wunderst du dich wie über eine Neuigkeit, dass du durch eine so lange Reise und einen so häufigen Ortswechsel deine Traurigkeit und die Belastung deines Gemüts nicht vertrieben hast? Dein Herz musst du verändern, nicht den Himmel über dir *(ergänzt)*. Du magst das weite Meer überquert haben, „Länder und Städte mögen dir", wie unser Vergil sagt, „entschwinden": Wo immer du auch hinkommst, werden dir deine Unzulänglichkeiten (*für* vitia: Fehler) folgen.
Sokrates hat einem, welcher über dasselbe klagte, gesagt: „Was wunderst du dich, dass dir Reisen nichts nützen, da du doch dich selbst *(ergänzt)* mit herumträgst? Dieselbe Sache bedrückt dich, welche dich hinausgetrieben hat." Was können neue Länder (*für* terrarum … novitas: Neuheit der Länder) helfen? Was das Kennenlernen von Städten und Plätzen? Du fragst, warum eine solche Flucht dir nicht hilft? Du bist mit dir auf der Flucht. Die Belastung deiner Seele muss abgelegt werden: Vorher wird dir kein Ort gefallen.
Du gehst hierhin und dorthin, um die auf dir *(ergänzt)* sitzende Last abzuschütteln, welche durch den Ortswechsel (*für* iactatione) selbst noch unangenehmer wird, wie in einem Schiff unbewegte Ladungen weniger beschweren, aus dem Gleichgewicht gebracht, den Teil, in dem sie zu liegen kommen, schneller zum Sinken bringen. Was du auch tust, du handelst gegen dich selbst und gerade durch die Bewegung schadest du dir: Du erschütterst nämlich einen Kranken. Aber sobald du jenes Übel entfernt haben wirst, wird jeder Ortswechsel erfreulich werden: Du magst in die entferntesten Länder verschlagen werden, für dich wird dein Aufenthaltsort (*für* sedes: Wohnsitz), wie beschaffen auch immer er ist, gastlich sein. Es kommt mehr darauf an, wie (*wörtl.:* als welcher) du kommst, als wohin du kommst.

Seneca, Epistulae morales ad Lucilium 28, 1 ff.

Teil B: Aufgabenteil

Teil I

1. *bonus* gut
   probus rechtschaffen
   iucundus angenehm
   rectus aufrichtig

2. Während der Expansion des Römischen Reichs kommt es zu Enteignungen und zur Proletarisierung des staatstragenden kleinen und mittleren Bauerntums, die dringend nach einer grundsätzlichen Reform verlangt, welche aber ausbleibt (vgl. die Reformversuche der Gracchen).

An die Stelle der verfassungsmäßigen Magistrate treten immer öfter Männer mit außerordentlicher Befehlsgewalt *(imperium extraordinarium;* Diktatur), die das politische Geschehen bestimmen, nicht zuletzt wegen der Unterstützung durch ihre Legionäre und Veteranen, für deren Bezahlung diese Machthaber zuständig waren.

3. A 2, B 3, C 4, D 1

4. Der Beginn einer Besserung ist die Erkenntnis eines Fehlers.
   (Seneca, Epistulae morales ad Lucilium 28, 9)

5. Augustus: Horaz, Vergil (Ovid)
   Nero: Seneca, Petron

Teil II

6. Dem jeweils besten Prinzip ist von der Natur die Herrschaft anvertraut *(optimo cuique dominatum ab ipsa natura ... datum):* Gott herrscht über den Menschen, der Geist über den Körper, die Vernunft über den Trieb *(deus homini, animus imperat corpori, ratio libidini).* Die Herrschaft ist dem Wohl der Schwächeren verpflichtet *(dominatum ... cum summa utilitate infirmorum).*
   Der Gedankengang folgt der Stoa: „Natur" ist in der stoischen Lehre ein maßgeblicher Begriff: Die Natur ist das vollkommene Prinzip, das im Göttlichen gründet und das dem Menschen die Richtlinien seines Handelns vorgibt *(secundum naturam vivere).* Im Menschen ist der Verstand, der ein Teil des die Welt beherrschenden göttlichen Feuers ist, das führende Prinzip: So steht der Geist über dem Körper, die Vernunft über dem Trieb, Gott über der Welt und dem Menschen. Da Gott in der stoischen Lehre – in Anlehnung an Plato – auch das höchste Gute verkörpert, ist die Fürsorge des Herrschers für den Beherrschten naturgegeben.
   (Cicero, De re publica 3, 37)

7. Es handelt sich um einen Roman, der in der Tradition des hellenistischen Liebesromans steht, in dem ein Liebespaar die vielfältigsten Abenteuer zu bestehen hat. Die Mischung aus Vers (z. B. die „Zerstörung Trojas" des Dichters Eumolpus) und Prosa macht den Roman zur menippeischen Satire.
   Die *Satyrica* können auch als Parodie auf das homerische Epos aufgefasst werden: Wie Odysseus vom Zorn Poseidons durch die Meere getrieben wird, so wird der Held Enkolp vom Zorn des Fruchtbarkeitsgottes Priapus zu immer neuen Abenteuern in Italien getrieben.

8. Satzanalyse nach der Einrückmethode:

HS	NS1	NS2	NS3
Inde Lucius Tarquinius regnare coepit,			
	cui Superbo cognomen facta indiderunt,		
		quia socerum gener sepultura praehibuit – Romulum quoque insepultum perisse dictitans – primoresque patrum,	
			quos Servi rebus favisse credebat,
		interfecit,	
neque ad ius regni quicquam praeter vim habebat,			
	ut qui neque populi iussu neque auctoribus patribus regnaret.		

(Livius, Ab urbe condita 1,49,1–3)

9. *Beide Darstellungen erinnern Sie an die von der Augustus-Propaganda verbreiteten Idee einer Rückkehr ins „Goldene Zeitalter" nach den vom Kaiser beendeten Bürgerkriegen.*

Das Relief der Tellus an der Außenseite des von Augustus errichteten Friedensaltares zeigt die Allegorie der Mutter Erde, die als junge Frau dargestellt ist. Auf ihrem Schoß spielen Kinder, sie ist von Personifikationen von Luft und Wasser gerahmt, Pflanzen umspielen ihre Gestalt, Tiere liegen ihr zu Füßen. Diese Allegorie vermittelt den Eindruck stillen Friedens, üppiger ländlicher Fruchtbarkeit. Ähnliches vermitteln die Verse des Horaz: Ländliches Leben kann sich in sicherem Frieden entwickeln, Tiere und Felder gedeihen. Horaz fügt noch das Bild eines befriedeten Meeres hinzu.
Augustus lässt sich nach seinem Sieg über seinen Rivalen Antonius bei Actium als Beender der Bürgerkriege feiern. Mit der Einweihung der *Ara pacis* soll der Beginn einer neuen Friedensepoche eingeleitet werden. Das Bild von der Rückkehr Roms in eine unter dem Schutz Saturns stehende Urzeit, ein „Goldenes Zeitalter", ist ein gern gebrauchtes Instrument augusteischer Propaganda. Augustus lässt in Kunst und Literatur den Gedanken vom Verlust ursprünglicher Reinheit und Größe Roms propagieren. Die Hoffnung einer Wiederherstellung des ursprünglichen Idealzustandes wird an die Person des Kaisers gebunden, der seinen Mitbürgern eine neue Zukunft Roms verspricht, welche in seiner heilen Vergangenheit gründen soll. Dieses „Versprechen wahrt seine Erfüllung" *(culpari metuit fides).*

10. *Stellen Sie den Aussagen des Gesprächspartners gegenüber, was Sie aus dem Unterricht bzw. aus der Lektüre, etwa der Horaz-Satire 1,9, welcher der vorliegende Text entnommen ist, über den Maecenaskreis wissen.*

Der aufdringliche Unbekannte, der Horaz auf einem Spaziergang anspricht, möchte in den Maecenaskreis aufgenommen werden. Er hält es eher für einen glücklichen Zufall *(nemo dexterius fortuna est usus)*, dort eine Rolle zu spielen, weil er nicht weiß, dass Maecenas nur nach sehr langer vorheriger Prüfung einen

Kandidaten zu einem Gespräch einlädt. Weiter glaubt er – wenn er seine Person „als Helfer“ *(adiutorem)* anbietet, der die zweite Rolle nach Horaz spielen könne *(posset qui ferre secundas)* –, dass unter den Mitgliedern des Kreises ein Konkurrenzkampf um die Gunst des Gönners herrsche (vgl. *summosses omnis*). Genau das Gegenteil ist der Fall, die ausgewählten Freunde verkehren in freier Geselligkeit miteinander, Ehrgeiz darf in diesem Kreis keine Rolle spielen. Das despektierliche *hunc hominem velles si tradere* zeigt, dass der Sprecher keine Vorstellung von der Würde des Maecenas und seines Kreises hat.

11. a) Ein Huhn, das „umherschweifen“ kann (*vagus, -a, -um:* umherschweifend) ist ein Freilandhuhn.

    b) Ein Hund, der ein „Wächter“ *(vigil, vigilis)* ist, ist ein Wachhund.

    c) Ein Vogel, der sich im Ausland aufhält (*peregrinus, -a, -um:* fremd, ausländisch), ist ein Zugvogel.

    (Quelle: Neues Lateinlexikon. Lexicon recentis latinitatis. Hg. von der Libraria Editoria Vaticana. Übers. von Stefan Feihl, Carmen Grau und Heinrich Offen. Bonn: Edition Lempertz 2004)

Teil III

12. a) *Sie sind sich bewusst, dass die Interpretation der* Aeneis-*Verse zeigen muss, wie sich Inhalt, sprachliche Form und Versbau aufeinander beziehen, wie der (von Ihnen dargestellte) Inhalt durch formale Mittel unterstrichen wird. Sie stützen Ihre Argumentation durch lateinische Belege.*

    Anchises weist in der sogenannten „Heldenschau“ weit in die Zukunft Roms voraus, berührt mit Augustus sogar die römische Gegenwart. Im ersten Hexameter des Textes ist Romulus genannt, der mythische Gründer Roms: Er wird durch seine Verbindung mit Assarakus und dem Namen seiner Mutter Ilia mit Ilion (= Troja) in Verbindung gesetzt *(Assarici quem sanguinis Ilia mater | educet)* und Rom so mit Troja verbunden. Durch den zweifachen Helmbusch *(geminae … cristae)* wird er als Krieger gekennzeichnet, der Göttervater selbst wird ihn mit Ehre auszeichnen (den Gedanken betonende Alliteration: *suo superum … signat)*. In emphatischem Ton lässt der Dichter dann im 5. und 6. Vers eine personifizierte Roma ihre Herrschaft über alle Länder ausdehnen *(imperium terris)*, ihre Helden in den Olymp, den Sitz der Götter, heben *(animos aequabit Olympo)*. Sieben Burghügel umfasst die einzigartige *(una)* Roma mit ihrer Stadtmauer: Diese sprichwörtlichen sieben Hügel sind durch das Hyperbaton *septem … arces* dominierend an den Versanfang und das Versende gestellt, der Dativus ethicus (Dativ der inneren Anteilnahme) *sibi* steht im Zentrum des Verses. Das *felix prole virum* als abschließendes Attribut der Roma weist auf die Fülle der die römische Geschichte bestimmenden Helden voraus.

Im 8. Vers wird durch das verdoppelte Demonstrativpronomen *hic vir hic est* nachdrücklich auf den Mann verwiesen, dessen Erscheinen Rom vielfach prophezeit wird *(tibi quem promitti saepius audis):* Augustus Caesar, der Sohn des vergöttlichten Caesar *(Divi genus).* Er wird ein neues Goldenes Zeitalter begründen, wie es schon einmal unter Saturnus' Herrschaft existiert haben soll *(regnata per arva | Saturno quondam):* In der 9. Zeile verdichtet Vergil die Kernaussagen der augusteischen Propaganda zu einem einzigen Vers: Octavian trägt den Namen seines Adoptivvaters Caesar, den er als Führer Roms beerbt, er wird mit seinem Ehrentitel Augustus bezeichnet („der Erhabene"), mit ihm beginnt eine neue Zeit, ein neues Goldenes Zeitalter: *aurea* ... Dass Augustus Herr eines Weltreiches sein wird, wird durch die Nennung zweier weit entfernter, fast mythischer Völker betont *(Garamantas et Indos).*
Insgesamt macht die ganze Passage aus der *Aeneis* das Motiv Vergils deutlich, seinem Volk Fundamente römischen Selbstbewusstseins und die Zustimmung zum Prinzipat des Augustus zu vermitteln.

b) *Sie beschreiben das didaktische Ziel, das Vergils* Aeneis *prägt, den Vorbildcharakter der mythischen Handlung für die Gegenwart, und rufen sich zur Verdeutlichung Ihrer Argumentation einige Szenen ins Bewusstsein, in denen die augusteische Gegenwart Teil der epischen Darstellung wird (z. B. die Bilderfolge auf dem Schild des Aeneas im achten Buch).*

Die *Aeneis* erzählt in den ersten sechs Büchern von den Irrfahrten des Aeneas, in den folgenden sechs Büchern von seinen Kämpfen in Italien, die der Held bestehen muss, um die Grundsteine für das spätere Rom legen zu können. Das Epos endet mit Aeneas' Sieg über seinen Hauptgegner Turnus. Insoweit ist die *Aeneis* ein Epos über den mythischen Helden Aeneas, einen der ihre Stadt gegen die Griechen Agamemnons verteidigenden Trojaner.
Die *Aeneis* zielt aber in ihrem Kern auf die Gegenwart, die augusteische Zeit: Dies geschieht in zweifacher Weise: Der Held Aeneas und seine Mitstreiter sind in ihrem Tun und in ihrer Haltung als Vorbilder konzipiert, deren Sittlichkeit die eigene Zeit, vor allem die römische Jugend, prägen soll (vgl. die „Römeroden" des Horaz!). Gleichzeitig wird die Gegenwart in prophetischen Vorwegnahmen immer wieder Teil des Epos, wie hier in der Heldenschau oder auch in der Bilderfolge auf dem Schild des Aeneas, der Szenen aus der künftigen Geschichte Roms bis hin zur Schlacht von Actium darstellt.
So kommt es zu einer Verschränkung von Gegenwart und Vergangenheit: Die Gegenwart erfährt eine mythische Erhöhung im Epos, die glorreiche mythische Vergangenheit andererseits wirkt in die Gegenwart hinein.

13. *Sie sind sich bewusst, dass die Interpretation des lateinischen Textes zeigen muss, wie sich Inhalt und sprachliche Form aufeinander beziehen, wie der (von Ihnen dargestellte) Inhalt durch formale Mittel unterstrichen wird.*
Sie sollten die Tatsache, dass Tacitus den Prinzipat des Augustus für die entscheidende politische Wende der römischen Geschichte hält, bei Ihrer Interpretation gebührend berücksichtigen. Sie stützen Ihre Argumentation durch lateinische Belege.
Die Interpretation des Textes macht klar, welche Hindernisse einer objektiven Geschichtsschreibung in der Kaiserzeit im Wege stehen, was die schwierige Situation des Historikers Tacitus verdeutlicht.
Bei dieser Aufgabe bietet sich auch eine zusammenhängende Darstellung ohne Trennung in Teilaufgaben an, da die persönliche Situation des Tacitus vor dem in seinem Proöm beschriebenen geschichtlichen Gesamthorizont sichtbar wird.

Tacitus lässt, wie er im ersten Satz seines Proöms der „Historien" schreibt, sein Werk nach dem Tod Neros beginnen *(Servius Gallus iterum Titus Vinius consules)*. Die Zeit von der Gründung der Stadt Rom *(post conditam urbem)* bis zur eigenen Gegenwart, „rund achthundertzwanzig Jahre" *(octingentos et viginti prioris aevi annos)*, welche viele Autoren beschrieben haben *(multi auctores rettulerunt)*, zerfallen für ihn in nur zwei Epochen: die Zeit der Republik *(dum res populi Romani memorabantur)* und die nach der Schlacht von Actium beginnende Kaiserzeit *(postquam bellatum apud Actium)*.
In der Zeit der Republik entsprechen sich Darstellungskraft und Freiheit der Schriftsteller *(pari eloquentia ac libertate)*. Hier wird ein Leitmotiv, das Tacitus' Werk durchzieht, genannt: die fehlende republikanische Freiheit. Sie ging nach dem Ende der Bürgerkriege (Schlacht von Actium 31 v. Chr.) unter, weil die Befriedung des Staates einen Alleinherrscher mit unbeschränkter Macht erforderte *(omnem potentiam ad unum conferri pacis interfuit)*: Augustus wird nicht namentlich genannt.
Der mit *nam post conditam urbem* begonnene Satz, der dann durch *dum* und *postquam* in zwei Teile zerlegt wird, endet fast im Anakoluth, da Tacitus zunächst nicht parallel zu *pari eloquentia ac libertate* beschreibt, wie die Autoren der Kaiserzeit schreiben, sondern unvermutet mit der Feststellung abschließt, dass nun die großen Schriftsteller – nämlich die der Republik – fehlten *(magna illa ingenia cessere)*. Was das für die Geschichtsschreibung bedeutet, fügt Tacitus knapp und lapidar an: *simul veritas pluribus modis infracta:* Historische Wahrhaftigkeit zerbricht auf diverse Weise: Der elliptischen Ausdrucksweise (fehlendes *est* bei *infracta*) entspricht die auf wenige Ablativi causae reduzierte Begründung für die desolate Situation: *inscitia ... libidine ... odio*. Der Blick auf die historische Wahrheit wird nun verzerrt durch Unkenntnis des Staates, dem man entfremdet ist *(inscitia rei publicae ut alienae)*, durch geradezu leidenschaftliche Schmeichelei *(libidine adsentandi)* oder im Gegensatz dazu blanken Hass gegenüber den Herrschenden *(odio adversus dominantes)*.
Die von Tacitus hier dargestellten Hindernisse für eine objektive Geschichtsschreibung machen verständlich, warum er erst nach dem Ende der flavischen

Dynastie, unter deren Herrschern er immerhin staatliche Ämter bekleidet hatte, zu veröffentlichen begann, als mit Nerva die liberalere Zeit des Adoptivkaisertums anbricht.

Tacitus gelingt es im letzten Satz, die knappe Beschreibung der historischen Situation noch einmal zu verdichten: Unter verbitterten Feinden *(inter infensos)* und bestochenen Schmeichlern *(obnoxios)* gibt es niemanden, der sich verpflichtet fühlte, der Nachwelt ein korrektes geschichtliches Bild der eigenen Zeit zu vermitteln *(neutris cura posteritatis)*. Der Satz erhält seine Zuspitzung auf den wesentlichen Gedanken durch das Fehlen jeglicher verbaler Aussagen. Diese Reduzierung komplexer Gedankengänge auf komprimiertesten sprachlichen Ausdruck macht Tacitus so schwer lesbar. Der Schmerz über den Verlust der republikanischen Freiheit prägt sein Werk. Dass er sich bewusst war, dass diese auch in der Zeit des Adoptivkaisertums nicht mehr existierte, zeigt die Tatsache, dass er sein Vorhaben, auch die Geschichte Nervas und Trajans darzustellen, wieder aufgegeben hat.

14. a) *Sie sind sich bewusst, dass die Interpretation des lateinischen Textes zeigen muss, wie sich Inhalt und sprachliche Form aufeinander beziehen, wie der (von Ihnen dargestellte) Inhalt durch formale Mittel unterstrichen wird. Es ist nicht zu übersehen, dass Cicero hier bei einer Diskussion über die Qualität von Staatsverfassungen Scipio als Anhänger der Monarchie stilisiert. Sie stützen Ihre Argumentation durch lateinische Belege.*

Scipio spielt hier die Rolle des „Monarchisten", der Argumente für eine Königsherrschaft formuliert.

Der Text beginnt mit einem breit angelegten Vergleich *(ut … sic)*, in dem das politisch handelnde römische Volk zunächst mit einem Seereisenden *(ut ille, qui navigat)* verglichen wird, was die auf den griechischen Dichter Alkaios zurückgehende und häufig wiederholte Metapher vom „Staatsschiff" assoziiert, dann mit einem Kranken *(et ille aeger)*. Wie der Seereisende bei plötzlich aufkommendem Sturm und der Kranke bei sich verschlimmernder Krankheit auf die Hilfe eines Einzigen – des Kapitäns, des Arztes – setzt (*unius opem implorat;* Scipio benützt hier das farbige Mittel der Variatio, indem er die beschriebene Situation einmal mit einem temporalen Nebensatz darstellt: *cum … coepit,* einmal durch einen Ablativus absolutus: *ingravescente morbo*), so gebärdet sich das römische Volk „daheim im Frieden" *(in pace et domi)* als Herrn der Sachlage *(imperat)* und geht mit seinen Magistraten nicht gerade zimperlich um (eindrucksvolle Klimax: *minatur, recusat, appellat, provocat)*, im Krieg aber *(in bello)* ist es unterwürfig wie bei einem König *(regi):* Der Begriff „König" steht genau in der Mitte des Textes, wodurch er als der zentrale Begriff herausgestellt wird.

Bei gefährlicheren Kriegen wird sogar, fährt Scipio fort, die Kollegialität der Konsuln aufgehoben *(sine collega)* und die staatliche Gesamtgewalt *(omne imperium)* an Einzelne vergeben *(penes singulos esse)*. Die Schroffheit des

Wortes *dictator* wird durch Scipios Etymologie *quia dicitur*, weil „er ernannt wird“, abgemildert, Scipio zieht den in den Augurenbüchern gebrauchten und hier zitierten Titel *magister populi*, „Meister des Volkes“ vor.
Nach Scipios hier geäußerter Argumentation ist eine demokratische Verfassung etwas für schöne Tage, sobald die Lage ernster wird, ist die kraftvolle Hand eines Alleinherrschers nötig.

b) *Es wird nicht schwerfallen, das Plädoyer Scipios für die Monarchie durch Ciceros Ideal der „gemischten Verfassung“* (genus mixtum) *zu relativieren.*

Cicero teilt die Meinung Scipios, dass eine demokratische Verfassung auf Dauer staatliche Stabilität nicht gewährleisten kann. Dass aber auch eine reine Monarchie suspekt erscheint, lässt Cicero im Versuch Scipios (den er hier ja als Befürworter der Monarchie auftreten lässt), die Härte des Begriffs „König“ oder gar „Diktator“ durch den den Augurenbüchern entlehnten Titel „Meister des Volkes“ *(magister populi)* abzumildern, durchblicken.
Auch eine Aristokratie, die dritte reine Verfassung, kann nach Ciceros Meinung nicht von Dauer sein, sie wird eines Tages von den Eigeninteressen der herrschenden Gruppe korrumpiert werden.
Cicero selbst sieht in der „gemischten Verfassung“ *(genus mixtum)*, welche einerseits die drei Verfassungen verbindet, andererseits eine gegenseitige Kontrolle der drei Herrschaftsträger ermöglicht, die Grundlage eines auf Dauer stabilen Staates: Die Konsuln stellen dabei das monarchische Element, der Senat das aristokratische und die Volksversammlung das demokratische dar.

Abitur Latein (Bayern)
2011

Teil A: Übersetzung

Die Philosophie fordert volle Hingabe

Wenn die Philosophie von Fehlern befreien und die Menschen wirkungsvoll unterstützen soll, kann sie nicht nur nebenbei betrieben werden.

Quare vitia sua nemo confitetur? Quia etiam nunc in illis est. Vitia sua confiteri sanitatis indicium est. Expergiscamur ergo, ut errores nostros coarguere possimus! Sola autem nos philosophia excitabit, sola somnum excutiet gravem: Illi te totum dedica! Dignus illa es, illa digna te est: Ite in complexum alter alterius!

Omnibus aliis rebus te nega fortiter! Si aeger esses, curam intermisisses negotiorum; toto animo id ageres, ut quam celerrime morbo liberareris. Omnia impedimenta dimitte et vaca[1] bonae menti! Nemo ad illam pervenit occupatus. Exercet[2] philosophia regnum suum: Dat tempus, non accipit. Non est res subsiciva[3], ordinaria[3] est. Domina est, adest et iubet.

Alexander cuidam civitati partem agrorum et dimidium rerum omnium promittenti „Eo", inquit, „proposito in Asiam veni, ut non id acciperem, quod dedissetis, sed ut id haberetis, quod reliquissem." Idem dicit philosophia omnibus rebus: „Non sum hoc tempus acceptura, quod vobis superfuerit, sed id vos habebitis, quod ipsa reiecero[4]."

Totam huc converte mentem, philosophiam cole! Ingens intervallum inter te et ceteros fiet. Omnes mortales multo antecedes, non multo te dii antecedent.

1	vacare (m. Dat.)	sich Zeit nehmen (für etwas)
2	exercere	*hier:* ausüben
3	res subsiciva	Nebensache
	(res) ordinaria	Hauptsache
4	reicere	*hier:* übrig lassen

Teil I

Bearbeiten Sie von den folgenden fünf Aufgabenstellungen ***vier*** *Aufgaben nach eigener Wahl. Erreichbar sind je 4 Bewertungseinheiten.*

1. Welche Stilfiguren erkennen Sie in folgendem Ausschnitt aus dem Übersetzungstext? Geben Sie zwei Stilfiguren mit den entsprechenden lateinischen Belegstellen an!

   Sola autem nos philosophia excitabit, sola somnum excutiet gravem: Illi te totum dedica! Dignus illa es, illa digna te est: Ite in complexum alter alterius!

2. Stellen Sie vier lateinische Substantive zum Wortfeld „Geist/Verstand" zusammen! Der Übersetzungstext bietet Ihnen Anhaltspunkte.

3. Analysieren Sie die folgenden Verse metrisch, indem Sie Längen und Kürzen auf Ihr Arbeitsblatt schreiben und die einzelnen Verselemente (Metren) gegeneinander abgrenzen!

   Fama volat parvam subito volgata per urbem
   ocius ire equites Tyrrheni ad litora regis.

4. Geben Sie zwei Gründe wieder, warum Cicero sich der Philosophie zuwandte!

5. Weisen Sie die Namen der Personen den literarischen Werken zu, in denen sie jeweils eine wichtige Rolle spielen (z. B. E 7)!

A) Encolpius	1. *Ab urbe condita*
B) Lucilius	2. *Aeneis*
C) Menenius Agrippa	3. *De bello Gallico*
D) Philus	4. *De re publica*
	5. *Epistulae morales*
	6. *Satyrica*

Teil II

Bearbeiten Sie von den folgenden sechs Aufgabenstellungen ***drei*** *Aufgaben nach eigener Wahl. Erreichbar sind je sechs Bewertungseinheiten.*

6. a) Erschließen Sie zwei wesentliche Informationen aus folgendem italienischen Text über die frühere römische Küche!

   b) Führen Sie die beiden unterstrichenen Wörter auf ihren lateinischen Ursprung zurück!

   simplex = einfach

   La cucina degli antichi romani era semplicissima. Il popolo mangiava cereali, latticini e raramente carne o pesce. Nel medioevo, invece, l'alimentazione era soprattutto a base di carne. caro = Fleisch

   (Katerinov, K.: Bravo! Grammatica italiana per stranieri, Milano 1993, S. 399)

7. a) Ordnen Sie folgende Textstelle in ein philosophisches System der Antike ein!

   b) Auf welche Gesichtspunkte stützen Sie Ihre Entscheidung? Zwei Gesichtspunkte mit Belegen aus dem Text genügen. → Stoiker ↳ Götter ↳ Verstand

   Quorum igitur causa quis dixerit effectum esse mundum? Eorum scilicet animantium, quae ratione utuntur; hi sunt di et homines; quibus profecto nihil est melius; ratio est enim, quae praestet omnibus. Ita fit credibile deorum et hominum causa factum esse mundum.

8. Arbeiten Sie Gemeinsamkeiten und Unterschiede zwischen Ciceros Staatsdefinition und folgender Begriffsbestimmung in einem modernen Lexikon heraus! Drei wesentliche Gesichtspunkte genügen.

   „Staat: Vereinigung vieler Menschen innerhalb eines abgegrenzten geographischen Raumes unter einer souveränen Herrschaftsgewalt. Das Staatsvolk bildet die Gesamtheit der durch dieselbe Staatsangehörigkeit verbundenen Mitglieder eines Staates (Nationalstaat), manchmal mehrere Nationen umfassend (Nationalitätenstaat).“

   (Staat (s. v.), in: Die Zeit. Das Lexikon in 20 Bänden, Bd. 14, Hamburg 2005, S. 61)

9. Paraphrasieren Sie kurz die folgende Passage aus Livius' Geschichtswerk, in welcher der Beginn der Schlacht am Trasimener See (217 v. Chr.) geschildert wird!

   Flaminius cum pridie solis occasu ad lacum pervenisset, inexplorato postero die vixdum satis certa luce angustiis superatis, postquam in patentiorem campum pandi agmen coepit, id tantum hostium, quod ex adverso erat, conspexit: ab tergo ac super caput non detectae insidiae. Poenus ubi, id quod petierat, clausum lacu ac montibus et circumfusum suis copiis habuit hostem, signum omnibus dat simul invadendi.

10. Belegen Sie anhand von Horaz' Satirendichtung, dass folgende Aussage des Philologen Gerd Herrmann zutrifft! Drei wesentliche Gesichtspunkte genügen.

„Horaz sieht die Fehler anderer und seine eigenen mit mildem Verständnis, er will belehren und nach Möglichkeit bessern, nicht anprangern und richten."

(Q. Horatius Flaccus: Satiren = sermones. Briefe = epistulae. Lateinisch/deutsch, übers. von G. Herrmann, hg. von G. Fink, Düsseldorf/Zürich (Sammlung Tusculum), S. 396)

· Schwätzersatire → er sagt nichts, man denkt er geht um Wettbewerb; · Stadt- und Landmaus

11. Erläutern Sie Gemeinsamkeiten und Unterschiede zwischen folgendem Textausschnitt und Ciceros Ausführungen zum *bellum iustum*! Drei wesentliche Gesichtspunkte genügen.

„Die Idee eines ‚gerechten Krieges' kam auf, der zufolge ein Krieg nur unter bestimmten Bedingungen gerechtfertigt ist: wenn er ein letztes Mittel zur Selbstverteidigung ist; wenn die angewendete Gewalt verhältnismäßig ist und wenn, wann immer möglich, Zivilisten geschont werden."

(aus: Barack Obama, Rede anlässlich der Verleihung des Friedensnobelpreises am 10. 12. 2009, in: http://www.welt.de/politik/ausland/article5490579/Seine-Rede-zum-Friedensnobelpreis-im-Wortlaut.html. Übersetzung: Daniel Böhmer, Wieland Freund, Karen Merkel, Clemens Wergin)

Teil III

*Bearbeiten Sie von den folgenden drei Aufgabenstellungen **eine** Aufgabe nach eigener Wahl! Die Bearbeitung dieser Aufgabe kann auch in einer zusammenhängenden Darstellung ohne Trennung in Teilaufgaben erfolgen. Erreichbar sind insgesamt 16 Bewertungseinheiten.*

12. **Vergil, *Aeneis* 6,456–466**

Aeneas spricht in der Unterwelt zu Didos Schatten:

„Infelix Dido, verus mihi nuntius ergo
venerat exstinctam ferroque extrema secutam?
Funeris heu tibi causa fui? Per sidera iuro,
per superos et si qua fides tellure sub ima est,
invitus, regina, tuo de litore cessi.
Sed me iussa deum, quae nunc has ire per umbras,
per loca senta situ cogunt noctemque profundam,
imperiis egere suis; nec credere quivi
hunc tantum tibi me discessu ferre dolorem.
Siste gradum teque aspectu ne subtrahe nostro!
Quem fugis? Extremum fato, quod te adloquor, hoc est."

Übersetzung

„Unglückliche Dido, war also wahre Kunde zu mir gekommen, du seist nicht mehr am Leben, du habest durchs Schwert den Tod gesucht? Ach, war ich der Grund für dein Ende? Bei den Gestirnen schwöre ich, bei den Göttern, und wenn Treu und Glauben tief unter der Erde etwas bedeuten: Gegen meinen Willen,

Königin, schied ich von deinem Gestade. Nein, der Götter Befehle, die mich drängen, jetzt durch diese Schattenwelt zu gehen, durch die unwirtlichen Moderregionen und die tiefe Nacht, trieben mit unerbittlicher Gewalt; ich konnte nicht ahnen, dir durch meinen Weggang solch tiefen Schmerz zuzufügen. Bleib doch stehen und entziehe dich nicht meinem Blick! Vor wem nur fliehst du? Dass ich zu dir spreche, dazu gibt das Fatum die letzte Gelegenheit."

(P. Vergilius Maro: Aeneis, 5. und 6. Buch. Lateinisch/deutsch, übers. und hg. von E. und G. Binder, Stuttgart 1998, S. 115)

a) Interpretieren Sie – ausgehend vom lateinischen Original – die vorliegende Textstelle nach formalen und inhaltlichen Gesichtspunkten! (10 BE)

b) Setzen Sie den Inhalt der vorliegenden Textstelle in Beziehung zu Aeneas' Begegnung mit seinem Vater Anchises in der Unterwelt und zeigen Sie dabei die Bedeutung beider Unterweltszenen für die *Aeneis* als römisches Nationalepos! (6 BE)

13. **Seneca, *De providentia* 4,1–3 (mit Auslassungen)**

In seinem Werk *De providentia* legt Seneca dem Leser dar, weshalb auch guten Menschen Unglück widerfahren kann, obwohl doch das Weltgeschehen durch Vorsehung gelenkt wird.

Prosperae res et in plebem ac vilia ingenia deveniunt; at calamitates terroresque mortalium sub iugum mittere proprium magni viri est. Semper vero esse felicem et sine morsu animi transire vitam ignorare est rerum naturae alteram partem. Magnus vir es? Sed unde scio, si tibi fortuna non dat facultatem exhibendae virtutis? […] Idem dicere et bono viro possum, si illi nullam occasionem difficilior casus dedit, in qua vim animi sui ostenderet: „Miserum te iudico, quod numquam fuisti miser. Transisti sine adversario vitam; nemo sciet, quid potueris, ne tu quidem ipse."

Übersetzung

Glück lässt sich auch zur Masse und zu geringen Naturen herab; dagegen Unglück und die Schrecken der Sterblichen zu bewältigen ist Eigenart eines großen Mannes. Stets aber glücklich zu sein und ohne Schmerz durch das Leben zu gehen heißt, nur eine Seite der Natur zu kennen. Ein großer Mann bist du? Aber woher weiß ich es, wenn dir das Schicksal nicht Gelegenheit gibt, mannhaftes Verhalten zu zeigen? […] Im gleichen Sinne könnte ich auch zu einem werthaften Manne sprechen, wenn ihm kein schwierigeres Ereignis Gelegenheit gibt, die Kraft seiner Seele zu zeigen: „Für unglücklich erkläre ich dich, weil du niemals unglücklich gewesen bist. Du bist ohne Gegner durch das Leben gegangen; niemand kann wissen, was du vermagst, nicht einmal du selbst.

(L. Annaeus Seneca: De providentia/Über die Vorsehung, in L. Annaeus Seneca: Philosophische Schriften. Lateinisch und Deutsch. Sonderausgabe. Erster Band. Dialoge I–VI, hg. von M. Rosenbach, Darmstadt 1995, S. 21)

a) Interpretieren Sie – ausgehend vom lateinischen Original – die vorliegende Textstelle nach <u>formalen</u> und <u>inhaltlichen</u> Gesichtspunkten! (10 BE)

b) Arbeiten Sie heraus, inwiefern dieser Textabschnitt als Gegenposition zu epikureischem Gedankengut verstanden werden kann! (6 BE)

14. **Petron, *Satyrica* 37,8–38,2**

Während der *cena Trimalchionis* äußert sich einer der Gäste folgendermaßen über den Gastgeber:

„Ipse fundos habet, qua milvi volant, nummorum nummos. Argentum in ostiarii illius cella plus iacet, quam quisquam in fortunis habet. Familia vero – babae babae! – non mehercules puto decumam partem esse, quae dominum suum noverit. Ad summam, quemvis ex istis babaecalis in rutae folium coniciet. Nec est, quod putes illum quicquam emere. Omnia domi nascuntur: lana, citrea, piper; lacte gallinaceum si quaesieris, invenies. Ad summam, parum illi bona lana nascebatur: Arietes a Tarento emit et eos culavit in gregem."

Übersetzung

„Er selber hat Grundstücke, soweit der Habicht fliegt, Geld hoch drei. Silbergeschirr liegt bei seinem Portier mehr in der Loge herum, als sonst einer in seinen Depots hat. Und erst Personal, ohlala ohlala: Weiß Gott, ich meine, es ist nicht einer von zehn, der seinen Herrn kennt. Kurz und gut, jeden von den Ohlala-Fatzken da kann er in die Tasche stecken. Und du darfst nicht meinen, dass er irgendetwas kaufen muss. Alles gedeiht auf seinem eigenen Grund: Wolle, Pomeranzen, Pfeffer; willst du Hühnermilchen – kannst du haben. Kurz und gut, was er an Wolle zog, war ihm nicht gut genug; von Tarent her hat er Widder gekauft und auf seine Schafe losgelassen."

(Petronius: Das Gastmahl des Trimalchio. Cena Trimalchionis. Lateinisch/deutsch, hrsg. und übers. von W. Ehlers und K. Müller, mit einem Nachwort und Literaturhinweisen von N. Holzberg, Düsseldorf/Zürich 2002, S. 25)

a) Interpretieren Sie – ausgehend vom lateinischen Original – die vorliegende Textstelle nach <u>formalen</u> und <u>inhaltlichen</u> Gesichtspunkten. Untersuchen Sie dabei auch, wie der Sprecher durch seinen Sprachgebrauch charakterisiert wird! (10 BE)

b) Entwickeln Sie, inwieweit die Thematik des vorliegenden Textabschnitts typisch für die *cena Trimalchionis* ist! (6 BE)

Lösungen

Teil A: Übersetzung

Warum gibt niemand seine Fehler zu? Weil er auch jetzt noch in ihnen verharrt. Seine Fehler zu bekennen, ist ein Zeichen der Gesundung. Lasst uns also aufwachen, damit wir unsere Irrtümer aufdecken können! Allein die Philosophie aber wird uns anstacheln, sie allein wird unseren Tiefschlaf (*für* somnum … gravem) vertreiben: Ihr sollst du dich ganz verschreiben (*für* dedicare: weihen)! Du bist ihrer würdig, sie ist deiner würdig: Umarmt einander!
Allen anderen Forderungen (*für* rebus) verweigere dich standhaft! Wenn du krank wärest, hättest du die Sorge um deine beruflichen *(ergänzt)* Geschäfte unterbrochen; mit ganzer Kraft (*für* toto animo) würdest du dich darum kümmern, möglichst schnell von der Krankheit befreit zu werden. Räume alle Hindernisse aus dem Weg und nimm dir Zeit für die richtige seelische Haltung (*für* bonae menti)! Niemand gelangt zu ihr, wenn er zu beschäftigt ist (occupatus: *Participium coniunctum*). Die Philosophie übt ihre Herrschaft aus: Sie schenkt Zeit und bekommt sie nicht. Sie ist nicht Nebensache, sondern *(ergänzt)* Hauptsache. Sie ist die Herrin, sie ist da und befiehlt.
Alexander hat (irgend-)einer Stadt (*für* civitati: Bürgerschaft), die ihm *(ergänzt)* einen Teil ihres Ackerlandes und die Hälfte all ihrer übrigen *(ergänzt)* Besitztümer anbot, geantwortet: „Ich kam mit dem Vorsatz nach Asien, dass ich nicht das annehmen würde, was ihr geben würdet, sondern dass ihr das behalten solltet, was ich übrig lassen würde." Dasselbe antwortet die Philosophie auf alle Forderungen: „Ich bin nicht willens, die Zeit zu bekommen, die euch übrig bleibt, vielmehr werdet ihr die haben, die ich selbst übrig lasse (superfuerit … reiecero: *Futur II*)."
Wende dein ganzes Trachten hierauf, pflege die Philosophie! Ein gewaltiger Abstand wird zwischen dir und den übrigen Menschen entstehen. Allen Sterblichen wirst du weit voraus sein (*wörtl.:* vorausgehen), die Götter werden dir nicht weit voraus sein.
Seneca, Epistulae morales 53, 8–11 (mit Auslassungen)

Teil B: Aufgabenteil

Teil I

1. *Im Folgenden sind mehr als die geforderten zwei Stilfiguren angegeben. Sie sollten sich jedoch auf zwei Beispiele mit jeweils einem Textbeleg beschränken.*

Anapher:	*sola …, sola …*
Alliteration:	*sola somnum; te totum*
Hendiadyoin:	*excitabit, somnum excutiet*
Personifikation:	*philosophia excitabit, … excutiet*
Hyperbaton:	*somnum … gravem*
Parallelismus:	*dignus … es, digna … est*
Polyptoton:	*dignus – digna; illa – illa; alter – alterius*

2. *Im Folgenden sind mehr als die geforderten vier Substantive angegeben. Sie sollten jedoch mit Blick auf die zur Verfügung stehende Zeit nur vier zutreffende Beispiele angeben. Die ersten beiden finden sich im Übersetzungstext. Eine deutsche Übersetzung ist nicht gefordert.*

animus, mens, anima, cor, ingenium, pectus, ratio, spiritus

3. *Anhand von Signalwörtern wie* fama *und* Tyrrheni *lässt sich Vergils* Aeneis *als Textquelle erschließen. Dieses Epos ist, wie Sie wissen, in Hexametern verfasst. Beachten Sie die beiden Elisionen im zweiten Vers.*

Fama volat parvam subito volgata per urbem
ocius ir(e) equites Tyrrhen(i) ad litora regis. *Vergil, Aeneis 8, 554 f.*

4. Cicero, der in Griechenland studiert hatte, war es immer ein großes Anliegen, griechische Wissenschaft und Philosophie (vor allem die Lehren der von Platon gegründeten Akademie) nach Rom zu bringen und in lateinischer Sprache darzustellen. Gerade Zeiten erzwungener politischer Untätigkeit (Verbannung im Jahre 58 v. Chr., Vorherrschaft Caesars nach der Schlacht von Pharsalus 48 v. Chr.) nutzt er für seine literarische Tätigkeit, mit der er griechische Philosophie und Staatstheorie im lateinischen Sprachraum heimisch macht.

5. A 6, B 5, C 1, D 4

Teil II

6. a) *Von den im Folgenden genannten vier Informationen müssen Sie zwei korrekt angeben.*

Die Küche der antiken Römer war sehr einfach.
Das Volk aß vor allem Produkte aus Getreide und Milch.
Fleisch und Fisch gab es nur selten.
Im Mittelalter lebte man dagegen hauptsächlich von Fleisch.

b) *Die Angabe der deutschen Übersetzung zu den lateinischen Begriffen ist nicht verlangt.*

semplicissima	*simplex, simplicis*
carne	*caro, carnis*

7. a) *Achten Sie bereits bei der ersten kursorischen Lektüre auf Schlüsselbegriffe. Signalwörter wie* causa, ratio, di *führen zur richtigen Lösung (Textstelle: Cicero,* De natura deorum *2, 133).*

Die Textstelle ist der Stoa zuzuordnen.

b) *Zwei wesentliche Aspekte mit entsprechenden lateinischen Zitaten genügen.*

Der Sprecher sucht in seiner Eingangsfrage nach einer Ursache (*causa*, Z. 1) für die Erschaffung der Welt (*effectum esse mundum*, Z. 1). Diese stoische Vorstellung steht im Gegensatz zu Epikurs Lehre, die Welt sei durch eine zufällige (*casus*) Zusammenballung von Atomen entstanden.
Der Sprecher beantwortet die Frage selbst mit dem zentralen Begriff der stoischen Lehre: Die Welt wurde geschaffen für Lebewesen, die ihren Verstand (*ratio*) gebrauchen (*animantium, quae ratione utuntur*, Z. 2).
Mit einem Ablativus comparationis werden Götter und Menschen, durch *quibus* (Z. 2) zusammengefasst, als die hervorragendsten Wesen überhaupt bewertet. *Ratio,* pointiert am Satzanfang, also das Denkvermögen, das nach stoischer Auffassung Göttern und Menschen durch ihren Anteil am göttlichen Urfeuer gegeben ist, stellt sie über alle anderen Lebewesen (*ratio … quae praestat omnibus*, Z. 3).

8. *Beachten Sie, dass die Aufgabenstellung innerhalb der drei Aspekte jeweils mindestens eine Gemeinsamkeit und einen Unterschied fordert. Erinnern Sie sich an Ciceros Staatsdefinition, die sicher im Unterricht besprochen wurde.*

Cicero definiert in *De re publica* 1,39 den Staat folgendermaßen: *Est igitur … res publica res populi, populus autem non omnis hominum coetus quoquo modo congregatus, sed coetus multitudinis iuris consensu et utilitatis communione sociatus.*
Der Begriff „Vereinigung", mit dem die Definition des ZEIT-Lexikons beginnt, ist eine genaue Übersetzung des lateinischen Nomens *coetus,* das Cicero zweimal verwendet.
Das Genitivattribut „vieler Menschen" entspricht auch im Kasus Ciceros *multitudinis,* beide Definitionen gehen also davon aus, dass eine kleine Gruppe keinen Staat bildet.
Die moderne Definition geht anschließend auf den geografischen Raum ein, der von den Nachbarstaaten abgegrenzt ist. Dieser Aspekt fehlt bei Ciceros Definition völlig; dass eine *multitudo hominum* auch einen gemeinsamen Lebensraum braucht, wird nicht explizit erwähnt.
Ciceros stark von der Etymologie geprägte Formulierung *res publica res populi* entspricht dem modernen Ausdruck „Staatsvolk". Cicero meint, ein irgendwie zusammengewürfelter Haufen *(quoquo modo congregatus)* verdiene nicht die Bezeichnung „Staat". Voraussetzung sei vielmehr, dass das Volk gemeinsam von der Staatenbildung profitiert *(utilitatis communione),* wozu es keine Entsprechung in der modernen Definition gibt.
Die gemeinsame Staatsangehörigkeit der Mitglieder und die Unterscheidung zwischen „Nationalstaat" und „Nationalitätenstaat" sind dagegen Elemente der modernen Definition, die bei Cicero kein Pendant finden.

Die „souveräne Herrschaftsgewalt", der sich das Volk unterordnet, ist als Präzisierung von Ciceros *iuris consensu* anzusehen, bei der sich das Volk gemeinsam auf ein gültiges Recht einigt.

9. *Fassen Sie die zentralen Aussagen des Textes mit Ihren eigenen Worten zusammen. Es handelt sich um die Stelle Liv. 22,4,4f.*

   - Flaminius gelangte bei Sonnenuntergang an den See und führte am nächsten Tag im Morgengrauen ohne Vorerkundung und bei schlechter Sicht sein Heer durch einen Engpass in die Ebene.
   - Er konnte nur die feindlichen Streitkräfte vor sich in der Ebene sehen, nicht aber die Truppen in seinem Rücken und im höher gelegenen Gelände.
   - Sobald Hannibal mit seiner Armee die Römer zwischen dem See und den Bergen eingeschlossen hatte, gab er all seinen Truppen das Zeichen zum gleichzeitigen Angriff.

10. Horazens Satire fehlt, wie Herrmann richtig darstellt, der oft beißende Spott der modernen Satire, es handelt sich um eher gemütvolle „Plaudereien" (lateinischer Titel: *Sermones*) zu Themen, die ihm am Herzen liegen. Seiner ersten Satire (1,1,24f.) entstammen die berühmten Worte: *Ridentem dicere verum, quid vetat?* Horaz betrachtet mit humorvollem Blick seine Umwelt, selbst der aufdringliche „Schwätzer" in seiner Satire 1,9 ist mit ironischem Wohlwollen und ohne bösen Spott gezeichnet. Oft enthalten seine Satiren Huldigungen an geliebte Menschen (z. B. an Maecenas oder den Vater in Satire 1,6) oder Betrachtungen über die rechte Lebensweise wie in Satire 1,1 oder 2,6 mit ihrer berühmten Parabel von der Stadt- und der Landmaus, mit der Horaz das einfache Leben preist.

11. Ungerecht sind nach Cicero (vgl. *De re publica* 3,35) Kriege, die „ohne Grund" *(sine causa)* unternommen werden, was Obamas Ausdruck „nur unter bestimmten Bedingungen gerechtfertigt" entspricht, allerdings ist die Formulierung des US-amerikanischen Präsidenten hier enger gefasst. Während Obamas Rechtfertigung eines Krieges als letztes „Mittel zur Selbstverteidigung" bei Cicero die Abwehr angreifender Feinde *(propulsandorum hostium)* als gerechter Kriegsgrund entspricht, nennt Cicero auch einen Rachefeldzug als gerechtfertigt *(ulciscendi)*. Von Verhältnismäßigkeit und der Schonung von Zivilisten ist bei Cicero nicht die Rede, der über den zitierten Obama-Text hinaus für die Rechtfertigung eines Krieges noch eine vorausgehende formelle Kriegserklärung anführt.

Teil III

12. a) *Erinnern Sie sich an gelesene Ausschnitte aus dem 4. und 6. Buch der* Aeneis. *Bedenken Sie, dass es sich bei der vorliegenden Passage um eine Rede handelt. Beachten Sie besonders die Pronomina und die 1. Person bei den Verben.*

Im 6. Buch geht Aeneas in die Unterwelt, um, geführt von der Seherin Sibylle, Rat bei seinem verstorbenen Vater zu suchen. Sein Weg führt ihn vorher durch die Trauergefilde, in denen er im Bereich der Selbstmörder seine einstige Geliebte entdeckt, die er im ersten Vers als *infelix Dido* anspricht. Das Unglück spiegelt sich formal in den Längen bis zur Penthemimeres (2 1/2 Spondeen) und dem verneinenden Präfix *in-,* das in Vers 5 mit dem auf Aeneas bezogenen *invitus* eine Parallele findet. Nach der Anrede mit dem Vornamen nennt er sie im 5. Vers distanzierter und respektvoller *regina.* Durch ihren Selbstmord hat sich Dido ihrer Aufgabe als Königin von Karthago entzogen, auf die mit dem Possessivpronomen in *tuo de litore* verwiesen wird. In der rhetorischen Frage (V. 1 f.) sieht Aeneas ein durch Hyperbaton betontes Gerücht als wahr bestätigt, das ihn besonders trifft, wie das eingeschobene Possessivpronomen zeigt (*verus mihi nuntius,* Z. 1). Die Todesumstände werden durch das PPP *exstinctam* nur angedeutet, während die zweite Formulierung *ferro extrema secutam* ihren Selbstmord deutlich anspricht.
In der rhetorischen Frage im Vers 3, die durch den Seufzer *heu* sehr emotional wirkt, nennt er sich selbst den Verursacher mit dem abstrakten *causa* und umschreibt ihren Tod metonymisch mit *funeris* an der betonten ersten Stelle im Vers.
Als eine Art Entschuldigung fungiert der Schwur, er habe sie keineswegs freiwillig verlassen (*iuro ... invitus ... cessi,* V. 3–5). Diesen Eid legt er ab bei den Gestirnen und den Göttern: Die Formulierung *per sidera ... per superos* fällt auf durch Anapher sowie Parallelismus und wird durch Variatio mit einem Bedingungssatz fortgeführt. In dem so entstandenen Trikolon vollzieht sich eine Abwärtsbewegung vom Himmel über die Erde in die Unterwelt, in der Aeneas die vorliegende Rede hält.
Seine Abreise aus Karthago erklärt er in den Versen 6–8 mit den Befehlen der Götter, *iussa deum* wird mit *imperiis ... suis* wieder aufgenommen. Er verzichtet auf die Nennung des Götterboten Merkur, der in Buch 4 Jupiters Weisung überbrachte. Auch die Verben *egere* als Perfekt von *agere* (V. 8) und das auf die Gegenwart bezogene *nunc cogunt* untermauern, dass Aeneas keinen eigenen Handlungsspielraum hat. Die Spondeen in Vers 7 spiegeln dabei metrisch seinen schweren Weg durch die Unterwelt, die er wiederum mit Trikolon und Hyperbaton *(has ... umbras)* beschreibt.
In einem noch ausgeprägteren Hyperbaton, das den ganzen Vers 9 umspannt, skizziert er Didos unermesslichen Schmerz *(hunc ... dolorem),* den er sich so gar nicht vorstellen konnte (*nec credere quivi,* V. 8). Die Personalpronomen stellt er zum Zeichen der einstigen Verbundenheit nebeneinander *(tibi me),* auch wenn er indirekt zugegeben hat, dass sein Liebeskummer doch erträgli-

cher war. Da seine Rede offenbar bisher keine Reaktion bei Dido erzeugte, verwendet er in Vers 9 zwei Imperative: Sie soll stehen bleiben und sich anschauen lassen. Dido, die im Tod ihre Würde zurückerhalten hat, gehorcht nicht, wie die anschließende Frage *quem fugis?* (V. 11) belegt.
Mit dem Verb in der 1. Person *(adloquor),* bei dem auf die Assimilation verzichtet wird, verweist Aeneas letztmalig auf sich. Noch schwerer als der Befehl der Götter wiegt das Schicksal (*fato,* V. 11), dem nach Vergils Vorstellung auch die Götter unterworfen sind. Da Dido stumm bleibt, findet bei der letzten Begegnung *(extremum ... hoc est)* der beiden kein Gespräch statt. Trotz spürbarer Betroffenheit zweifelt Aeneas nicht an der Richtigkeit seines Handelns, da das Schicksal nicht diskutierbar ist.

b) Ganz anders gestaltet sich die Begegnung von Aeneas mit seinem verstorbenen Vater Anchises. Beide vergießen Freudentränen über das Wiedersehen. Anchises hält sich wegen seiner Verdienste im Leben in einem wesentlich angenehmeren Bereich der Unterwelt auf, nahe bei den künftigen Römern, die als Schatten auf ihre Geburt warten.
Anchises, der nach seinem Tod prophetische Fähigkeiten erlangt hat, weist seinen Sohn nach Italien, wo er eine Stadt als neue Heimat der überlebenden Trojaner gründen soll. Er hört auch von seiner künftigen Gattin Lavinia, wodurch der notwendige Abschied von Dido offensichtlich wird. Dass auch im Tod keine Versöhnung möglich ist, bestärkt symbolisch die lange Todfeindschaft zwischen Römern und Karthagern, als deren mythische Ursache ja Didos Fluch unmittelbar vor ihrem Selbstmord fungiert. Während die Unterweltsbegegnung mit Dido eine weitere Prüfung für den Helden darstellte, schöpft der von Entkräftung und Zweifeln geplagte Aeneas durch die Prophezeiungen seines Vaters neuen Mut. Klar erkennt er in der sogenannten „Heldenschau“ das Ziel seines Auftrags.
Zwar ist Aeneas bislang immer – mehr oder weniger widerwillig – dem *fatum* gefolgt, nun aber erschließt sich ihm der Sinn all der Mühen und Gefahren. Er legt den Grundstein für die spätere römische Weltherrschaft, die in Augustus, Vergils Auftraggeber, ihren Höhepunkt findet. Die Heldenschau endet mit den vielleicht berühmtesten Versen, die den römischen Imperialismus verklären und mythologisch legitimieren, womit die *Aeneis* zum römischen Nationalepos wird:
Tu regere imperio populos, Romane, memento,
(hae tibi erunt artes) pacique imponere morem,
parcere subiectis et debellare superbos (Aen. 6,851 f.).

13. a) *Sie sind sich bewusst, dass die Interpretation des lateinischen Textes zeigen muss, wie sich Inhalt und sprachliche Form aufeinander beziehen, wie der Inhalt durch formale Mittel unterstrichen wird, z. B. hier durch bildkräftige Metaphern. Sie stützen Ihre Argumentation durch lateinische Belege.*

Thema des vorliegenden Textes aus *De providentia* ist Senecas Auffassung, dass äußere Glücksgüter (*prosperae res,* Z. 1) nichts über den Charakter dessen aussagen, dem sie zufallen (*et in plebem ac vilia ingenia deveniunt,* Z. 1), während Unglück und Schrecken (starke Antithese mit *at* eingeleitet, Z. 1) eine Bewährungsprobe für den „großen Mann" darstellen (*proprium magni viri,* Z. 2): Mit einer eindrücklichen Metapher, wie häufig bei Seneca aus dem militärischen Bereich stammend, hebt er die Leistung des großen Mannes hervor, der die Widrigkeiten „unters Joch zwingt" (*sub iugum mittere,* Z. 2).
Mit einer schwächeren Antithese *(semper vero ...)* führt Seneca den Aspekt des „immerwährenden Glücks" ein, das wiederum durch eine kräftige Metapher *(sine morsu animi)* farbige Gestalt annimmt, und formuliert in einer Sentenz seine zentrale These: *semper vero esse felicem et sine morsu animi transire vitam ignorare est rerum naturae alteram partem* (Z. 2 f.). Unablässiges Glück bedeute, eine Seite der Natur nicht zu kennen (exponierte Stellung von *naturae alteram partem* am Satzende). Hier erscheint der für die stoische Lehre so wichtige Begriff der „Natur": *secundum naturam vivere* ist ein Leitmotiv der Lebensführung eines stoischen Weisen, der sich der göttlichen Leitung der Welt bewusst ist.
Im zweiten Teil des Textes tritt Seneca in einen fingierten Dialog mit dem Adressaten der Erbauungsschrift ein: *Magnus vir es?* (Z. 4), fragt er den Leser, um ihm sogleich vorzuhalten, dass seine Tugend ohne Bewährung nicht erkennbar sei (Hervorhebung von *fortuna ... facultatem*, Z. 4, durch Alliteration). Der Gedanke wird im folgenden Satz noch einmal eindringlich wiederholt: Dem „tüchtigen Mann" (*bono viro,* Z. 5) müsse sich die Gelegenheit bieten, seine „Seelenkraft" (*vim animi,* Z. 6) unter Beweis zu stellen. Der Gedankengang gipfelt schließlich in dem paradoxen Ausruf: *miserum te iudico, quod numquam fuisti miser* (starke Hervorhebung durch Polyptoton und Chiasmus von *miserum ... miser,* Z. 6 f.). Der Text schließt mit einer Metapher, die wiederum dem militärischen Bereich oder der Arena entnommen ist: „Du bist ohne Gegner durch das Leben gegangen" (*transisti sine adversario vitam,* Z. 7). Niemand würde deine Fähigkeiten (*quid potueris,* Z. 7 f.) kennen, „nicht einmal du selbst" (*ne tu ipse quidem* steht exponiert am Schluss), was schließlich einer fehlenden Selbsterkenntnis gleichkommt.
Zusammenfassend lässt sich feststellen, dass Seneca hier über die übliche stoische Forderung, der Weise müsse gegenüber allen Widrigkeiten des Lebens „stoische Ruhe" (Ideal der *apatheia*) bewahren, weit hinausgeht, indem er zu bewältigende Schwierigkeiten als willkommene Charakterprobe ins Positive wendet.

b) *In Ihrer Darstellung sollte deutlich werden, dass in der epikureischen Philosophie, die auf einer rein materialistischen Weltsicht beruht, die vom Stoiker Seneca geforderte moralische Bewährung des Weisen keine Rolle spielt.*

Für den Epikureer ist die Lust *(voluptas)* das höchste Gut *(summum bonum)*, der Schmerz *(dolor)* das größte Übel. In seiner rein materialistisch gestalteten Weltsicht von einem aus Atomen gebildeten, vom Zufall geprägten Kosmos kann es das Ideal einer moralischen Bewährung durch schwierige Herausforderungen und Leiden, die über den Tod hinaus Bestand hat, nicht geben. Für den Epikureer kommt es weniger darauf an, öffentlich oder privat seinen guten Charakter *(virtus)* unter Beweis zu stellen, als möglichst „ungeschoren" und unbehelligt (Motto: *lathe biosas!* – Lebe im Verborgenen!) durchs Leben zu kommen.
Seneca dagegen fordert eine deutlich erkennbare Bewährung des *sapiens* (vgl. *nemo sciet*, Z. 7). So gesehen könnte der zitierte Seneca-Text als engagiertes Plädoyer gegen epikureisches Gedankengut gelten.

14. a) *Achten Sie auf den Satzbau sowie ungewöhnliche Wortwahl und verschaffen Sie sich anhand von Schlüsselbegriffen einen Überblick über die Thematik.*

Nachdem Trimalchios Gäste ihren gröbsten Hunger gestillt haben, finden die sogenannten Freigelassenengespräche statt, zu denen auch die vorliegende Textpassage gehört. Der Sprecher beschreibt auf Wunsch seines Platznachbarn, des Ich-Erzählers Encolp, die schillernde Figur des Gastgebers Trimalchio, der mit *ipse* (Z. 1) gemeint ist.
Allerdings spricht er nicht, wie das einleitende Pronomen vermuten ließe, von seinem Aussehen oder Charakter, sondern von seinem Vermögen.
Die immense Größe von Trimalchios Ländereien bemisst er statt einer Zahlenangabe bildhaft mit der Reichweite eines Habichts *qua milvi volant,* was darauf schließen lässt, dass er es wohl selbst nicht genauer weiß. Das riesige Barvermögen betont er zunächst mit dem Polyptoton *nummorum nummos* (Z. 1), das mit dem Edelmetall *argentum* (Z. 1) betont am Satzanfang fortgeführt wird. Damit könnten Silbermünzen oder Silbergeschirr gemeint sein. Jedenfalls lagert Trimalchio wahre Unmengen (*plus … quam quisquam in fortunis habet,* Z. 2) in der Portiersloge neben dem Eingang (*in ostiarii illius cella,* Z. 1 f.). Die Wahl eines so exponierten Ortes lässt auf Trimalchios Protzerei, aber auch auf eine gewisse Unbekümmertheit schließen. Vermögen wurde in der Antike am sichersten in Tempeln aufbewahrt. Abhängig von *plus* müsste eigentlich der Genitivus partitivus *argenti* stehen. Der Sprecher ist wohl nicht mehr ganz nüchtern und beherrscht Latein nur annähernd.
Ein weiterer wesentlicher Vermögensbestandteil sind die als *familia* (Z. 2) bezeichneten Sklaven, die so zahlreich sind, dass nur ein Zehntel den Herrn kennt (*decumam partem esse, quae dominum suum noverit,* Z. 3 f.). Logischer wäre die umgekehrte Formulierung, Trimalchio kenne nur die 10 Prozent, die bei ihm im Haus und nicht auf den Latifundien arbeiten.
Der emotionale, ursprünglich aus dem Griechischen stammende Ausruf *babae* bedeutet so viel wie „bravo" und spiegelt, zumal in der Verdoppelung, die Gefühle des Sprechers, die in einer Mischung aus Bewunderung und Neid bestehen dürften. Er bemerkt wohl nicht, dass auch er selbst durch sei-

ne Ausdrucksweise zu den schmeichlerischen Bravo-Rufern gehört, die er im nächsten Satz verächtlich als *isti babaecali* (vgl. Z. 4) bezeichnet, weil ihnen Trimalchio haushoch überlegen ist. Sie sind so unbedeutend, dass der Hausherr sie „in ein Blatt einwickeln" kann, so lautet die Metapher des Sprechers (*in rutae folium coniciet,* Z. 4).

Große Bewunderung zollt er nun Trimalchios wirtschaftlicher Unabhängigkeit: *omnia domi nascuntur* (Z. 5). Auch wenn man *nasci* etwas abstrakter im Sinn von „entstehen" auffasst, mutet die folgende Aufzählung mit Trikolon und Asyndeton *(lana, citrea, piper)* doch seltsam an. Da Pfeffer anders als Zitrusfrüchte auch heute noch nicht in Italien wächst, muss Trimalchio also sehr weit entfernte Ländereien besitzen oder der Sprecher übertreibt. Hühnermilch gab es weder in der Antike noch heute. Zudem bildet der Erzähler den Akkusativ falsch (*lacte gallinaceum,* Z. 6) und liefert damit einen Beweis, dass von ungebildeten Leuten das Neutrum bei Wörtern wie *lac* nicht mehr beherrscht wurde und später in den romanischen Sprachen ausstarb. Ungeschickt verwendet der Freigelassene zum zweiten Mal den Ausdruck *ad summam* (Z. 4, 6), der eigentlich dazu dient, eine Zusammenfassung auf den Punkt zu bringen und bei dem abgehackten Erzählstil völlig überflüssig ist, da immer nur Themen angerissen werden. Von der in Zeile 5 genannten Wolle erfahren wir nun, dass sie von minderer Qualität war (*parum illi bona lana nascebatur,* Z. 6 f). Diese Aussage müsste eigentlich als Kausalsatz formuliert sein, um eine sinnvolle Verbindung zum letzten Satz herzustellen. Zur Verbesserung seiner Wollqualität kauft der Händler Trimalchio Widder aus Tarent, woher offensichtlich die besten ihrer Art stammen. Die Kreuzung mit den eigenen weiblichen Herdentieren beschreibt der Freigelassene mit dem obszönen Verb *culavit* (Z. 7), womit er letztmalig sein geringes Niveau unter Beweis stellt.

Die Bereitschaft des Sprechers, metaphernreich über das Vermögen des Gastgebers zu reden, und sein fehlerhaftes Latein, das geprägt ist von parataktischem Satzbau, zeigen, anders als die inhaltlich wie sprachlich geschliffenen Sätze eines Cicero, Seneca, Livius oder eines römischen Dichters, wie und worüber ungebildete Schichten sprachen, auch wenn Petron hier sicher satirisch übertreibt.

b) Die im Text dargestellten Themen „sozialer Aufstieg" und „materieller Erfolg" sind typisch für die *cena Trimalchionis*. Trimalchio selbst ist so stolz auf seinen Aufstieg, dass er die verschiedenen Etappen seiner Karriereleiter in einem Wandgemälde im Speisesaal hat festhalten lassen (Kapitel 29). Seinen persönlichen Auftritt im Triclinium inszeniert er in Kapitel 32, indem er unter Musikbegleitung einmarschiert und mit protzigem Schmuck Reichtum zur Schau stellt. In Kapitel 34 betont Trimalchio, dass er den besten und teuersten Wein, angeblich hundertjährigen Falerner, ausschenkt. Selbst die Hände der Gäste werden mit Wein gewaschen, heruntergefallenes Silber mit dem Müll hinausgekehrt.

Auch in den weiteren Gesprächen der Freigelassenen ist viel von großem Reichtum nach bescheidenen Anfängen die Rede. Der Aufstieg des jüngst verstorbenen Chrysanthus (Kapitel 42 f.) klingt wie die antike Version des „American Dream“.
Von Trimalchios riesiger Sklavenschar bekommt man in Kapitel 74 eine Vorstellung, da von ganzen Abteilungen *(classis)* die Rede ist, die sich allein beim Bedienen abwechseln. Die meisten Parallelen zeigt jedoch Trimalchios eigene stolze Schilderung seiner Karriere (Kapitel 75 f.), in der er keine Peinlichkeit auslässt.

Abitur Latein (Bayern)
2012

Teil A: Übersetzung

Der Weg zur Weisheit – mühsam, aber lohnend

In einem Brief an Lucilius beschreibt Seneca, was den Weisen auszeichnet und zum Vorbild macht: Wie alle anderen Menschen ist er den Belastungen des Lebens ausgesetzt, weiß sie aber zu tragen.

Sapienti viro nihil mali potest evenire. Stat rectus sub quolibet pondere. Nulla illum res minorem facit; nihil illi eorum, quae ferenda sunt, displicet. Nam quidquid cadere in hominem potest, id in se cecidisse non queritur. Vires suas novit; scit se esse[1] oneri ferendo.

Non educo[2] sapientem ex hominum numero nec dolores ab illo summoveo sicut ab aliqua rupe nullum sensum admittente. Memini ex duabus illum partibus esse compositum: Altera est irrationalis, haec mordetur, uritur, dolet; altera rationalis, haec inconcussas opiniones habet, intrepida est et indomita. In hac positum est summum illud hominis bonum. Antequam impleatur[3], incerta mentis volutatio est; cum vero perfectum est, immota illi stabilitas est.

Sapiens quidem vincit virtute fortunam; at multi professi sapientiam[4] levissimis nonnumquam minis exterriti sunt. Instemus itaque, mi Lucili, et perseveremus! Plus, quam profligavimus[5], restat, sed magna pars est profectūs[6] velle proficere. Huius rei conscius mihi sum: Volo et mente tota volo. Te quoque instinctum[7] esse et magno ad pulcherrima properare impetu video. Properemus! Ita demum vita beneficium erit.

1 esse (m. Dat. des Gerundivs)	fähig sein zu etwas
2 educere	*hier:* herausnehmen
3 implere	*hier:* vollständig erreichen
4 profiteri sapientiam	*hier:* sich zur Philosophie bekennen
5 profligare	*hier:* bewältigen
6 profectus, -ūs	Fortschritt
7 instinctus, -a, -um	*hier Adj.:* begeistert

Teil B: Aufgabenteil

Teil I

*Bearbeiten Sie von den folgenden fünf Aufgabenstellungen **vier** Aufgaben nach eigener Wahl! Erreichbar sind je vier Bewertungseinheiten.*

1. Geben Sie aus folgendem Ausschnitt des Übersetzungstextes zwei Stilfiguren mit den entsprechenden lateinischen Belegstellen an!

   Memini ex duabus illum partibus esse compositum: Altera est irrationalis, haec mordetur, uritur, dolet; altera rationalis, haec inconcussas opiniones habet, intrepida est et indomita.

2. Wählen Sie aus den folgenden Formen die vier aus, bei denen es sich um ein Gerundium handeln kann!

   amandi – ~~descendo~~ – exeundo – ferendo – ~~iucundi~~ – ~~loquendis~~ – ~~mundum~~ – patiendo

3. Analysieren Sie die folgenden Verse metrisch, indem Sie Längen und Kürzen auf Ihr Arbeitsblatt schreiben und die einzelnen Verselemente (Metren) gegeneinander abgrenzen!

   Ipse inter primos praestanti corpore Turnus

   vertitur arma tenens et toto vertice supra est.

4. Beschreiben Sie zwei charakteristische Merkmale der stoischen Philosophie, die sich gut mit traditionellen römischen Wertvorstellungen vereinbaren ließen!

   → politische Betätigung
   → Kardinaltugenden

5. Geben Sie zwei konkrete Beispiele aus verschiedenen Bereichen an, welche die folgende Aussage des Horaz stützen!

   Graecia capta ferum victorem cepit et artes

   intulit agresti Latio.

   Übersetzung

   Griechenland ward jetzt unterworfen; doch unterwarf es sich selbst seinen rauhen Besieger, brachte ihm die Künste ins ländliche Latium.

   (Quintus Horatius Flaccus: Sämtliche Werke. Lateinisch/deutsch, mit den Holzschnitten der Straßburger Ausgabe von 1498, mit einem Nachwort hg. von B. Kytzler, Stuttgart 2006, S. 604 f.)

   • Philosophie kam von Athen nach Rom
   • Epos von Homer wurde von Vergil übernommen

Teil II

Bearbeiten Sie von den folgenden sechs Aufgabenstellungen ***drei*** *Aufgaben nach eigener Wahl! Erreichbar sind je sechs Bewertungseinheiten.*

6. a) Erfassen Sie zwei wesentliche Informationen, die im folgenden italienischen Text über Shakespeares Werk *Julius Caesar* enthalten sind!

   b) Führen Sie die beiden unterstrichenen italienischen Wörter auf ihren lateinischen Ursprung zurück!

   La tragedia „Giulio Cesare" fu scritta e rappresentata per la prima volta nel 1599. Cassio organizza una congiura con il suo amico Bruto e altri cinque cospiratori. Bruto giustifica la sua azione con la necessità di difendere la repubblica romana e le sue istituzioni.

   (Bufano, M. L.: Contesti, scritture, confronti. Le strutture e i temi della poesia e del teatro, Padova 2006, S. 389)

7. Belegen Sie aus Ihrer Kenntnis von Horaz' Satirendichtung, dass folgende Aussage des Philologen Niklas Holzberg zutrifft! Drei wesentliche Gesichtspunkte genügen. · Stand und Landmaus · Schwätzersatire

   „Worin bestand für Horaz die Freiheit eines Satirikers? Er attackierte im Gegensatz zu Lucilius keineswegs prominente Persönlichkeiten wie etwa republikanische Politiker, sondern ganz allgemein moralische Schwächen seiner Mitmenschen, die ihm als besonders charakteristisch für seine Epoche galten."

   (Holzberg, N.: Horaz, Dichter und Werk, München 2009, S. 32)

8. Erläutern Sie, welches Verständnis von politischer Betätigung Cicero im folgenden Textauszug aus seinem Werk *De re publica* vertritt! Drei wesentliche Aspekte genügen.

   Neque enim est ulla res, in qua propius ad deorum numen virtus accedat humana, quam civitates aut condere novas aut conservare iam conditas.

   Übersetzung

   Denn es gibt nichts, wobei menschliche Vollkommenheit näher an der Götter Walten heranreichte, als neue Staaten zu gründen oder schon gegründete zu bewahren.

   (Marcus Tullius Cicero: De re publica. Vom Gemeinwesen. Lateinisch/deutsch, übers. und hg. von K. Büchner, Stuttgart 1979, S. 100 f.)

9. a) Erschließen Sie den Sprecher der folgenden Worte!

   b) Auf welche Gesichtspunkte stützen Sie Ihre Entscheidung? Zwei Gesichtspunkte mit Belegen aus dem Text genügen.

   „Sum […], raptos qui ex hoste penates
   classe veho mecum, fama super aethera notus.
   Italiam quaero patriam, et genus ab Iove summo.

[…]
Ipse ignotus, egens, Libyae deserta peragro,
Europa atque Asia pulsus."

10. Paraphrasieren Sie kurz die folgende Passage aus dem dritten Buch von Ciceros Werk *De re publica*, wo die Meinung von Personen referiert wird, die sich kritisch-distanziert über den Weisen äußern!

Negant sapientem idcirco virum bonum esse, quod eum sua sponte ac per se bonitas et iustitia delectet, sed quod vacua metu, cura, sollicitudine, periculo vita bonorum virorum sit, contra autem improbis semper […] ante oculos iudicia et supplicia versentur.

(Marcus Tullius Cicero: De re publica. Vom Gemeinwesen. Lateinisch/deutsch, übers. und hg. von K. Büchner, Stuttgart 1979, S. 274 f.)

11. Weisen Sie anhand des folgenden lateinischen Textes nach, dass Lucretia von Livius zum Idealbild einer römischen Frau stilisiert wird! Drei wesentliche Aspekte genügen.

Adventu suorum lacrimae obortae, quaerentique viro „Satin salve?" „Minime" inquit; „quid enim salvi est mulieri amissa pudicitia? Vestigia viri alieni, Collatine, in lecto sunt tuo; ceterum corpus est tantum violatum, animus insons; mors testis erit. Sed date dexteras fidemque haud impune adultero fore! Sextus est Tarquinius, qui hostis pro hospite priore nocte vi armatus mihi sibique, si vos viri estis, pestiferum hinc abstulit gaudium. […] Ego me etsi peccato absolvo, supplicio non libero; nec ulla deinde impudica Lucretiae exemplo vivet."

Übersetzung
Bei der Ankunft der Ihren bricht sie in Tränen aus und auf die Frage ihres Mannes „Steht alles gut?" antwortet sie: „Keineswegs. Wie könnte es auch gut stehen um eine Frau, die ihre Ehrbarkeit verloren hat! Die Spuren eines fremden Manns sind in deinem Bett, Collatiner; doch ist mir nur der Leib entehrt, das Herz ist schuldlos; mein Tod wird dafür Zeugnis ablegen! Doch gebt mir Hand und Wort, dass der Schänder nicht straflos ausgehen wird! Sextus Tarquinius ist es, der sich als Feind und nicht als Gast mit Gewalt und bewaffnet hier eine mir und – wenn ihr Männer seid – auch ihm Verderben bringende Freude genommen hat. […] Ich aber befreie mich, auch wenn ich mich von Schuld freispreche, nicht von der Strafe; es soll künftig keine Schamlose unter Berufung auf Lucretia leben dürfen!"

(Titus Livius: Ab urbe condita, Liber I. Römische Geschichte, 1. Buch. Lateinisch/deutsch, übers. und hg. von R. Feger, Stuttgart 1981, S. 174–177)

Teil III

Bearbeiten Sie von den folgenden drei Aufgabenstellungen ***eine*** *Aufgabe nach eigener Wahl! Die Bearbeitung dieser Aufgabe kann auch in einer zusammenhängenden Darstellung ohne Trennung in Teilaufgaben erfolgen. Erreichbar sind insgesamt 16 Bewertungseinheiten.*

12. **Petron, *Satyrica* 44,1–5**

In den Freigelassenengesprächen der *cena Trimalchionis* findet sich folgender Redebeitrag eines Gastes:

Haec Phileros dixit, illa Ganymedes: „Narratis, quod nec ad caelum nec ad terram pertinet, cum interim nemo curat, quid annona mordet. Non mehercules hodie buccam panis invenire potui. Et quomodo siccitas perseverat! Iam annum esuritio fuit. Aediles male eveniat, qui cum pistoribus colludunt ‚serva me, servabo te'. Itaque populus minutus laborat; nam isti maiores maxillae semper Saturnalia agunt. O si haberemus illos leones, quos ego hic inveni, cum primum ex Asia veni. Illud erat vivere."

Übersetzung

Diese Rede tat Phileros, und folgende Ganymedes: „Ihr erzählt, was weder Hinz noch Kunz interessiert, und dabei kümmert sich niemand darum, was der Kornpreis zwackt. Weiß Gott, ich habe heute keinen Happen Brot auftreiben können. Und wie die Dürre anhält! Schon ein Jahr dauert die Hungerleiderei. Unsere Ädilen soll das Genick brechen, die mit den Bäckern das Spielchen machen ‚Hilfst du mir, helf ich dir'! So müssen also die kleinen Leute büßen; denn die Fettbäuche da feiern alle Tage Karneval. Ach, wenn wir die Bärenkerle von früher hätten, die ich hier vorfand, als ich eben aus Kleinasien kam. Das war noch ein Leben."

(Petronius: Satyrica. Schelmenszenen. Lateinisch/deutsch, von K. Müller und W. Ehlers, mit einer Bibliographie von N. Holzberg, Düsseldorf/Zürich ⁵2004, S. 78–81)

a) Interpretieren Sie – ausgehend vom lateinischen Original – die vorliegende Textstelle nach formalen und inhaltlichen Gesichtspunkten! (10 BE)

b) Vergleichen Sie, wie Einstellung und Lebensumstände des Ganymedes und des Trimalchio in den *Satyrica* jeweils dargestellt werden! (6 BE)

13. **Cicero, *De finibus bonorum et malorum* 1,43**

In einer philosophischen Diskussion äußert sich der römische Politiker Torquatus folgendermaßen über die Philosophie Epikurs:

Nam cum ignoratione rerum bonarum et malarum maxime hominum vita vexetur, ob eumque errorem et voluptatibus maximis saepe priventur et durissimis animi doloribus torqueantur, sapientia est adhibenda, quae et terroribus cupiditatibusque detractis et omnium falsarum opinionum temeritate derepta certissimam se nobis ducem praebeat ad voluptatem. Sapientia enim est una, quae maestitiam pellat ex animis, quae nos exhorrescere metu non sinat.

Qua praeceptrice in tranquillitate vivi potest omnium cupiditatum ardore restincto. Cupiditates enim sunt insatiabiles, quae non modo singulos homines, sed universas familias evertunt, totam etiam labefactant saepe rem publicam.

Übersetzung

Da nämlich das Leben der Menschen vor allem durch die Unkenntnis des Guten und Schlechten beunruhigt wird und die Menschen wegen dieser ihrer Unkenntnis sich oft der größten Lust berauben und sich von den härtesten Schmerzen der Seele quälen lassen, muss man die Weisheit zu Hilfe rufen, die ja die Furcht und die Begierde zu beseitigen, die Unbedachtheit aller falschen Meinungen zu überwinden vermag und die sich uns doch als die sicherste Führerin zur Lust anbietet. Es gibt nämlich nur diese eine Weisheit, die fähig ist, den Kummer aus der Seele zu vertreiben, und uns daran hindert, in Furcht zu erstarren; gehorchen wir ihren Vorschriften, so können wir in Ruhe leben, nachdem der Brand aller Begierden gelöscht worden ist. Die Begierden nämlich sind unersättlich und ruinieren nicht nur die einzelnen Menschen, sondern auch ganze Familien und bringen oftmals sogar den Staat selbst ins Wanken.

(Marcus Tullius Cicero: Über die Ziele des menschlichen Handelns. De finibus bonorum et malorum. Hg., übers. und kommentiert von O. Gigon und L. Straume-Zimmermann, Düsseldorf / Zürich ²2002, S. 42–45)

a) Interpretieren Sie – ausgehend vom lateinischen Original – die vorliegende Textstelle nach formalen und inhaltlichen Gesichtspunkten! (10 BE)

b) Arbeiten Sie aus dem Text heraus, inwiefern die Ausführungen des Torquatus Berührungspunkte mit stoischem Gedankengut aufweisen, sich aber auch von diesem unterscheiden! (6 BE)

14. **Vergil, *Aeneis* 4,223–231.235–237**

Da sich Aeneas schon zu lange bei Dido in Karthago aufhält, gibt Jupiter dem Götterboten Merkur folgenden Auftrag:

„Vade age, nate, voca Zephyros et labere pennis
Dardaniumque ducem, Tyria Karthagine qui nunc
exspectat fatisque datas non respicit urbes,
adloquere et celeres defer mea dicta per auras.
Non illum nobis genetrix pulcherrima talem
promisit Graiumque ideo bis vindicat armis;
sed fore, qui gravidam imperiis belloque frementem
Italiam regeret, genus alto a sanguine Teucri
proderet ac totum sub leges mitteret orbem.
[...]
Quid struit? Aut qua spe inimica in gente moratur
nec prolem Ausoniam et Lavinia respicit arva?
Naviget! Haec summa est, hic nostri nuntius esto."

Übersetzung

„Eile, mein Sohn, rufe die Westwinde und gleite auf deinen Flügeln hinab, wende dich an den Dardanerfürsten, der jetzt im tyrischen Karthago verharrt, ohne sich noch um die ihm vom Fatum bestimmten Städte zu kümmern, und überbringe ihm meine Worte durch die schnell dahintragenden Lüfte. Nicht so hat seine schöne Mutter ihn uns verheißen, nicht dafür ihn zweimal vor den Waffen der Griechen bewahrt; sondern er sollte das herrschaftsträchtige und waffentobende Italien lenken, das Geschlecht vom edlen Blut des Teucer weiterführen und den ganzen Erdkreis seinen Gesetzen unterwerfen. [...] Was hat er vor? Oder welche Hoffnung bestimmt ihn, sich bei dem feindlichen Volk aufzuhalten und sich um Ausoniens Nachwuchs und Laviniums Fluren nicht zu kümmern? Abfahren soll er! Das ist das Wichtigste, dies sei unsere Botschaft."

(P. Vergilius Maro: Aeneis, 3. und 4. Buch. Lateinisch/deutsch, übers. und hg. von E. und G. Binder, Stuttgart 2006, S. 88–93)

a) Interpretieren Sie – ausgehend vom lateinischen Original – die vorliegende Textstelle nach <u>formalen</u> und <u>inhaltlichen</u> Gesichtspunkten! (10 BE)

b) Entwickeln Sie ausgehend von der vorliegenden Textstelle, welche Funktionen Anspielungen auf die Geschichte Roms in der *Aeneis* haben! (6 BE)

Lösungen

Teil A: Übersetzung

Dem weisen Mann *(gemeint ist der Philosoph)* kann nichts Schlimmes zustoßen. Er steht aufrecht unter jeder Last. Nichts macht ihn kleiner; nichts von dem, was zu ertragen ist, ist ihm zuwider. Denn was auch immer einen Menschen treffen kann (*für* cadere in hominem: auf einen Menschen fallen kann), er beklagt sich nicht, dass es ihn getroffen hat. Er kennt seine Kräfte; er weiß, dass er fähig ist, die Last zu tragen (oneri ferendo: *Dativus finalis*).
Ich nehme den Weisen nicht aus der Zahl der Menschen heraus und halte auch nicht Schmerzen von ihm fern wie von irgendeinem Felsen, der kein Gefühl zulässt. Ich denke daran, dass er aus zwei Teilen zusammengesetzt ist: Der eine ist ohne Vernunft (*für* est irrationalis), dieser wird gequält (*für* mordetur: er wird gebissen), er wird gebrannt, er empfindet Schmerz; der andere verfügt über Vernunft, dieser hat unerschütterliche Grundsätze (für *opiniones:* Meinungen), er ist furchtlos und unbezwingbar. In ihm ist jenes höchste Gut des Menschen gelegen. Bevor es vollständig erreicht wird, gibt es noch *(ergänzt)* ein unsicheres Schwanken des Geistes; wenn es (= *das höchste Gut, nämlich die* virtus) aber vollendet ist, verfügt es über unveränderliche Beständigkeit.
Jedenfalls besiegt der Weise mit seiner Tugend das Schicksal; aber viele, die sich zur Philosophie bekannt haben, sind manchmal durch die geringfügigste Bedrohung erschreckt worden. Bleiben wir deshalb hartnäckig, mein Lucilius, und bleiben wir beharrlich! Mehr, als wir bewältigt haben, steht noch bevor, aber ein großer Teil des Fortschritts ist es bereits *(ergänzt),* fortschreiten zu wollen. Dessen bin ich mir bewusst: Ich will und ich will mit ganzem Herzen. Dass auch du begeistert bist und mit großem Eifer auf die schönsten Ziele *(ergänzt)* zueilst, sehe ich. Beeilen wir uns! So wird unser *(ergänzt)* Leben schließlich ein Geschenk sein.

Seneca, Epistulae morales ad Lucilium 71, 26 – 36 (mit Auslassungen)

Teil B: Aufgabenteil

Teil I

1. *Der Text bietet eine Ballung von Stilfiguren. Beschränken Sie sich aber auch aus Zeitgründen auf zwei rhetorische Figuren und belegen Sie diese eindeutig am Text.*

Hyperbaton:	*duabus … partibus*
Anapher:	*altera … altera; haec … haec*
Asyndeton:	*mordetur, uritur, dolet*
Trikolon:	*mordetur, uritur, dolet*
Klimax:	*mordetur, uritur, dolet; haec inconcussas opiniones habet, intrepida est et indomita*

Parallelismus:	*altera est irrationalis, altera rationalis*
Ellipse:	*altera est … altera*
Antithese:	*irrationalis , rationalis*

2. amandi – exeundo – ferendo – patiendo

3. *Anhand von Signalwörtern wie* Turnus *und* arma *lässt sich Vergils* Aeneis *erschließen. Dieses Epos ist, wie Sie wissen, in Hexametern verfasst. Beachten Sie die Elision zu Beginn des ersten Verses und die Aphärese am Ende des zweiten.*

   – –|– –|– –|– –| – ∪ ∪| – ∪
   Ips(e) inter primos praestanti corpore Turnus

   – ∪ ∪|– ∪ ∪|– –| – –| – ∪ ∪| – –
   vertitur arma tenens et toto vertice supra (e)st. *Vergil, Aeneis, 7,783f.*

4. *Es genügt, unter mehreren Merkmalen zwei Ihnen charakteristisch erscheinende auszuwählen.*

   Das Streben nach Tugend und Tapferkeit *(virtus)* zur Bewältigung des Lebens steht im Mittelpunkt stoischer und auch römischer Wertvorstellungen. Die *constantia* des stoischen Weisen und seine *apatheia* gegenüber Schicksalsschlägen eignet sich auch für den römischen Politiker, der im Einsatz für die *res publica* sein *officium* erfüllt und sich nicht von Staatsfeinden Furcht einjagen lässt.

5. *Auch hier genügen zwei Ihnen präsente Beispiele für den Einfluss des „besiegten Griechenlands" auf Rom. Es handelt sich beim lateinischen Text um die Stelle* Epistulae *2,1,156f.*

   Horaz ist selbst das beste Beispiel für seine Aussage, indem er literarische Gattungen aus Griechenland in Rom einführte, so etwa die Jambendichtung (*Iambi,* vgl. die Epoden). Besonders bedeutend wurde seine Erschließung der frühgriechischen Lyrik (Sappho, Alkaios u. a.) für Rom (Oden/Carmina). Auf ganz anderem Gebiet führte die umfangreiche Einfuhr von griechischen Kunstgegenständen und Luxusgütern zu einer zunehmenden Hellenisierung der römischen Mentalität.

Teil II

6. a) *Nennen Sie zwei der drei wesentlichen Informationen des Textes.*

   Shakespeares Tragödie „Julius Caesar" entstand 1599 und wurde im selben Jahr uraufgeführt.
   Cassius, Brutus und weitere fünf Mittäter initiieren eine Verschwörung.
   Brutus rechtfertigt sein Vorgehen mit der Begründung, es sei notwendig, die römische Republik und ihre Staatsorgane zu verteidigen.

b) *Die Angabe der deutschen Übersetzung zu den lateinischen Begriffen ist ebenso wenig verlangt wie das Nennen der Stammformen des Verbs.*

scritta	*scripta* oder *scribere*
azione	*actio, -onis* oder *agere*

7. *Erinnern Sie sich an die gelesenen Horaz-Texte. Wahrscheinlich handelt es sich um die Satiren 1,1, 1,9 und/oder 2,6. Sicher haben Sie in diesem Zusammenhang über Horaz und seine Zeit gesprochen und können allgemeine Kenntnisse reaktivieren.*

Freiheit ist für Horaz, den Sohn eines Freigelassenen, sicher ein sehr hohes Gut. So ist sein ganzes Denken einerseits von seiner Dankbarkeit gegenüber seinem Gönner Maecenas und dem Kaiser Augustus geprägt, andererseits hätte er für nichts auf der Welt seine geistige Freiheit aufgegeben. Er vermeidet eine allzu enge Bindung an das Kaiserhaus und genießt die Freiheit des Satirikers.
In der Satire 1,1 stellt er fest, dass fast jeder unzufrieden mit seinem Beruf ist, dessen Nachteile er kennt, und unreflektiert andere beneidet, ohne im Ernstfall tauschen zu wollen: Der Soldat beneidet den Kaufmann, der Jurist den Bauern und umgekehrt. Horaz spricht von typischen Vertretern ihres Berufsstands und hat bei seiner Kritik keine bestimmte Person im Visier. Insbesondere warnt er in der Satire 1,1 vor Geldgier sowie Geltungssucht und mahnt zur Bescheidenheit. Damit prangert er definitiv menschliche Schwächen an, die aber nicht auf seine Epoche beschränkt sind. Das weit verbreitete Laster der *avaritia* lässt den einen fast an seinem Geiz ersticken und erzeugt beim anderen zu hohe Risikobereitschaft aufgrund seiner Habsucht. Stattdessen verweist Horaz auf den goldenen Mittelweg des Aristoteles, ohne bestimmte Zeitgenossen namentlich zu nennen.
In der sogenannten „Schwätzersatire" 1,9 führt Horaz eine eitle, selbstverliebte Nervensäge vor. Der namenlose *garrulus* steht stellvertretend für viele Neider seiner Epoche, die eine Mitgliedschaft im Maecenaskreis anstreben und mit Talenten prahlen, die dort keineswegs gefragt sind. Er empfiehlt sich als Tänzer, Sänger und Fließbandproduzent von Versen, während in dem elitären Dichterkreis Klasse statt Masse geschätzt wird und Konkurrenz angeblich ein Fremdwort ist.
In der Satire 2,6 bevorzugt Horaz gegenüber dem Typus des ehrgeizigen, Luxus liebenden, aber letztlich inmitten der Hektik unglücklichen Großstadtmenschen den bescheidenen und zufriedenen Landmann. Dieselbe Aussage spiegelt sich auch in der Fabel von der Stadt- und der Landmaus, die diese Satire beendet.
Holzbergs Aussage ist also völlig zutreffend. Wenn Horaz bestimmte Zeitgenossen vor Augen hatte, bleibt das sein Geheimnis.

8. *Es handelt sich um die Textstelle rep. 1,12. Um die volle Zahl der Bewertungseinheiten zu erreichen, sollten Sie drei Gesichtspunkte, die sich am lateinischen Text orientieren, erläutern.*

Cicero begründet sein Plädoyer für den Staatsdienst metaphysisch, indem er behauptet, die Tüchtigkeit des Staatsmannes verbinde ihn mit den Göttern *(ad deorum numen virtus accedat).* Auf diese Weise wird Ciceros hohe Auffassung vom Einsatz des Einzelnen für die *res publica* deutlich.
Diese Grundhaltung folgt der stoischen Philosophie, nach der der Mensch in seiner Vernunft *(ratio)* Teil an dem die Welt prägenden göttlichen Feuer habe. Daraus ergibt sich auch eine moralische Aufgabe: Wie die Götter den Kosmos umsichtig lenkten, so habe der Staatsmann die ihm anvertraute Welt der *res publica* zu leiten.
Dabei macht Cicero deutlich, dass nicht nur mythische Staatsgründer wie etwa der divinisierte Romulus entsprechende *exempla* dieser *virtus* geboten haben *(civitates aut condere novas)*, sondern auch spätere Politiker wie Cicero selbst, der sein Leben dem Einsatz für die *res publica* gewidmet hat und des Öfteren auf sein Verdienst hinweist, den Staat als Konsul durch die Aufdeckung der Catilinarischen Verschwörung gerettet zu haben *(aut conservare iam conditas).*

9. a) *Beachten Sie das Versmaß als wesentliches Gattungsmerkmal.*

Aeneas spricht diese Verse in Vergils *Aeneis.*

b) *Detailliertes Leseverstehen ist nicht gefordert, konzentrieren Sie sich auf Schlüsselbegriffe, vor allem Eigennamen. Zwei wesentliche Aspekte mit den entsprechenden lateinischen Zitaten genügen. Bei der Textstelle handelt es sich um Aen. 1,378–380.384f.*

Aeneas rettete die Hausgötter bei seiner Flucht aus dem brennenden Troja vor den Griechen, die die Stadt erobert hatten (*raptos ... ex hoste penates,* V. 1). Zusammen mit den überlebenden Trojanern führt er sie mit sich über das Meer (*classe veho mecum,* V. 2). Für sich, die überlebenden Trojaner und die Hausgötter sucht er eine neue Heimat, das von den Göttern prophezeite Italien (*Italiam quaero patriam,* V. 3).
Als Sohn der Göttin Venus ist Aeneas ein Enkel des höchsten Gottes Jupiter (*genus ab Iove summo,* V. 3) und als solcher sowie durch seine Taten bei den Himmelsbewohnern bekannt (*fama super aethera notus,* V. 2). Dagegen ist Aeneas an der nordafrikanischen Küste unbekannt (*ipse ignotus ... Libyae deserta peragro,* V. 5).
Seinen bisherigen Irrfahrten führten ihn von Asien über Europa (*Europa atque Asia pulsus,* V. 6) nach Nordafrika (*Libyae deserta,* V. 5), wo er mittellos strandete (*egens,* V. 5).

10. *Fassen Sie die zentralen Aussagen des Textes mit Ihren eigenen Worten zusammen. Es handelt sich um die Stelle rep. 3, 26.*

Die angeführten Personen (es sind Anhänger Epikurs gemeint) sind der Meinung, dass der Weise nicht deshalb ein guter Mensch sei, weil ihm Moral und Recht von sich aus am Herzen lägen, sondern weil das Leben guter Menschen frei von jeglicher Beunruhigung und Gefahr sei. Schlechte Menschen dagegen müssten immer mit Gerichtsverfahren und Strafen rechnen.

11. *Es handelt sich beim vorliegenden Text um Liv. 1, 58, 7–10.*

Livius zeichnet hier das beispielhafte Idealbild einer römischen Matrone, für die eheliche Treue und Keuschheit (*pudicitia,* Z. 2) eine Kardinaltugend darstellen. Dabei nimmt Lucretia selbst den Begriff des *exemplum* in den Mund und sieht ihre Handlungsweise als Muster für künftige Generationen (*nec ulla deinde impudica Lucretiae exemplo vivet,* Z. 7). Denn trotz ihrer Schuldlosigkeit (*animus insons,* Z. 3) ist ihr Selbstmord die ihrer Auffassung nach notwendige Konsequenz (*mors testis erit,* Z. 4), um ihre Ehre und diejenige ihrer Familie wiederherzustellen.
Dass die Mentalität der zeitgenössischen Frauen offenbar bisweilen eher der Zügellosigkeit der von Sallust in der *Coniuratio Catilinae* geschilderten Sempronia als dem von Livius gezeichneten Vorbild Lucretia glich, machen die verschärften Ehegesetze des Kaisers Augustus deutlich.
Die von Lucretia geforderte Rache (*haud impune adultero fore,* Z. 4) gibt den Ausschlag für die im Anschluss an die Lucretia-Erzählung geschilderte Vertreibung des Königs Tarquinius und die Einführung der Republik. Auf diese Weise leistet Lucretia durch ihre Entschlossenheit auch einen Beitrag für das Werden des römischen Staatswesens.

Teil III

12. a) *Erinnern Sie sich an die im Unterricht gelesenen Ausschnitte aus den Freigelassenengesprächen. Die ungebildeten Sprecher beherrschen Latein eher schlecht als recht und ihre Gedanken kreisen ständig um dieselben Themen. Achten Sie auf Satzstruktur und sprachliche Richtigkeit des lateinischen Textes.*

Der Ich-Erzähler von Petrons Roman *Satyrica* führt die einzelnen Sprecher beim Gastmahl mit einer lapidaren Namensnennung ein und zitiert sie dann in wörtlicher Rede. Bei Phileros und Ganymedes handelt es sich um typische Freigelassene, die bereits durch ihre Namen charakterisiert werden: Phileros ist der, der die Liebe liebt, Ganymedes heißt in der Mythologie der Mundschenk Jupiters. Ganymedes fällt Phileros offenbar unwirsch ins Wort und wirft seinen Vorrednern insgesamt uninteressante Aussagen vor (*Narratis, quod nec ad caelum nec ad terram pertinet,* Z. 1 f.). „Ihr erzählt Überflüssiges“, sagt er sinngemäß mit dem bildhaften Ausdruck, „was weder den Himmel noch die Erde betrifft“, also weder die Götter noch die Menschen. Nach dieser unfreundlichen Einleitung kommt er auf sein Lieblingsthema, den zu hohen Getreidepreis, zu sprechen. In einer Hyperbel behauptet er, niemand kümmere sich darum (*nemo curat,* Z. 2). Mit der Erwähnung der zuständigen Ädilen in Zeile 4 *(aediles male eveniat)* führt er seine eigene Behauptung ad absurdum. Dabei stehen die Ädilen fälschlich im Akkusativ, der hier den Dativ verdrängt hat. Der Getreidepreis wird drastisch personifiziert, er kann beißen (*annona mordet,* Z. 2), ein besonders komisches schiefes Bild, da Ganymedes gerade beklagt, nichts „zu beißen“ zu haben. Das Verb *mordet* müsste wegen der indirekten Frage eigentlich im Konjunktiv stehen, den der Sprecher nur rudimentär beherrscht. *[M]ehercules* (Z. 2) ist ein beliebter Ausruf einfacher Leute. Auch seine Wortwahl kennzeichnet einen schlichten Geist, z. B. das vulgärlateinische *bucca* (Backe, Z. 3) oder *maxilla* (Kinnbacke, Z. 5). Während Ganymedes gerade ausgesprochen üppig bei Trimalchio speist, klagt er stark übertreibend, er habe heute keinen Bissen Brot finden können (*non mehercules hodie buccam panis invenire potui,* Z. 2 f.). Die folgenden kurzen Parataxen zeichnen sich durch einen für die lateinische Sprache untypischen Nominalstil aus. Ganymedes’ Klage über Dürre und Hungersnot wirkt dadurch eindringlich und pauschal. Sein Gejammer leitet über in eine Verfluchung (*male eveniat,* Z. 4) der korrupten Ädilen, die eine Preisabsprache mit den Bäckern träfen (*cum pistoribus colludunt,* Z. 4). In dem Sprichwort *serva me, servabo te* (Z. 4 f.) fallen Parallelismus, Antithese, Asyndeton und Polyptoton auf, die mit der banalen Aussage einen durchaus reizvollen Kontrast bilden. Das Substantiv *populus* (Z. 5) gebraucht er nicht staatspolitisch, sondern im Sinn von „Leute“ wie das englische „people“, *minutus* (Z. 5) ist eine vulgärlateinische falsche Komparativbildung statt des korrekten *minor.* Mit der Junktur *populus minutus* meint er einfache Leute wie sich selbst, mit denen er die *maiores maxillae,* „größere Kinnbacken“, mit Alliteration und Pars pro toto vergleicht. Zu diesen Vielfraßen zählt er in seiner Interpretation auch die Ädilen, die auf der untersten Stufe des *cursus honorum* stehen, und die Bäcker, im Allgemeinen fleißige Handwerker, zu denen das Verb *laborare* im Sinne von „arbeiten“ besser passen würde. Dass Leute wie Ganymedes Hunger leiden (*laborat,* Z. 5), kann man jedenfalls bei Trimalchios Gastmahl nicht feststellen. Im Gegensatz zu ihnen feiert die „gefräßige Oberschicht“ immer Saturnalien, ein Fest, das einmal jährlich zu Ehren des Gottes Saturn in Erinnerung an das Goldene Zeitalter stattfindet (*semper Saturnalia agunt,* Z. 5 f.). Sein schlichter Gedankengang ist zwar nachvollziehbar, aber der gebildete Leser weiß auch, dass gerade beim Saturnalienfest Standesunterschiede aufgehoben werden und ein anständiger Herr einmal im Jahr seine Sklaven bedient. Den Tischgenossen fällt dieses Missverständnis offenbar nicht auf, da ihn keiner unterbricht. Relativ abrupt kommt er zu seinem Schlussgedanken, in dem er seine Sehnsucht nach der „guten alten Zeit“ in einem emphatischen Bedingungssatz ohne folgenden Hauptsatz artikuliert (*o si haberemus illos leones,* Z. 6). Der

Ausdruck *leones* steht hier metaphorisch für autoritäre, eventuell auch brutale Männer, die sich nur ein naiver Zeitgenosse an der Staatsspitze wünscht. Mit *illud erat vivere* verklärt er definitiv seine Vergangenheit. Er kam als Sklave aus Kleinasien (*cum primum ex Asia veni,* Z. 6 f.) und wurde von den herrschenden *leones* sicher nicht zuvorkommend behandelt.
Insgesamt lässt sich feststellen, dass Ganymedes in fehlerhaftem Latein pessimistische Pauschalurteile fällt und seine Gedanken nur um die Befriedigung eines körperlichen Grundbedürfnisses, nämlich die Nahrungsaufnahme, kreisen. Damit fügt er sich nahtlos in den Rahmen, den die Freigelassenengespräche während der *cena Trimalchionis* in Petrons Roman bilden. Und nicht zuletzt diese Einblicke in das Leben der einfachen Leute zur Zeit der frühen Kaiserzeit verleihen Petrons Werk seine besondere Bedeutung.

b) *Der Vergleich sollte darauf abzielen, dass Sie Gemeinsamkeiten und Unterschiede von Ganymedes und Trimalchio unter besonderer Berücksichtigung ihres Auftretens und ihrer gesellschaftlichen Stellung darlegen.*

Ganymedes (*ex Asia veni,* Z. 7) und Trimalchio kamen beide in ihrer Jugend als Sklaven aus Kleinasien. Trimalchios Werdegang ist im Triclinium an die Wand gemalt (vgl. Kap. 29), das erste Gemälde zeigt ihn langhaarig, also als jungen Mann, auf dem Sklavenmarkt. Er selbst sagt von sich: *Tam magnus ex Asia veni, quam hic candelabrus* (Kap. 75). Wie man sieht, neigt auch Trimalchio zu missglückten Vergleichen und spricht kein korrektes Latein, denn es müsste *candelabrum* heißen und *tantus* statt *tam magnus*.
Beide sind wohl in Italien freigelassen worden, sie haben also den Status des *libertus* gemeinsam. Doch nun lebt Ganymedes als Angehöriger des *populus minutus* (Z. 5) offenbar am Existenzminimum und hat kein gesichertes Auskommen, unternimmt aber wohl auch keine Versuche, diesen Zustand zu ändern und z. B. Bäcker zu werden. Trimalchio dagegen hat als geschickter Geschäftsmann ein riesiges Vermögen erworben, mit dem er gerne prahlt (vgl. Kap. 75 ff.) und von dem auch Hermeros berichtet (vgl. Kap. 37 f.). Während also Trimalchio in der Lage ist, ein opulentes Gastmahl zu veranstalten, bleibt Ganymedes auf solch eine Großzügigkeit angewiesen, um seinen Hunger stillen zu können (*non mehercules hodie buccam panis invenire potui,* Z. 2 f.).
Ganymedes und Trimalchio setzen sich bei Tisch mit Monologen in Szene, wobei Trimalchios Sprechanteil deutlich höher und von Selbstgefälligkeit geprägt ist, während Ganymedes zu Selbstmitleid neigt. Beide beweisen ihren Mangel an Bildung durch sprachliche Fehler, banale Gedanken und rein materialistische Interessen.

13. a) *Bedenken Sie, dass der Sprecher Torquatus die Philosophie Epikurs darstellt, der Cicero eher distanziert gegenübersteht. Achten Sie auf den komplexen Satzbau und die stilisierte Sprache. Den inhaltlichen Zugang finden Sie am besten über philosophische Schlüsselbegriffe.*

Cicero verfasste sein philosophisches Werk *De finibus bonorum et malorum* 45 v. Chr. in einer Phase erzwungener politischer Untätigkeit, die er nutzte, um den Römern die griechische Philosophie in lateinischer Sprache zu vermitteln. Analog zu Platons Dialogen lässt er verschiedene Sprecher jeweils ihre Position vortragen.

In einer Art Monolog vertritt hier der Römer Torquatus den Standpunkt Epikurs. Die komplexen Satzperioden fordern vom Leser bzw. Zuhörer ein hohes Maß an Konzentration. Der erste Satz erstreckt sich über fünf Zeilen, wobei der kurze Hauptsatz mit prädikativem Gerundiv *sapientia est adhibenda* (Z. 3) in der Mitte steht. Diese geradezu apodiktische Forderung wird vor dem Hauptsatz mit der Unwissenheit und dem Irrtum der Menschen (*ignoratione,* Z. 1; *errorem*, Z. 2) begründet. Mit drastisch gewählten Verben bringt er zum Ausdruck, dass Unwissenheit das Menschenleben zur Qual macht (*hominum vita vexetur,* Z. 1 f.), die mit *torqueantur* (Z. 3) zur Folter gesteigert wird. Superlative unterstreichen die Intensität seiner Aussage (*maxime,* Z. 1; *maximis,* Z. 2; *durissimis,* Z. 3) und lassen einen temperamentvollen Vortrag erahnen. Aus Unkenntnis darüber, was gut und schlecht ist – *rerum bonarum et malarum* (Z. 1) greift fast wörtlich den Titel des Werks auf –, verpassen die Menschen das höchste Gut, nach Epikurs Definition die Lust (*voluptatibus maximis,* Z. 2) und erleiden den Schmerz als denkbar schlimmstes Übel (*durissimis animi doloribus,* Z. 3). Torquatus stellt hier also in einer Einführung elementares epikureisches Gedankengut dar. Wenn der Mensch, wie gefordert, seine Unwissenheit überwindet, indem er Weisheit anwendet, befreit ihn diese als höchst zuverlässige Führerin *(certissimam … ducem,* Z. 5, wird durch Personifikation, Hyperbaton und Superlativ betont) von Schrecknissen, Begierden und allen falschen Vorstellungen, die in zwei parallel gebauten Ablativi absoluti aufgelistet werden (*terroribus cupiditatibusque detractis et omnium falsarum opinionum temeritate derepta,* Z. 4 f.).

Die folgende, aus einem Hauptsatz und zwei Relativsätzen bestehende Beschreibung der weiterhin personifizierten Weisheit nennt weitere Zuständigkeitsbereiche: *Sapientia* befreit als Einzige von Trauer und Furcht (vgl. Z. 5 f.), ermöglicht als Lehrerin – *qua praeceptrice* (Z. 7) im Ablativus absolutus analog zu *certissimam … ducem* (Z. 5) – die höchst erstrebenswerte Seelenruhe (*in tranquillitate,* Z. 7) und ebnet so den Weg zur *voluptas* (Z. 5).

Weil gerade diese *voluptas* Epikurs häufig missverstanden wurde, grenzt Torquatus sie von den *cupiditates … insatiabiles* (Z. 8) deutlich ab, die eine geradezu zerstörerische Wirkung auf Individuen, Familien und sogar den ganzen Staat haben. Diese letzte Aussage betont Torquatus mit Polysyneton und Parallelismus *(non modo singulos homines, sed universas familias,* Z. 8 f.), zusammen mit *totam … labefactant … rem publicam* (Z. 9) fallen noch ein Hyperbaton, ein Chiasmus, Trikolon und eine Klimax auf.

Die pointierte Platzierung von *rem publicam* hätte Epikur so vermutlich nicht formuliert. Ein römischer Politiker darf auch als bekennender Epikureer das Wohl des Staates nicht außer Acht lassen.

b) Die Beschäftigung mit Philosophie und damit das Streben nach Weisheit ist ebenso Kernstück der Stoa wie der Lehre Epikurs. Auch ein Stoiker will seine Unkenntnis und Irrtümer überwinden sowie Gut und Böse unterscheiden. Dem Loblied auf die *sapientia,* die von Furcht und Schmerz befreit, würde ein Stoiker weitgehend zustimmen.
Schmerzen an sich sind für einen Stoiker kein so schlimmes Schrecknis. Der stoische Weise wird zwar Freiheit von körperlichem Schmerz nach Möglichkeit vorziehen, so wie er lieber gesund als krank ist und lieber reich als arm, er könnte aber Schmerzen rational überwinden, wenn er genügend weit in der Philosophie fortgeschritten ist.
Lust als zentraler Begriff und höchstes Gut in Epikurs Lehre findet in der Stoa keine Entsprechung, im Gegenteil, der Stoiker sucht sich von Affekten völlig zu befreien.
In beiden Philosophenschulen ist die *tranquillitas* ein ganz wesentliches Ziel, das aber unterschiedlich definiert ist. Der Epikureer spricht von *ataraxia,* einer Seelenruhe, die andauernde Lust mit einbezieht. Dagegen ist die stoische *apatheia* definiert als Freiheit von allen Gefühlsregungen und Affekten.
Stoiker und Epikureer sind sich einig über die zerstörende Kraft unersättlicher Begierden. Diese Aussage gilt selbstverständlich nicht nur für den Einzelnen, sondern auch für Gruppen. Der Stoiker würde hier in besonderem Maße die Bedrohung für den Staat sehen, wenn führende Staatsmänner den *cupiditates* verfallen, und als pflichtbewusster Staatsbürger grundsätzlich das Wohl des Staates über das des Einzelnen stellen. Epikur selbst ist das Wohl des Staates kein besonderes Anliegen, er hätte die Aussage vielleicht auf den Freundeskreis begrenzt. Torquatus denkt hier wie ein typischer Römer und nähert sich bei diesem Teilaspekt der Stoa an.

14. a) *Sie sind sich bewusst, dass die Interpretation des lateinischen Textes zeigen muss, wie sich Inhalt und sprachliche Form aufeinander beziehen, wie der Inhalt durch formale Mittel unterstrichen wird, z. B. anhand der Betonung von Begriffen durch Wortstellung im Vers (epischer Hexameter).*

Immer wieder ist die Mission des Aeneas bedroht, in Italien die Grundlagen für das spätere Rom zu legen (vgl. die große Jupiterrede im 1. Buch von Vergils *Aeneis*). Im 4. Buch wird die größte Bedrohung geschildert, die psychologischer Natur ist: die Liebe des Aeneas zu Dido, der Königin des gerade im Entstehen begriffenen Karthago. Er muss, wie der vorliegende Text zeigt, von höchster Stelle aus an die ihm bestimmte Aufgabe erinnert werden.
Die vier Imperative (*vade age, ... voca ... et labere,* V. 1) am Anfang von Jupiters Auftrag an Merkur betonen die Dringlichkeit dieser Botschaft, die durch das dreifache Homoioteleuton der auf -e auslautenden Worte *vade age, nate* noch unterstrichen wird. Schon im ersten Vers wird mit *labere pennis* ein dem Göttervater gemäßer hoher Ton im sprachlichen Ausdruck dieser Textpartie angeschlagen. Die Metonymie *Dardaniumque ducem* für Aeneas und das folgende *Tyria Karthagine* werden unmittelbar zusammengestellt

und zugleich an der Penthemimeres des zweiten Verses getrennt, da beides gemäß *fatum* nicht zusammengehört. Die von der anschließenden Zäsur im dritten Vers getrennten Wörter *exspectat* und *fatisque* exponieren dann die zwei entscheidenden Begriffe: Aeneas stellt sich durch sein Zögern gegen das Schicksal, das die Gründung von Städten (auch *urbes* durch Stellung am Versende betont) in Italien vorsieht, nämlich Lavinium und später Alba Longa sowie Rom. Der vierte Vers verstärkt den Appell an den Götterboten mittels zweier weiterer Imperative. Anhand der Enallage von *celeres,* das sich auf *auras* bezieht (Hyperbaton), wird die Luft anstelle des schnellen Boten zum beschleunigenden Medium.

Nach der Formulierung des Auftrags an Merkur in den ersten vier Versen liefert Jupiter in den folgenden fünf Versen die Begründung. Durch *non ... talem* (V. 5), was durch Stellung am Versanfang bzw. -ende und durch Hyperbaton betont ist, und das ebenfalls verneinte *ideo* (V. 6) hebt Jupiter zweimal in Negation hervor, wie sehr sich Aeneas seinem Auftrag entzieht, wobei die wichtigen Wörter *genetrix pulcherrima* (V. 5) – eine schmückende, dem hohen Stil des Epos entsprechende Metonymie für Venus, die Mutter des Aeneas – und *promisit* (V. 6) durch Stellung nach der Zäsur bzw. mit einem Enjambement am Versanfang hervorgehoben sind. Mit dem antithetischen *sed fore, qui ...* (V. 7) wird dann positiv beschrieben, was von Aeneas zu erwarten ist: Er soll Italien regieren, sein Geschlecht weiterführen und den Erdkreis einer gesetzlichen Ordnung unterwerfen. Die auffallenden Metaphern in dem Ausdruck *gravidam imperiis belloque frementem Italiam* (V. 7 f.) verleihen der Stelle wieder besonderen epischen Glanz: Das „machtschwangere Italien“ wird einmal das Vaterland des die Welt beherrschenden Volkes der Römer sein, das „von Krieg dröhnende Land“ weist sowohl auf die zweite Hälfte der *Aeneis* hin, die sechs Bücher der Kriege, wie wahrscheinlich auch auf die Epoche des römischen Bürgerkrieges, die dem Leser zur Zeit des Augustus noch frisch in Erinnerung gewesen sein dürfte.

Mehrere unwirsche Fragen Jupiters folgen auf die Darlegung der Gründe: *Quid struit? Aut qua spe ... arva?* Mit *inimica in gente* (V. 11) weist Vergil wiederum, wie so oft, weit in die Zukunft Roms, er erklärt die Punischen Kriege als bis auf den Zwist zwischen Dido und Aeneas zurückgehende Urfeindschaft. Mit *naviget* folgt ein weiterer Befehl Jupiters, dieses Mal variiert als Jussiv. In diesem aus nur einem Wort bestehenden Satz wird prägnant der Befehl des Jupiter an Merkur bzw. Aeneas zusammengefasst. Die Anordnung *naviget!* bildet die *summa* (V. 13) von Jupiters Worten. Diese dulden keinen Widerspruch und lassen Aeneas keine Wahl. Die parallele Konstruktion und das Polyptoton *haec ... hic* (V. 13) im abschließenden Satz machen nochmals Jupiters Entschlossenheit deutlich.

Der ganze Text zeigt exemplarisch, welch enge Verbindung göttliches Wirken und menschliches Tun im Epos eingehen. Die Götter werden als interessierte und das menschliche Leben mächtig beeinflussende Gestalten dargestellt, die Menschen handeln oft im Bewusstsein einer von ihrem Willen gelenkten Welt.

b) *Denken Sie bei Ihrer Darstellung daran, dass sich in der* Aeneis *der Mythos von der Gründerpersönlichkeit des Helden Aeneas mit der Gegenwart der augusteischen Kaiserzeit verschränken.*

Wie bereits in Aufgabe a angedeutet, enthält der Text Hinweise auf das zukünftige Rom bis hin zur Gegenwart: Die Feindschaft mit Karthago (*Tyria Karthagine,* V. 2; *inimica in gente,* V. 11) ist angedeutet, die historische Entwicklung von Lavinium, der Gründung des Aeneas, bis zur Gründung Roms durch Romulus (*non respicit urbes,* V. 3), Krieg und Bürgerkrieg (*belloque frementem,* V. 7), die Herrschaft über Italien und darüber hinaus (*gravidam imperiis ... Italiam,* V. 7 f.), eine unter dem Primat des römischen Rechts stehende Weltherrschaft (*totum sub leges mitteret orbem,* V. 9) werden prophezeit. Ferner ist die eigentliche Gegenwart, die Führung des römischen Staates durch die *gens Iulia*, die ihre Abstammung bis auf Venus, Jupiters *genetrix pulcherrima* (V. 5), zurückführt, und die von Vergil verherrlichte Friedensherrschaft des Augustus ein integraler Bestandteil der *Aeneis*. Diese Gegenwart wird wie in vorliegendem Text in prophetischen Vorwegnahmen immer wieder Teil des Epos, so in der Rede Jupiters an Venus im 1. Buch oder in der Heldenschau großer Römer, die Aeneas von seinem Vater Anchises nach seinem Abstieg in die Unterwelt vorgeführt wird und die bei Augustus endet. Die Tugenden des in diesem „Nationalepos" geschilderten Urvaters der Römer, des *pius Aeneas,* werden zum Vorbild für die eigene Epoche.

Abitur Latein (Bayern) 2013

Teil A: Übersetzung

Wir sind blind für unsere Fehler

Seneca hat einen schon vor Monaten abgeschickten Brief von Lucilius mit großer Verspätung erhalten. In seiner Antwort macht er sich daher Gedanken, wie es seinem Freund momentan ergeht:

Spero te sic iam vivere, ut, ubicumque eris, sciam, quid agas. Quid enim aliud agis, quam ut meliorem te ipse cotidie facias, ut aliquid ex erroribus deponas, ut intellegas tua vitia esse, quae putas rerum vitia esse? Quaedam enim vitia locis et temporibus adscribimus; at illa, quocumque transierimus, secutura sunt.

Harpasten[1], uxoris meae servam, scis in domo mea esse. Haec serva subito desiit videre. Incredibilem rem tibi narro, sed veram: Harpaste[1] nescit esse se caecam; subinde puerum rogat, ut alio se ducat: Ait domum tenebricosam esse.

Hoc, quod in illa videmus, omnibus nobis accidere liqueat tibi: Nemo se avarum esse intellegit, nemo cupidum. Caeci tamen ducem quaerunt, nos sine duce erramus et dicimus: „Non ego ambitiosus sum, sed nemo aliter Romae potest vivere; non ego sumptuosus sum, sed urbs ipsa magnas impensas exigit; non est meum vitium, quod iracundus sum, quod nondum constitui certum genus vitae: Adulescentia haec facit."

Quid nos decipimus? Non est extrinsecus malum nostrum: Intra nos est, in visceribus ipsis sedet, et ideo difficulter ad sanitatem pervenimus, quia nos aegrotare nescimus.

1 Harpaste (*Akk.* Harpasten) griechischer weiblicher Eigenname

Teil B: Aufgabenteil

Teil I

Bearbeiten Sie von den folgenden fünf Aufgabenstellungen ***vier*** *Aufgaben nach eigener Wahl! Erreichbar sind je vier Bewertungseinheiten.*

1. Welche Stilmittel erkennen Sie in folgendem Ausschnitt aus dem Übersetzungstext? Geben Sie **zwei** Stilfiguren mit den entsprechenden lateinischen Belegstellen an!

   Nemo se avarum esse intellegit, nemo cupidum. Caeci tamen ducem quaerunt, nos sine duce erramus et dicimus: „Non ego ambitiosus sum, sed nemo aliter Romae potest vivere; non ego sumptuosus sum, sed urbs ipsa magnas impensas exigit."

2. Stellen Sie **vier** lateinische Substantive zum Wortfeld „Fehler/krankhafter Zustand" zusammen! Der Übersetzungstext bietet Ihnen Anhaltspunkte.

3. Analysieren Sie die folgenden Verse metrisch, indem Sie Längen und Kürzen auf Ihr Arbeitsblatt schreiben und die einzelnen Verselemente (Metren) gegeneinander abgrenzen!

   Iamque rubescebat radiis mare et aethere ab alto
   Aurora in roseis fulgebat lutea bigis.

4. Geben Sie die Namen zweier Göttinnen, die auf die Handlung in Vergils *Äneis* Einfluss nehmen, sowie jeweils ein Motiv für deren Einflussnahme an!

5. Geben Sie in knappen Worten wieder, welchen Lohn ein guter Staatsmann nach seinem Tod gemäß den Ausführungen im *somnium Scipionis* (*Cicero, De re publica*, Buch 6) erwarten darf!

Teil II

Bearbeiten Sie von den folgenden sechs Aufgabenstellungen ***drei*** *Aufgaben nach eigener Wahl! Erreichbar sind je sechs Bewertungseinheiten.*

6. a) Ordnen Sie folgende Textstelle in ein philosophisches System der Antike ein!

   b) Auf welche Gesichtspunkte stützen Sie Ihre Entscheidung? **Zwei** Gesichtspunkte mit Belegen aus dem Text genügen.

   Magnus animus deo pareat et, quidquid lex universi iubet, sine cunctatione patiatur: Aut in meliorem emittitur vitam lucidius tranquilliusque inter divina mansurus aut certe sine ullo futurus incommodo, si naturae remiscebitur et revertetur in totum.

7. Belegen Sie anhand Ihrer Kenntnis der *cena Trimalchionis* in Petrons *Satyrica*, dass die folgenden Aussagen Albrecht Dihles zutreffen!

„So erfährt der Leser aus den Gesprächen Trimalchios, dass in seinen Kreisen weder die Götter der traditionellen Religion noch Jenseitsvorstellungen eine Rolle spielen, dafür aber umso mehr abergläubische Anschauungen, denen man mit allen möglichen Handlungen und Aussprüchen nachkommt, um sich materielles Wohlergehen, die einzige Zielvorgabe für den Lebensvollzug, zu sichern."

(Dihle, A.: Die griechische und lateinische Literatur der Kaiserzeit. Von Augustus bis Justinian, C. H. Beck, München 1989, S. 144)

8. Weisen Sie nach, dass es zwischen dem folgenden Zitat von Sigmund Freud und epikureischen Positionen sowohl Gemeinsamkeiten als auch Unterschiede gibt! **Drei** wesentliche Gesichtspunkte insgesamt genügen!

   „Gewollte Vereinsamung, Fernhaltung von den anderen ist der nächstliegende Schutz gegen das Leid, das einem aus menschlichen Beziehungen erwachsen kann. Man versteht: Das Glück, das man auf diesem Weg erreichen kann, ist das der Ruhe."

   (Freud, S.: Das Unbehagen in der Kultur, Wien 1930, S. 26)

9. a) Erfassen Sie **zwei** wesentliche Informationen, die im folgenden italienischen Text über Neros Geliebte und spätere Frau Poppaea enthalten sind!

   b) Führen Sie die beiden unterstrichenen italienischen Wörter auf ihren lateinischen Ursprung zurück!

   Di Poppea si dice anche che era intelligente e capace di tenere interessanti discussioni. Quando la madre morì, Poppea aveva soltanto sedici anni ed era già sposata con Rufrio Crispino, un prefetto e cavaliere. Il matrimonio con Rufrio Crispino non durò a lungo e Poppea lo lasciò per diventare la moglie di Ottone.

   (Marano, M.: Personaggi italiani. Italienische Persönlichkeiten, erzählt von Massimo Marano, übers. von Rita Seuß, München 2007, S. 6)

10. Erläutern Sie, inwieweit die folgende Position des Grundgesetzes für die Bundesrepublik Deutschland Ciceros Auffassung von der Rechtmäßigkeit eines Angriffskrieges entspricht!

    „Handlungen, die geeignet sind und in der Absicht vorgenommen werden, das friedliche Zusammenleben der Völker zu stören, insbesondere die Führung eines Angriffskrieges vorzubereiten, sind verfassungswidrig. Sie sind unter Strafe zu stellen."

    (Bayerische Landeszentrale für politische Bildungsarbeit (Hg.): Die Verfassung des Freistaates Bayern. Grundgesetz für die Bundesrepublik Deutschland, bearb. von K. Stollreither, München 2009, S. 112)

11. In der folgenden Stelle aus der *Äneis* entwirft Vergil ein Bild von den Verhältnissen, die zur Zeit des Äneas auf dem Gebiet des späteren Rom herrschen. Entwickeln Sie, wie sich dieses Bild zu politischen Absichten des Augustus in Beziehung setzen lässt!

Talibus inter se dictis ad tecta subibant
pauperis Euandri[1], passimque armenta videbant
Romanoque foro et lautis mugire Carinis[2].
Ut ventum ad sedes, „Haec", inquit, „limina victor
Alcides[3] subiit, haec illum regia cepit.
Aude, hospes, contemnere opes et te quoque dignum
finge deo, rebusque veni non asper egenis."

1 Euander, Euandri: mythischer König der Arkader auf dem Gebiet des nachmaligen Rom
2 Carinae: später noble Gegend Roms
3 Alcides: gemeint ist Herkules

Übersetzung

Unter solchen Gesprächen stiegen sie hinauf zum Haus des armen Euander, überall sahen sie Viehherden, die auf dem Forum Romanum brüllten und an den prächtigen Carinae. Als man zum Wohnsitz gekommen, spricht Euander: „Diese Schwelle überschritt als Sieger einst der Alcide, dieser Palast nahm ihn auf. Wage es, mein Gast, Reichtum zu verachten, zeige auch dich des Gottes würdig, tritt ein, ohne meine dürftigen Verhältnisse geringzuachten!"

(P. Vergilius Maro: Aeneis, 7. und 8. Buch. Lateinisch/deutsch, übers. und hrsg. von Edith und Gerhard Binder, Reclam, Stuttgart 2001, S. 102 f.)

Teil III

Bearbeiten Sie von den folgenden drei Aufgabenstellungen ***eine*** *Aufgabe nach eigener Wahl! Die Bearbeitung dieser Aufgabe kann auch in einer zusammenhängenden Darstellung ohne Trennung in Teilaufgaben erfolgen. Erreichbar sind insgesamt 16 Bewertungseinheiten.*

12. **Seneca, *Epistulae morales* 51,8 f.**

Während eines Aufenthalts im bekannten Bade- und Vergnügungsort Baiae schreibt Seneca an seinen Freund Lucilius. Die Verlockungen des Ortes geben ihm Anlass, allgemein über die Gefährdungen des Lebens durch die *Fortuna* nachzudenken.

Fortuna mecum bellum gerit: Non sum imperata facturus; iugum non recipio, immo, quod maiore virtute faciendum est, excutio. Non est emolliendus animus: Si voluptati cessero, cedendum est dolori, cedendum est labori, cedendum est paupertati; idem sibi in me iuris esse volet et ambitio et ira; inter tot affectus distrahar, immo discerpar. Libertas proposita est; ad hoc praemium laboratur. Quae sit libertas, quaeris? Nulli rei servire, nulli necessitati, nullis casibus, Fortunam in aequum deducere.

Übersetzung

Fortuna führt mit mir Krieg: Ich habe nicht die Absicht, ihren Befehlen zu entsprechen; das Joch nehme ich nicht an, im Gegenteil – was mit größerer Tapferkeit zu tun ist, ich schüttle es ab. Nicht darf verweichlicht werden die Seele: Wenn ich dem Genuss nachgebe, muss ich auch nachgeben dem Schmerz, muss ich nachgeben der Anstrengung, muss ich nachgeben der Armut; dasselbe Recht wird mir gegenüber beanspruchen Ehrgeiz und Zorn; unter so viel Leidenschaften werde ich zerrissen, nein, zerstückelt werden! Freiheit ist das Ziel; um diesen Preis wird gerungen. Was ist Freiheit, fragst du? Keiner Sache als Sklave zu dienen, keiner Notwendigkeit, keinen Zufällen, Fortuna auf Augenhöhe zu bringen.

(L. Annaeus Seneca: Ad Lucilium epistulae morales I–LXIX. Übers., eingel. und mit Anmerkungen vers. von Manfred Rosenbach, Wissenschaftliche Buchgesellschaft, Darmstadt 1980, S. 406 f.)

a) Interpretieren Sie – ausgehend vom lateinischen Original – die vorliegende Textstelle nach formalen und inhaltlichen Gesichtspunkten! (10 BE)

b) Vergleichen Sie die in der vorliegenden Textstelle von Seneca entwickelten Gedanken mit epikureischen Positionen! (6 BE)

13. **Horaz, *Sermones* 2,3,111–123**

In dieser Satire werden verschiedene menschliche Schwächen thematisiert. Eine davon wird im folgenden Textausschnitt behandelt.

Siquis ad ingentem frumenti semper acervum
porrectus vigilet cum longo fuste neque illinc
audeat esuriens dominus contingere granum
ac potius foliis parcus vescatur amaris;
si positis intus Chii veterisque Falerni
mille cadis – nihil est: tercentum milibus, acre
potet acetum; age si et stramentis incubet unde-
octoginta annos natus, cui stragula vestis,
blattarum ac tinearum epulae, putrescat in arca:
Nimirum insanus paucis videatur, eo quod
maxima pars hominum morbo iactatur eodem.
Filius aut etiam haec libertus ut ebibat heres,
dis inimice senex, custodis? […]

Übersetzung

Da streckt sich einer neben seinen korngefüllten Speicher, hält Tag und Nacht mit langem Knüppel Wache und wagt trotz großen Hungers nicht vom eigenen Besitz ein Körnlein nur zu nehmen, statt dessen lebt er kümmerlich von bitteren Kräutern; in seinem Keller lagern tausend – nein, dreihunderttausend Krüge von altem Chier- und Falernerwein[1], er aber trinkt nur essigsauren Krätzer; ja selbst als Greis von neunundsiebzig Jahren schläft er auf bloßer Streu, obwohl die schönsten Decken in der Kiste modern als Futter für die Schaben und die Motten: Gewiss scheint der nur wenigen ein Narr, weil ja die meisten an der gleichen Narrheit kranken. Du gottgehasster Alter, hütest du dies alles, dass dein Sohn, vielleicht dein Freigelassner einst als Erbe es versäuft? […]

1 Chier, Falerner: wertvolle Weinsorten

(Q. Horatius Flaccus: Sämtliche Werke. Lateinisch/deutsch, Sermones et Epistulae, übers. und zusammen mit Hans Färber bearb. von Wilhelm Schöne, Artemis, München/Zürich [10]1985, S. 358–361)

a) Interpretieren Sie – ausgehend vom lateinischen Original – die vorliegende Textstelle nach formalen und inhaltlichen Gesichtspunkten! (10 BE)

b) Arbeiten Sie heraus, inwiefern der vorliegende Textausschnitt typische Merkmale der Satire bei Horaz aufweist! (6 BE)

14. **Livius, *Ab urbe condita* 2,13,6–9**

Im Krieg gegen den etruskischen König Porsenna hatte Mucius Scaevola durch seine Tapferkeit den Gegner derart beeindruckt, dass Porsenna nach der Stellung von Geiseln Frieden schloss. Darauf ereignete sich folgende Begebenheit:

Ergo ita honorata virtute feminae quoque ad publica decora excitatae, et Cloelia virgo, una ex obsidibus, cum castra Etruscorum forte haud procul ripa Tiberis locata essent, frustrata custodes dux agminis virginum inter tela hostium Tiberim tranavit sospitesque omnes Romam ad propinquos restituit. Quod ubi regi nuntiatum est, primo incensus ira oratores Romam misit ad Cloeliam obsidem deposcendam: Alias haud magni facere. Deinde in admirationem versus supra Coclites Muciosque dicere id facinus esse et prae se ferre, quemadmodum, si non dedatur obses, pro rupto foedus se habiturum, sic deditam intactam inviolatamque ad suos remissurum. Utrimque constitit fides.

Übersetzung

Da nun die Tapferkeit so geehrt worden war, fühlten sich auch die Frauen zu einer glänzenden Tat im Dienste des Staates aufgerufen. Die Jungfrau Cloelia, eine der Geiseln, täuschte die Wachen, als die Etrusker ihr Lager gerade nahe am Tiberufer hatten, und schwamm an der Spitze der Mädchen im Hagel der Geschosse durch den Tiber. Sie brachte alle ihre Gefährtinnen wohlbehalten nach Rom zu ihren Familien. Als dies dem König gemeldet wurde, geriet er zunächst in Zorn und schickte Gesandte nach Rom, um Cloelia als Geisel zurückzufordern: Auf die anderen lege er keinen so großen Wert. Dann aber erfasste ihn Bewunderung: Diese Tat gehe noch über die eines Cocles und Mucius hinaus, sagte er und gab zu erkennen, dass er es als Bruch des Vertrags ansehen würde, falls man ihm die Geisel nicht zurücksende. Wenn man sie ihm aber bringe, werde er sie unberührt und unverletzt zu den Ihren zurücksenden. Auf beiden Seiten hielt man Wort.

(Titus Livius: Ab urbe condita, Liber II. Römische Geschichte, 2. Buch. Lateinisch/deutsch, übers. und hrsg. von Marion Giebel, Reclam, Stuttgart 2005, S. 42 f.)

a) Interpretieren Sie – ausgehend vom lateinischen Original – die vorliegende Textstelle nach formalen und inhaltlichen Gesichtspunkten! (10 BE)

b) Weisen Sie nach, dass auch dem Etruskerkönig Porsenna, einem Feind Roms, von Livius altrömische Werte und Tugenden zugeschrieben werden! (6 BE)

Lösungen

Teil A: Übersetzung

Ich hoffe, dass du bereits so lebst, dass ich, wo immer du sein wirst, weiß, wie es dir geht. Was nämlich anderes tust du, als dich täglich selbst zu verbessern, etwas von deinen Irrtümern abzulegen, einzusehen (Infinitive statt der lateinischen ut-Sätze), dass es deine Fehler sind, die du für Fehler der äußeren (ergänzt) Umstände hältst? Manche Fehler schreiben wir nämlich den örtlichen und zeitlichen Umständen (für *locis et temporibus*) zu; aber sie (für *illa*) werden uns, wohin auch immer wir gehen werden, nachfolgen (*secutura sunt:* sog. „umschreibende Konjugation").
Harpaste, die Dienerin meiner Frau, ist, wie du weißt (für den lateinischen AcI), in meinem Haus. Diese Dienerin verlor plötzlich ihr Augenlicht (wörtlich: hörte auf zu sehen). Ich erzähle dir nun (ergänzt) eine unglaubliche, aber wahre Sache: Harpaste weiß nicht, dass sie blind ist; immer wieder ruft sie einen Buben (sc. Sklaven), dass er sie an einen anderen Ort (für *alio:* anderswohin) führe: Sie sagt, das Haus sei finster.
Es sollte dir klar sein, dass dieser Irrtum (ergänzt), den wir an ihr wahrnehmen, uns alle treffen kann: Niemand bemerkt, dass er geizig, dass er habsüchtig ist. Die Blinden freilich verlangen nach einem Führer, wir irren ohne Führer umher und sagen: „Ich bin nicht ehrgeizig, aber in Rom kann niemand anders leben; ich bin nicht verschwenderisch, aber die Stadt verlangt eben (für *ipsa*: selbst) große Ausgaben; es ist nicht mein Fehler, dass ich jähzornig bin, dass ich mir noch keinen sicheren Lebensstil angeeignet habe (für *constitui*: festgesetzt habe): Meine Jugend ist dafür verantwortlich (wörtlich: macht dies)."
Warum täuschen wir uns? Unser Übel befindet sich nicht außerhalb von uns (ergänzt): Es ist in uns, es sitzt direkt (für *ipsis*) in unseren Eingeweiden, und wir gelangen deswegen schwer zur Gesundheit, weil wir nicht wissen, dass wir krank sind.
Seneca, Epistulae morales 50, 1–4 (mit Auslassungen)

Teil B: Aufgabenteil

Teil I

1. *Zwei Stilfiguren genügen.*

Alliteration	*cupidum, caeci; sumptuosus sum, sed*
Anapher	*nemo … nemo;*
	non ego …, sed; non ego …, sed
Antithese	*caeci tamen ducem quaerunt, nos sine duce erramus;*
	non ego …, sed nemo
Ellipse	*avarum esse … cupidum* (*esse* fehlt)
Parallelismus	*non ego ambitiosus sum, … non ego sumptuosus sum*
Personifikation	*urbs ipsa exigit*
Polyptoton	*ducem … sine duce*

2. *Vier Substantive genügen, die ersten drei finden sich im Übersetzungstext. Eine deutsche Übersetzung ist nicht gefordert.*

error, erroris, m.	Irrtum, Fehler
vitium, vitii	Laster, Fehler
malum, i	Übel, Fehler
valetudo, inis, f.	(schlechter) Gesundheitszustand
morbus, i	Krankheit
aegritudo, inis, f.	Krankheit, Seelenleiden
aegrotatio, onis, f.	Kranksein, Krankheit
insanitas, atis, f.	Krankheit, fehlende Gesundheit
erratum, i	Irrtum, Versehen
mendum, i	Fehler, Versehen
peccatum, i	Fehler, Schuld, Sünde
delictum, i	Fehltritt, strafbare Handlung
labes, is, f.	moralischer Fehler, Schandfleck

– ◡ ◡ | – – | – ◡ ◡ | – ◡ ◡ | – ◡ ◡ | – –
3. Iamque rubescebat radiis mar(e) et aether(e) ab alto
– – | – ◡ ◡ | – – | – – | – ◡ ◡ | – –
Auror(a) in roseis fulgebat lutea bigis. *Vergil, Aeneis, 7,25/26*

4. *Ein Motiv pro Göttin genügt.*

Auf einer Hochzeitsfeier entbrennt ein Streit zwischen Juno, Minerva und Venus, wer die Schönste sei. Um den Streit zu entscheiden, wird der Trojaner Paris als Schiedsrichter hinzugezogen, um dessen Gunst die Göttinnen buhlen. Als er schließlich Venus den Preis zuerkennt, bekommt er im Gegenzug die Griechin Helena zugesprochen. Ihre Entführung nach Troja löst den trojanischen Krieg aus.
In diesem Krieg sind die Fronten zwischen den Göttinnen klar: Aus **Neid** und **Eifersucht** auf Venus und aus **Wut** über den verlorenen Streit entwickelt **Juno** (wie auch Minerva) einen generellen **Hass** auf die Trojaner und stellt sich auf die Seite der Griechen. Dies ist auch der Grund, warum sie mit allen Mitteln versucht, die Mission des Trojaners Aeneas zu verhindern. Die Ereignisse der *Aeneis* sind aber auch durch die Funktion Junos als **Schutzgöttin Karthagos**, der zukünftigen Rivalin Roms, geprägt.
Venus hingegen hegt eine allgemeine **Sympathie** gegenüber den Trojanern, und zwar nicht nur aus **Dankbarkeit** gegenüber Paris, sondern insbesondere aus **Liebe** zu ihrem Sohn Aeneas. Durch ihre Parteinahme für die Trojaner steht sie gleichzeitig auf der Seite des künftigen Roms.

5. *Das* somnium Scipionis *orientiert sich an der an Platon und die Stoa angelehnten Vorstellung von der Sterblichkeit des Körpers und der Unsterblichkeit der Seele, vom vergänglichen Diesseits und einem unvergänglichen göttlichen Jenseits.*

Scipio Aemilianus, der wichtigste Gesprächspartner in *De re publica,* berichtet von einem Traum, in dem er von Scipio Africanus und seinem leiblichen Vater Aemilius Paullus in die Sphären der Sternenwelt geführt wird, die aus ewigem göttlichen Feuer besteht.
Die Seelen der Menschen, die sich tugendhaft verhalten und als Staatsmänner verdient gemacht haben, haben nach ihrer **Befreiung vom sterblichen Körper** einen **Platz im Himmel** sicher. Dort wird ihnen – in Gemeinschaft – das **wahre Leben** gewährt, das aber ausschließlich über eine Bewährung im Leben auf der Erde, das eher als Tod bezeichnet werden müsse, zu erreichen ist. Das Leben im Himmel ist von der **Erkenntnis** der Bedeutungslosigkeit des irdischen Lebens und des dort erstrebten Ruhms sowie von **ewiger Glückseligkeit** geprägt.

Teil II

6. a) *Achten Sie bereits bei der ersten kursorischen Lektüre auf Schlüsselbegriffe. Signalwörter wie „deo, lex universi, patiatur, divina" führen zur richtigen Lösung.*

Die Textstelle ist der Stoa zuzuordnen.

b) *Zwei wesentliche Aspekte mit den entsprechenden lateinischen Zitaten genügen.*

1. Aspekt: Der Weise, der hier mit *magnus animus* (Z. 1) umschrieben wird, gehorcht vernünftigerweise dem **göttlichen Prinzip**. Die Aufforderung *deo pareat,* wie Seneca im Jussiv artikuliert, ist relativ neutral, während das folgende *patiatur* (Z. 2) negativ besetzt ist. Der Relativsatz „was auch immer das Gesetz des Universums befiehlt" (*quidquid lex universi iubet,* Z. 1) legt die Vermutung nahe, dass es sich dabei nicht unbedingt um Annehmlichkeiten handelt. Doch da eine Auflehnung gegen das **Schicksal** zwecklos ist, fügt sich der Weise ohne zu zögern (*sine cunctatione patiatur,* Z. 1/2) auch in sein Lebensende, das hier allerdings nicht explizit erwähnt wird.

2. Aspekt: Nach stoischer Vorstellung erhält der Weise nach dem Tod für seine **vernünftige Lebensführung** ein besseres Leben als Belohnung (*in meliorem emittitur vitam,* Z. 2). Die folgende Beschreibung dieses Lebens nach dem Tod erinnert an Ciceros *somnium Scipionis*: Verdienstvolle Politiker kehren nach ihrem Ableben als ein Teil der **göttlichen Urvernunft** auf die Milchstraße zurück und betrachten dort die Welt von oben. Ähnlich paraphrasiert Seneca den künftigen Aufenthalt des Weisen in göttlicher Umgebung mit Partizip Futur Aktiv (*inter divina mansurus,* Z. 2/3). Drei Komparative (*meliorem, lucidius, tranquillius,* Z. 2) weisen auf eine Verbesserung der „Lebensbedingungen“ hin.

3. Aspekt: Die mit dem zweiten *aut* (Z. 3) eingeleitete Alternative erinnert an Sokrates' Abschiedsrede. Ohne irgendwelche Unannehmlichkeiten – wie im irdischen Leben – zu verspüren (*sine ullo futurus incommodo,* Z. 3) –, wird der Verstorbene wieder **Teil der Natur** und kehrt ins **Universum** zurück (*naturae remiscebitur et revertetur in totum,* Z. 3/4).

7. *Lesen Sie Dihles Zitat genau und markieren Sie Schlüsselbegriffe. Erinnern Sie sich an die gelesenen Passagen aus Petrons Satyrica und stellen Sie drei wesentliche Verbindungen zu Dihles Aussagen her.*
Die folgende Musterlösung ist wesentlich ausführlicher, als von Ihnen erwartet wird. Die lateinischen Zitate und die Stellenangaben dienen Ihrer vertieften Textkenntnis und sind nicht als Prüfungswissen zu verstehen.

Dihle stellt richtig fest, dass die Götter der **traditionellen Religion** und **Jenseitsvorstellungen** in Trimalchios Gesprächsrunde keine Rolle spielen.

- Ganymed beklagt, dass die Äcker aufgrund der anhaltenden Dürre brach liegen, und sieht als Ursache die **mangelnde Frömmigkeit** der jetzigen Generation (*quia nos religiosi non sumus,* 44,18; *ego puto omnia illa a diibus fieri,* 44,17). Früher dagegen beteten fromme Frauen Jupiter ebenso demütig wie erfolgreich um Regen an *(mentibus puris, et Iovem aquam exorabant. Itaque statim urceatim plovebat).*
- Trimalchio selbst erinnert während des Gastmahls seine Gäste mit einem silbernen Skelett an die **Vergänglichkeit** und schließt ein wenig gelungenes Epigramm an (34,10):
  Eheu nos miseros, quam totus homuncio nil est!
  Sic erimus cuncti, postquam nos auferet Orcus.
  Ergo vivamus, dum licet esse bene.

  Er beurteilt den Menschen an sich schon im Leben als wertlos *(totus homuncio nil est)*, der Tod reduziert ihn auf leblose Knochen *(sic erimus cuncti, postquam nos auferet Orcus).* In einem missverstandenen Epikureismus empfiehlt er seinen Gästen, das kurze Leben beim Gastmahl zu genießen *(ergo vivamus, dum licet esse bene).*

  Kurz vorher servierte er angeblich hundertjährigen Falernerwein, der langlebiger ist als der Mensch, und stellt die Gleichung auf: *Vinum vita est* (34,7), verbunden mit der Aufforderung, tüchtig zu zechen.

Trimalchios **Aberglaube**, der in gewisser Weise echte Frömmigkeit ersetzt, erheitert immer wieder Petrons Leser bzw. Trimalchios Gäste:

- Ein Sklave ermahnt jeden eintretenden Gast, mit dem Glück verheißenden rechten Fuß (*dextro pede,* 30,5) den Speisesaal zu betreten. Vorsichtshalber speist Trimalchio am Jahresende auswärts (30,4). Auf den Mond- und Planetenbahnen sind **Glücks- und Unglückstage** vermerkt. Zum Beweis seiner astrologischen Kenntnisse hält Trimalchio einen Vortrag über die zwölf **Tier-**

kreiszeichen, die gleichzeitig auf einem Tablett anschaulich dargestellt sind (35). Im Kap. 39 setzt er seinen Vortrag fort, der hier ins Groteske gesteigert ist.
- Durchdrungen von **abergläubischen Vorstellungen** ist auch die Episode vom Werwolf, die der Gast Niceros erzählt (61,6–62,14). Trimalchio bestätigt ausdrücklich die Glaubwürdigkeit und steigert das Gänsehautgefühl der anderen Gäste mit einer Hexengeschichte (63,1–10).

Ohne jede Jenseitshoffnung erstreben Trimalchios Gäste offenbar tatsächlich **materielles Wohlergehen** als einziges Lebensziel.
- Trimalchio selbst ist so stolz auf seine **Bilderbuchkarriere**, die an den „american dream" erinnert, dass er sie nicht nur als Wandgemälde im *triclinium* für jedermann sichtbar demonstriert (29) und auf seinem Grabmal dargestellt haben möchte (71,5–12), sondern auch seinen Gästen stolz und ausführlich erzählt (75/76).
- Ähnlich kometenhaft meisterte Fortunata, wie einer der Gäste in Kap. 37 berichtet, den Aufstieg aus bescheidensten Verhältnissen durch die Heirat mit Trimalchio, über dessen wirtschaftliche Verhältnisse er ebenfalls unglaubliche Details berichtet. Dieser Sprecher glaubt, jeder Mensch habe einen Schutzengel (*ignoscet mihi genius tuus,* 37,3), der zu extremem **Reichtum** verhilft (*cum Incuboni pilleum rapuisset, thesaurum invenit,* 38,8).
- Die Freigelassenen sprechen über körperliche **Grundbedürfnisse**, für deren **Befriedigung** sie materiellen **Besitz** benötigen (42–45).

Insgesamt schildert Albrecht Dihle Trimalchios Kreis absolut treffend.

8. *Vergessen Sie nicht, den Text Freuds in Ihrer Darstellung zu zitieren. Bedenken Sie, dass für das Erreichen der vorgegebenen sechs Bewertungseinheiten drei Argumente genügen, wobei jede Gemeinsamkeit und jeder Unterschied jeweils als ein Argument zählt. Achten Sie aber darauf, dass Sie bei derartigen Aufgabenstellungen nicht ausschließlich Gemeinsamkeiten oder Unterschiede nennen, da dies zu Punktabzug führen kann. Im Lösungsvorschlag sind mehr als die drei geforderten Argumente angegeben.*

Dem Epikureer ist „die Lust" *(voluptas)* alleiniges Richtmaß im Leben, dessen Ziel das „glückselige Leben" *(vita beata)* ist. Zu ihm führt nicht die bloße Bedürfnisbefriedigung des Augenblicks, die „Lust in der Bewegung", sondern die **„Lust in der Ruhe"**, ein Glück, das auch nach Freud das Ziel des von ihm beschriebenen Verhaltens ist („Das Glück … ist das der Ruhe", Z. 3/4).
Während Freud jedoch die Ansicht vertritt, dass Glück auf mehreren Wegen zu erreichen sei und es somit verschiedene **Arten von Glück** gibt („Das Glück, das man auf diesem Weg erreichen kann, ist das der Ruhe, Z. 3/4), ist für Epikur die vollkommene Seelenruhe das Einzige, was als Glück bezeichnet werden kann.
Das Lebensmotto, das Epikur seinen Anhängern mitgibt, lautet *Lathe Biosas*, **„Leb im Verborgenen"**. Auch Freud sieht im Rückzug eine Möglichkeit des Menschen, sich zu schützen, doch hat die von ihm beschriebene „gewollte Ver-

einsamung“ (Z. 1) und der damit einhergehende Verzicht auf sozialen Kontakt nichts mit der Intention Epikurs zu tun. Ganz im Gegenteil schwebt Epikur zwar ein Leben fern der Politik und der Öffentlichkeit vor, aber im abgeschiedenen Kreis enger vertrauter Freunde, da diese das Leben erst lebenswert machen.
Grund für die von Freud genannte Vereinsamung ist der „Schutz gegen das Leid“ (Z. 2). Im Ziel, **Leid** in Form von emotionaler Beeinträchtigung zu vermeiden, trifft er sich jedoch wieder mit Epikur.

9. a) *Beschränken Sie sich auf die zwei wesentlichen Informationen, die Sie sicher verstanden haben. Richten Sie Ihre Aufmerksamkeit auf Eigennamen und Schlüsselbegriffe.*

   - Poppaea war eine intelligente Frau, die interessante Gespräche führen konnte.
   - Beim Tod ihrer Mutter war Poppaea sechzehn Jahre alt und schon mit dem Reiterpräfekten Rufrius Crispinus verheiratet.
   - Nach kurzer Zeit verließ sie ihn, um Otho zu heiraten.

   b) prefetto – praefectus, i; praeficere
   moglie – mulier, eris

10. *Sie sollten zur Beantwortung dieser Aufgabe entsprechende Stellen aus Ciceros* De re publica *im Kopf haben. Wörtliches Zitieren des lateinischen Textes ist nicht nötig. Bedenken Sie, dass der Begriff des* bellum iustum *für die römische Außenpolitik eine wichtige Rolle spielt.*

Cicero befasst sich im 3. Buch von *De re publica* mit der Rechtmäßigkeit von Kriegen, wobei er den Gesprächspartner Laelius seine eigene Überzeugung darlegen lässt: *Illa iniusta bella sunt, quae sunt sine causa suscepta. Nam extra ulciscendi aut propulsandorum hostium causam bellum geri iustum nullum potest … Nullum bellum iustum habetur nisi denuntiatum, nisi indictum, nisi de repetitis rebus* (*De re publica* 3,35).
Nach Cicero ist Krieg also dann erlaubt, wenn ein **berechtigter Grund** vorliegt. Berechtigte Gründe sind erlittenes Unrecht, das zu vergelten, oder ein Angriff eines äußeren Feindes, der abzuwehren ist *(extra ulciscendi aut propulsandorum hostium causam).* Rein formal muss ein gerechter Krieg angekündigt und erklärt werden *(denuntiatum … indictum)* und ihm muss eine Forderung nach Wiedergutmachung vorausgegangen sein *(de repetitis rebus).* Im vorliegenden Ausschnitt aus dem Grundgesetz wird nur auf unberechtigte Gründe für einen Krieg eingegangen, sodass die berechtigten nur *ex negativo* abgeleitet werden können. Formale Gesichtspunkte wie bei Cicero spielen jedoch keine Rolle.
In jedem Fall aber ist ein **Angriffskrieg** unrechtmäßig, sodass in diesem Punkt das Grundgesetz im Prinzip mit der Ansicht Ciceros übereinstimmt, da ein Angriffskrieg, wie der Name sagt, keine Verteidigung gegen erlittenes oder drohendes Unrecht darstellt. Er widerspricht somit dem Ziel des **friedlichen Zusam-**

menlebens der Völker, das auch für Cicero als erstrebenswert gilt (z. B. *De officiis* 1,35: *ut sine iniuria in pace vivatur*).

11. *Hier sollten Sie herausarbeiten, wie auch diese Verse dem vom Dichterkreis um Maecenas („Hofschriftsteller“) unterstützten Reformprogramm des Kaisers Augustus entsprechen. Die vorliegende Textstelle stammt aus dem 8. Buch der Aeneis (Vergil, Aeneis, 8,359–365).*

An vielen Stellen weist die *Aeneis* über das dargestellte mythische Geschehen um Aeneas, den „Urvater“ Roms, hinaus, um die Zeit des augusteischen Prinzipats ins Auge zu fassen und Augustus und dem von ihm verkündeten politischen Programm zu huldigen. So auch hier (Aeneis 8,359–365):
Schon in den ersten drei Zeilen wird ein Bild bescheidenen **ländlichen Lebens** um den König Euander geschildert *(pauperis Euandri; armenta … mugire)*, der dort eine griechische Kolonie gegründet hatte, wo einst das Zentrum der Stadt Rom stehen sollte. Euander weist zunächst darauf hin, dass selbst der Halbgott Herkules seine bescheidene Wohnstatt als Gast nicht verschmähte (V. 4/5), um dann Aeneas aufzufordern, sich eines Herkules würdig zu zeigen *(te … dignum finge deo),* Reichtum gering zu schätzen *(contemnere opes)* und bescheidene Verhältnisse zu achten (*rebusque … non asper egenis;* V. 6/7).
Hier klingt ein Motiv der augusteischen Propaganda an, nach dem es gelte, in der vom Prinzeps begründeten Epoche einer neuen Zeit nach der Beendigung der Bürgerkriege zur **Bescheidenheit** und zu den **Sitten der Väter** *(mores maiorum)* zurückzukehren und die (von Sallust gegeißelten) Laster der Zeit, Habsucht und ausartenden Luxus *(avaritia, luxuria)*, hinter sich zu lassen. Die Dichter des Maecenaskreises huldigen der von Augustus angestrebten Erneuerung, indem sie dem neuen Zeitalter öfter Züge des mythischen **„goldenen Zeitalters“** verleihen, das von Sittenreinheit, Bescheidenheit und friedlichem ländlichen Glück geprägt war, so z. B. Vergil in seiner 4. Ekloge oder Horaz in den Carmina 4,5 und 4,15. Augustus versuchte auch durch seine Gesetzgebung, unmäßigen Luxus und ungezügelten Lebensstil einzuschränken. Obwohl sich Rom unter seiner Herrschaft aus einer „Backsteinstadt“ in „eine Stadt aus Marmor“ verwandelte, lebte der Prinzeps selbst in einer bescheidenen Villa auf dem Palatin. So spiegelt sich also auch in diesen wenigen hier zitierten Versen das augusteische Reformprogramm.

Teil III

12. a) *Erinnern Sie sich an gelesene Texte des stoischen Philosophen Seneca. Bedenken Sie, dass es sich bei der vorliegenden Passage um einen Ausschnitt aus einem Brief handelt. Beachten Sie besonders die zahlreichen rhetorischen Figuren.*

In seinen Kunstbriefen, die von Anfang an zur Veröffentlichung konzipiert waren, belehrt Seneca seinen jüngeren Freund Lucilius über die richtige **philosophische Lebensführung**.
Den 51. Brief verfasst Seneca in Baiae, das mit heutigen Touristenhochburgen wie Mallorca vergleichbar ist, wo zahlreiche Vergnügungen geboten sind, die den **Seelenfrieden** stören. Im vorliegenden Ausschnitt schildert Seneca nicht etwa die Annehmlichkeiten von Baiae, sondern seine Befindlichkeit.
Seine Seelenruhe stört hier die personifizierte **Schicksalsgöttin Fortuna**, die ihm den **Krieg** erklärt hat (*Fortuna mecum bellum gerit,* Z. 1). Nach diesem sehr kurzen Hauptsatz schildert Seneca seine geplante Reaktion darauf ebenfalls kurz und bündig mit chiastischer Wortstellung und einem Partizip Futur. Fortuna erteilt ihm Befehle, die er nicht auszuführen gedenkt (*non sum imperata facturus,* Z. 1). Die folgende Metapher ist der Landwirtschaft, aber auch dem Militärwesen zuzuordnen. Ein Joch dient zum Einspannen von Zugtieren für den Ackerbau; unter das Joch geschickt und somit gedemütigt werden besiegte Soldaten und Sklaven, die dadurch ihre Unterlegenheit gegenüber dem dominierenden Herrn hautnah erleben. Seine momentane **Unterlegenheit** gegenüber der **Schicksalsgöttin** akzeptiert der Philosoph nicht, sondern schüttelt das Joch ab. *Iugum non recipio* steigert er zu *immo ... excutio.* Beide Verben stehen im Präsens, nicht etwa im Futur, Seneca befindet sich also bereits im **Befreiungskampf**. Die hierfür nötige Kraftanstrengung kommt durch das prädikative Gerundiv *faciendum est* und den Komparativ *maiore* zum Ausdruck. Seneca muss sich gegen das von Fortuna auferlegte Joch wehren, Verweichlichung muss auf jeden Fall verhindert werden, wie er wiederum mit Gerundiv in einer sehr knappen Parataxe feststellt (*non est emolliendus animus,* Z. 2). Von Erfolg gekrönt ist seine Anstrengung aufgrund seiner **römischen Tugend**, die er in dieser schwierigen Situation in besonderem Maß aktiviert (*maiore virtute,* Z. 2). In diesem ersten Abschnitt schildert Seneca also Lucilius und allen Lesern seinen tapferen Kampf gegen die Schicksalsgöttin.
Im anschließenden Bedingungssatz konkretisiert sich Fortunas Angriff, den er durch seine *virtus* abwehren muss, durch die Verlockungen des Badeortes Baiae. Die Hypothese im Futur II (*si voluptati cessero,* Z. 3) hat gravierende Folgen, die im asyndetischen Trikolon mit Anapher und Parallelismus vorgeführt werden *(cedendum est dolori, cedendum est labori, cedendum est paupertati).* Seneca gibt eine eindringliche **Begründung**, warum er den Kampf gegen die in Baiae herrschende *voluptas* auf keinen Fall verlieren darf. Die Folgen wären Schmerz, Mühen und Armut, die der Weise vernünftigerweise vermeidet, andernfalls geduldig ertragen müsste, wofür ihm in seinem geschwächten Seelenzustand die Kraft fehlen könnte. Noch gravierendere Angriffe auf die **Seelenruhe** malt sich Seneca in den beiden nächsten Sätzen aus, die im Futur auf eine mögliche schlimme Zukunft weisen. Wenn Seneca sich nicht erfolgreich gegen die *voluptas* zur Wehr setzt, werden die personifizierten **Affekte** „Ehrgeiz“ und „Zorn“ ebenfalls ein Anrecht auf ihn

beanspruchen (*idem sibi in me iuris esse volet et ambitio et ira,* Z. 4). Die Metapher aus dem Rechtswesen lässt Seneca, der sich durch seinen Aufenthalt in Baiae ins Unrecht begeben hat, gewissermaßen als Angeklagten vor Gericht stehen. Mit *inter tot affectus* fasst der Philosoph alle Störungen auf seinem Weg zur **vollkommenen Weisheit** zusammen, zwischen denen er hin- und hergerissen, im schlimmsten Fall sogar zerrissen werden kann. Ähnlich wie er im ersten Abschnitt seine Anstrengung von *recipio* zu *immo … excutio* steigert, spricht er nun von seiner Zerrissenheit, die es zu verhindern gilt, in der 1. Person Futur Passiv mit Hendiadyoin und Homoioteleuton: *distrahar, immo discerpar* (Z. 5). Indem Seneca hier seinen eigenen vorbildlichen Kampf schildert, fordert er implizit Lucilius und alle Leser zur gleichen Kraftanstrengung auf.
Die im dritten Abschnitt in Aussicht gestellte **Belohnung** steht an der betonten ersten Stelle im Satz. *Libertas proposita est* (Z. 5) formuliert Seneca bewusst allgemeingültig ohne das Dativobjekt *mihi*. Diese Belohnung ist alle Mühen wert, die mit dem Verb *laborare* in der 3. Person Singular Indikativ Präsens Passiv unpersönlich ausgedrückt werden. *Ad hoc praemium laboratur* (Z. 5) bildet einen pointierten Gegensatz zu *cedendum est labori* (Z. 3), den das Polyptoton *labori; laboratur* unterstreicht. Da ein Brief als halber Dialog gilt, schaltet sich immer wieder der Adressat ein, dem Seneca nun die Frage nach der Freiheit in den Mund legt (*Quae sit libertas, quaeris?* Z. 6). Seneca definiert das Nomen *libertas* durch das Gegenteil *servire* in Form eines Infinitivs Präsens Aktiv, der als Ellipse nur einmal steht und durch asyndetisches Trikolon mit Anapher, Polyptoton, Alliteration und Klimax drei Dativobjekte erhält *(nulli rei servire, nulli necessitati, nullis casibus).* Seneca befreit sich von dem Joch, indem er keinem **Affekt** nachgibt. *Servire* kann als Steigerung zu *cedere* aufgefasst werden. Den Kampf gegen das Schicksal kann Seneca zu Lebzeiten nicht gewinnen, aber durch seine stoische Haltung hat er seine Position erheblich verbessert und begegnet Fortuna nun auf Augenhöhe (*Fortunam in aequum deducere,* Z. 7).

b) Der vorliegende Textabschnitt gibt keine Auskunft darüber, warum Seneca diesen Badeort, der seinen Seelenfrieden gefährdet, nicht einfach gemieden hat. Epikur würde entsprechend seinem Motto *late biosas* von dem Rummel in Baiae abraten und die Gesellschaft ausgewählter Freunde an einem ruhigen Ort empfehlen.
Seelenruhe ist das oberste Ziel der Stoiker und Epikureer. Voraussetzung ist nach stoischer Ansicht **Freisein von Affekten**, was bei Seneca gerade nicht gegeben ist, denn er sagt *inter tot affectus distrahar* (Z. 4 und 5). Ehrgeiz und Zorn, die zurzeit ein Anrecht auf Seneca beanspruchen (*idem sibi in me iuris esse volet et ambitio et ira,* Z. 4), meidet auch der Epikureer, indem er sich vom öffentlichen Leben und von der Politik zurückzieht.
Völlig konträr ist die Einstellung zur ***voluptas,*** die von den Stoikern abgelehnt wird, während sie für die Epikureer ein ganz wesentliches Ziel ist. Um die Lust als höchstes Gut möglichst dauerhaft zu erhalten, wird der Epikureer

nicht über die Stränge schlagen, aber er wird sie auch nicht wie der Stoiker grundsätzlich als schädlich ablehnen.
Der **Schmerz** ist nach Epikur das größte Übel, das es durch philosophische Lebensführung und maßvollen Lustgenuss zu vermeiden gilt. Der Stoiker dagegen muss vom Schicksal verfügten Schmerz geduldig ertragen.
Laut Epikur regiert der Zufall, die Stoiker meinen, alles sei vom unabwendbaren Schicksal bestimmt. Beide Philosophenschulen sind sich aber einig, dass der Weise sich von **äußeren Gegebenheiten** unabhängig machen soll.

13. a) *Achten Sie auf die Subjunktion* si, *die drei verschiedene Beispiele einleitet und dadurch den Text gliedert. Die Bedeutung unbekannter Vokabeln entnehmen Sie in der Regel der beiliegenden Übersetzung, da das Nachschlagen im Lexikon zu zeitaufwendig ist und nur bei Schlüsselbegriffen sinnvoll ist.*

Horaz' Satiren, also auch der vorliegende Ausschnitt, sind in **Hexametern** gestaltet. Der einleitende Bedingungssatz erstreckt sich über neun Verse, deren syntaktische Einheit durch häufiges Enjambement unterstrichen wird. In den *sermones* wird gelegentlich jemand persönlich angesprochen, wie hier in V. 13. Horaz kritisiert humorvoll übertreibend menschliche Schwächen, wie hier die ***avaritia***, durch konkrete Beispiele aus dem römischen Alltagsleben in plastischer Ausdrucksweise.
Die Subjunktion *si*, die anaphorisch am Anfang von V. 1 und 5 und in der Mitte von V. 7 steht, leitet jeweils hypothetisch ein Fehlverhalten ein, wobei das erste Beispiel mit vier Versen ausführlicher geschildert wird als die beiden folgenden. Horaz nennt keine Namen, sondern beschreibt „irgendjemanden“ (*siquis,* V. 1), der im dritten Beispiel neunundsiebzig Jahre alt ist und am Schluss als gottverhasster Greis beschimpft wird (*dis inimice senex,* V. 12). Es könnte sich auch um drei alte Männer mit ähnlichen Verhaltensmustern handeln. Jedenfalls werden drei Verhaltensweisen angeprangert, die durch extremen **Geiz** – *parcus* sagt Horaz in V. 4 stark untertreibend – motiviert sind.
Im **ersten Fall** wagt ein Herr (*dominus,* V. 3) seinen riesigen Getreidevorrat, wie auch das Hyperbaton betont (*ingentem frumenti … acervum,* V. 1), nicht einmal zu berühren (*contingere granum,* V. 3) und stillt seinen Hunger stattdessen mit bitteren Blättern, in die sich der Geizhals durch das Hyperbaton gewissermaßen einwickelt (*foliis … vescatur amaris,* V. 4). Die Verben *vigilet, audeat, vescatur* stehen im Konjunktiv Präsens; sie drücken als Potenzialis eine vorsichtig geäußerte Vermutung aus. Einen ironischen Kontrast bilden hierzu die übertriebenen Formulierungen: vom riesigen Haufen (*ingentem … acervum,* V. 1), den der Herr selbst rund um die Uhr (*semper,* V. 1) bewacht, indem er sich mit langem Knüppel (*cum longo fuste,* V. 2) danebenlegt (*porrectus,* V. 2), traut er sich nicht einmal ein Körnchen zu berühren (*contingere granum,* V. 3).
Während im ersten Fall jemand trotz überreicher Vorräte, die er aus **Habgier** gehortet hat, zu geizig ist, um seinen Hunger angemessen zu stillen, bezieht

sich das analog strukturierte **zweite Beispiel** auf ein anderes Grundbedürfnis, den Durst, den die Römer gewöhnlich mit verdünntem Wein stillten. *Acre potet acetum* – der Geizkragen säuft sauren Essig – formuliert Horaz anschaulich mit Hyperbaton, Alliteration und Pleonasmus und dem Verb wiederum im Potenzialis; dabei hat er doch aus Habgier alte Spitzenweine in rauen Mengen bevorratet. Der Ablativus absolutus *positis intus Chii veterisque Falerni mille cadis* (V. 5 und 6) scheint runde Weinfässer nachzubilden. Die ausgeprägteste Hyperbel in dem insgesamt von **Übertreibungen** geprägten Text findet sich bei der Zahl *mille*, die in *tercentum mille* (V. 6) korrigiert wird und keinen Zweifel daran lässt, dass der Besitzer diesen ungeheuren Vorrat bis an sein Lebensende nicht verbrauchen könnte.
Während die ersten beiden Beispiele identisch angelegt sind – ein Habgieriger hamstert einen riesigen Vorrat, den er dann aus **Geiz** nicht einmal anrührt, stattdessen befriedigt er sein Grundbedürfnis mit einem minderwertigen Ersatzprodukt –, ist das **dritte Beispiel** umgekehrt aufgebaut. Der Neunundsiebzigjährige, wie das ungewöhnliche Enjambement bei *undeoctoginta* (V. 7/8) betont, schläft in seinen letzten Lebensjahren noch auf bloßem Stroh (*stramentis incubet undeoctoginta annos natus,* V. 7/8), während seine prächtige Decke gleichzeitig von Motten zerfressen wird. *Stragula vestis, blattarum ac tinearum epulae, putrescat in arca* (V. 8/9) schildert drastisch den Verfall der ungenutzten Decke, die zwar sorgfältig in der Truhe aufbewahrt, aber dort von Ungeziefer vertilgt wird. Der alte Mann vermeidet den Verschleiß seiner einzigen wertvollen Decke, indem er sich mit Stroh begnügt. Obwohl hier die Komponente des Überflusses fehlt, wird die *avaritia* des Greises wiederum angeprangert, der sich selbst kein bisschen Bequemlichkeit gönnt, sondern Schädlingen zu einer Mahlzeit verhilft. *Blattarum et tinearum epulae* formuliert Horaz in V. 9 voller **Ironie**. Schaben und Motten nehmen ein kostbares Mahl zu sich, während der Herr sich im ersten Beispiel von bitteren Blättern ernährt, was eher Tieren zukäme (*vescatur,* V. 4), und im zweiten Beispiel der Besitzer eines erlesenen Weinkellers sauren Essig säuft (*acre potet acetum,* V. 6/7).
In einem Bedingungssatz über neun Verse führt Horaz satirisch übertreibend drei Aspekte einer geradezu absurden Lebensweise vor, deren paradoxe Folge in V. 10 mit einem kurzen **pointierten Hauptsatz** den Leser überrascht. Nur wenige dürften dieses Verhalten wohl als unvernünftig, ja sogar geisteskrank einstufen. *Nimirum insanus paucis videatur* (V. 10) stellt Horaz wiederum im Potenzialis fest, während die Begründung im Kausalsatz mit Indikativ Präsens als Realität dargestellt wird. Der Superlativ *maxima pars hominum* (V. 11) steht in schroffem Kontrast zu *paucis*, das Adjektiv *insanus* wird paraphrasierend und mit Hyperbaton gesteigert zu *morbo iactatur eodem* (V. 11). Das lächerliche Verhalten des krankhaft geizigen alten Mannes fällt der Mehrheit gar nicht auf, da sie von derselben **Geisteskrankheit** befallen ist.
Der vorliegende Textausschnitt endet mit einer **fiktiven Frage**, die Horaz an den vorher karikierten Alten richtet, den er sehr unfreundlich mit *dis inimice*

senex (V. 13) anspricht, weil er in doppelter Hinsicht den **goldenen Mittelweg**, der Horaz in Anlehnung an Aristoteles am Herzen liegt, verfehlt. Der alte Mann hortet zunächst Gottesgaben, indem er sie seinen Mitmenschen vorenthält, und weiß sie dann nicht einmal maßvoll zu genießen. Das Verb in der 2. Person Singular Indikativ Präsens Aktiv *custodis* (V. 13) greift *vigilet* (V. 2) wieder auf. Der Unvernünftige spart seinen Besitz, der allgemein als *haec* (V. 12) bezeichnet wird, für einen Erben, der die Ersparnisse verschwenden wird. Erbberechtigt ist entweder ein Sohn oder ein Freigelassener, dem er sein Vermögen noch weniger gönnt (*filius aut etiam libertus,* V. 12). Das Verb *ebibat* im Finalsatz (V. 12), das sicher den Zweck der übertriebenen Sparsamkeit nicht richtig erfasst, passt im engeren Sinn nur zu den Weinvorräten, vielleicht weil die Decke von Motten und die Kornvorräte möglicherweise von Nagern verspeist werden.

b) *Die Teilbereiche a und b müssen nicht getrennt abgehandelt werden, wodurch sich einige Wiederholungen vermeiden ließen.*

Horaz hat seine zwei Bücher Satiren im **Hexameter**, dem seit Lucilius typischen Versmaß der Gattung, verfasst.
Anders als beim Epos werden oft sehr konkrete Aussagen über den **Alltag** in **drastischer Wortwahl** getroffen. Von Essen und Trinken ist in allen Satiren die Rede. In Satire II,6 schwärmt Horaz beispielsweise von einfachen und wohlschmeckenden Mahlzeiten auf dem **Land**. Die Beschreibung der Vorräte erinnert auch an die Fabel von der Stadtmaus und der Landmaus am Ende der Satire II,6. Auf der Reise nach Brundisium in Satire I,5 plagen die Fahrgäste Stechinsekten, die an die stofffressenden Motten erinnern.
Seiner Maxime ***ridentem dicere verum*** (Satire I,1, 24) wird Horaz grundsätzlich und auch in der vorliegenden Textpassage gerecht. Indem er **menschliche Charakterschwächen** grotesk überzeichnet, weist er humorvoll auf Missstände hin. Dabei wird er niemals persönlich verletzend, da er **keine Namen** nennt, sondern Pronomen wie *aliquis* oder *quidam* oder Berufsbezeichnungen wie z. B. *miles* in Satire I,1 verwendet. Das Laster der ***avaritia*** wird auch in der Satire I,1 angeprangert und am Beispiel von Geld, Getreide und Wassermassen *ad absurdum* geführt (V. 40–60). Den **goldenen Mittelweg** empfiehlt Horaz in Satire I,1, 106/7 mit folgenden Worten:
Est modus in rebus, sunt certi denique fines
quos ultra citraque nequit consistere rectum.
Im vorliegenden Textausschnitt verfehlt der Alte die goldene Mitte, indem er nacheinander zuerst in extreme Habgier, dann in extremen Geiz verfällt, zwei verschiedene Ausprägungen der *avaritia*, die dem Leser anschaulich vor Augen geführt werden, damit er selbst das richtige Maß findet. Die in V. 10 angedeutete Synthese muss der Leser wie häufig in der **philosophischen Diatribe** selbst finden.
Gattungstypisch gibt es in den *sermones* immer wieder **direkte Anreden**, in diesem Fall die des alten Geizhalses in V. 13. In Satire I,9 versucht Horaz

eine stadtbekannte Nervensäge abzuschütteln. Indem er den als *quidam* vorgestellten Schwätzer in allerlei Gespräche verwickelt, macht er ihn gleichzeitig auch lächerlich.
Im vorliegenden Text erwähnt Horaz nicht gerade taktvoll die künftigen Erben. Trotz seiner Grobheit meint Horaz es letztlich gut mit dem Neunundsiebzigjährigen. Denn die für Horaz' Lebensphilosophie sehr typische Aufforderung ***carpe diem*** kommt noch nicht völlig zu spät, auch wenn sie in V. 12 etwas grob verpackt ist.
Zusammenfassend lässt sich feststellen, dass der Ausschnitt aus Satire II,3 im formalen, sprachlichen und inhaltlichen Bereich **typische Merkmale** der **Verssatire** aufweist.

14. *Denken Sie daran, dass Livius gerade in der ersten Dekade seines Werkes „exemplarische Geschichte" schreibt, was heißt, dass die dargestellte Handlung vorbildhaften Charakter hat. Sie sollten nicht vergessen, dass 16 Bewertungseinheiten in etwa acht überzeugende Argumente verlangen.*

a) Der Text führt den Leser in die Frühzeit der römischen Geschichte zurück, als Rom, nachdem der letzte etruskische König Tarquinius Superbus 510 v. Chr. aus der Stadt vertrieben worden war, sich noch gegen die Angriffe etrurischer Truppen verteidigen musste, im vorliegenden Text gegen den Etruskerkönig Porsenna.
Auf gedrängtem Raum stellt Livius in einer einzigen langen Periode die **Tat der Cloelia** und alle ihre äußeren Umstände dar (Z. 1–4): Am Beginn steht im Ablativus absolutus *honorata virtute* sowohl das Motiv von Cloelias Tat als auch ein Schlüsselbegriff römischer Moral: Ehre durch Tugend. Angeregt von Taten eines Mucius und eines Cocles (s. u. Coclites) erringen sich auch die weiblichen Geiseln des Porsenna öffentlichen Ruhm *(publica decora)*: Auch für Livius bedeutet wie schon für Sallust moralisches Handeln Dienst am Staat, sein Lohn ist öffentliche Anerkennung *(decus, gloria)*. Nachdem das Motto des Textes, beispielhaftes Handeln *(exemplum)*, angeschlagen ist, wird das dramatische Geschehen um den Kern des Satzes *Cloelia virgo … Tiberim tranavit … restituit* komponiert: Cloelia ist eine der Geiseln (Apposition *una ex obsidibus*), der kausale *cum*-Satz schildert die geographische Situation: Das Etruskerlager liegt nahe am Tiber. Die Umstände der Flucht sind äußerst knapp und durch inkonzinne Ausdrucksweise dennoch sehr farbig dargestellt: Das Participium coniunctum *frustrata* am Anfang deutet ein Täuschungsmanöver an, das Prädikatsnomen *dux*, fast ein Oxymoron zu *virgo*, betont stark die führende Rolle Cloelias, der Präpositionalausdruck *inter tela hostium* beschreibt die Gefährlichkeit der Flucht, man befindet sich mitten im Krieg; das weitere Prädikatsnomen (diesmal auf das Akkusativobjekt *omnes* bezogen, mit dem es eng verbunden ist) weist auf das glückliche Ende des Unternehmens hin: Man ist in Rom und bei seinen Familienangehörigen angekommen *(Romam ad propinquos)*.

Die **Reaktion Porsennas** (Z. 4–9) wird durch den relativen Satzanschluss *(quod ubi)* eng an Cloelias Tat angeschlossen, wobei durch die antithetische Stellung der sich auf Porsenna beziehenden Partizipialkonstruktionen *(primo incensus ira ... Deinde in admirationem versus)* der Gesinnungswandel Porsennas unterstrichen wird. Die Kompaktheit des Dargestellten wird durch den historischen Infinitiv *(alias haud magni facere)* noch betont, wobei die besondere Rolle der Cloelia, auf die es Porsenna allein ankommt, nochmals herausgestellt wird. Livius fährt mit den die Darstellung beschleunigenden historischen Infinitiven fort *(dicere ... prae se ferre)*, wenn er berichtet, dass Porsenna die Tat der Frauen noch über die Taten männlicher römischer Helden stellt *(supra Coclites Muciosque)*, und das großzügige Angebot macht, er werde, anstatt den Waffenstillstandsvertrag für gebrochen zu halten (*pro rupto foedus se habiturum;* Ellipse von *esse* hier und bei dem folgenden *remissurum*), Cloelia, sollte sie ihm überstellt werden, „unberührt und unverletzt zu den Ihren zurücksenden“ (hervorgehoben durch die Assonanz von *intactam inviolatamque*). Die Heldenhaftigkeit Cloelias wird gerade dadurch, dass sie vom Feind konstatiert wird, in besonderer Weise von Livius hervorgehoben.

Die Passage endet lapidar mit *Utrimque constitit fides* (Z. 9), wobei der im Kanon der *mores maiorum*, der „Sitten der Väter“, besonders wichtige Begriff der *fides*, der **Vertragstreue**, durch Endstellung betont ist.

Der Text stellt eine der „beispielhaften Handlungen“ *(exempla)* in *Ab urbe condita* dar, in denen Livius seinen römischen heldenhaften männlichen Vorbildern Frauen gleichwertig zur Seite stellt.

b) Neben Cloelia ist auch der Gegner Roms, der Etruskerkönig Porsenna, ebenso knapp wie positiv beschrieben: Als charakterstarker Führer seiner Soldaten lässt er sich von erfahrener Schande durch die Flucht der Geiseln zwar zunächst von Zorn hinreißen, dann aber als rational denkender Feldherr nicht davon abhalten, dem Feind, Cloelia und ihren Frauen, umstandslos **Bewunderung** entgegenzubringen. Er macht den Römern ein hochherziges und großzügiges **Angebot**, die bedingungslose Rückerstattung einer ausgelieferten Geisel: Hier wird der gegenseitige Respekt militärischer Kriegsgegner exemplarisch verdeutlicht. Das ganze Geschehen ist von ***fides*** geprägt, einem zentralen römischen Wertbegriff, der im Völkerrecht die Vertragstreue völkerrechtlicher Vertragspartner bedeutet.

Abitur Latein (Bayern) 2014

Teil A: Übersetzung

Härte oder Milde?

Augustus ist bisher mit großer Härte und Strenge gegen seine Gegner vorgegangen. Nun wird er durch den Attentatsversuch des L. Cinna, eines bislang unbescholtenen Enkels des Cn. Pompeius, herausgefordert. Dabei bahnt sich, wie Seneca überliefert, ein Sinneswandel des Augustus an:

Cum Augustus annum quadragesimum transisset et in Gallia moraretur, indicium ad eum delatum est L. Cinnam, stolidi ingenii virum, insidias ei struere. Dictum est, et ubi et quando et quemadmodum aggredi vellet. Nam unus ex consciis deferebat[1]. Constituit Augustus se a Cinna vindicare[2] et consilium amicorum advocari iussit.

Nox illi inquieta erat, cum cogitaret adulescentem nobilem, Cn. Pompei nepotem, esse damnandum. Gemens subinde voces varias emittebat et inter se contrarias:[3]

„Quid ergo? Ego percussorem meum securum ambulare patiar? Non dabit poenas[4]?“ Silentio interposito Augustus maiore voce sibi quam Cinnae irascebatur[3]: „Quid vivis, si tam multorum interest te perire? Quis finis erit suppliciorum, quis sanguinis? Non est tanti[5] vita mea, si tam multi perdendi sunt, ut ego non peream.“

Interpellavit tandem illum Livia uxor et: „Admittis“, inquit, „muliebre consilium? Fac, quod medici facere solent, qui, ubi usitata remedia non procedunt, temptant contraria. Severitate nihil adhuc profecisti. Nunc tempta, quomodo tibi cedat[6] clementia! Ignosce L. Cinnae! Deprehensus est: Nocere tibi non iam potest, prodesse famae tuae potest.“

1 deferre	*hier:* verraten
2 se vindicare ab aliquo	sich an jemandem rächen
3 *Augustus spricht im Folgenden sich selbst an.*	
4 poenas dare	*hier:* bestraft werden
5 tanti esse	*hier:* so viel wert sein
6 cedere alicui	*hier:* sich auswirken für jemanden

Teil B: Aufgabenteil

Teil I

Bearbeiten Sie von den folgenden fünf Aufgabenstellungen ***vier*** *Aufgaben nach eigener Wahl! Erreichbar sind je vier Bewertungseinheiten.*

1. Welche Stilmittel erkennen Sie in folgendem Ausschnitt aus dem Übersetzungstext? Geben Sie **zwei** verschiedene Stilfiguren mit den entsprechenden lateinischen Belegstellen an!

   Severitate nihil adhuc profecisti. Nunc tempta, quomodo tibi cedat clementia! Ignosce L. Cinnae! Deprehensus est: Nocere tibi non iam potest, prodesse famae tuae potest.

2. Stellen Sie **vier** lateinische Substantive zum Wortfeld „Bestrafung/Verurteilung" zusammen! Der Übersetzungstext bietet Ihnen Anhaltspunkte.

3. Analysieren Sie die folgenden Verse metrisch, indem Sie Längen und Kürzen auf Ihr Arbeitsblatt schreiben und die einzelnen Verselemente (Metren) gegeneinander abgrenzen!

   Ipse pater dextram Anchises haud multa moratus
   dat iuveni atque animum praesenti pignore firmat.

4. Geben Sie in knappen Worten wieder, wie die epikureische Philosophie zur menschlichen Gemeinschaft steht! **Zwei** wesentliche Gesichtspunkte genügen.
   • Lathe biosas • enger Kreis Vertrauter (wenige)

5. Beschreiben Sie das Verhältnis zwischen Horaz und Maecenas anhand von **zwei** charakteristischen Merkmalen! • freundschaftlich → Landgut
   • ärmlicher Horaz → philosophisches Gedankengut

Teil II

Bearbeiten Sie von den folgenden sechs Aufgabenstellungen ***drei*** *Aufgaben nach eigener Wahl! Erreichbar sind je sechs Bewertungseinheiten.*

6. a) Ordnen Sie folgende Textstelle in ein philosophisches System der Antike ein!

   b) Auf welche Gesichtspunkte stützen Sie Ihre Entscheidung? **Zwei** Gesichtspunkte mit Belegen aus dem Text genügen. → stoisch

   Cum […] cognoverit beatam esse vitam, non quae secundum voluptatem est, sed secundum naturam, cum virtutem unicum bonum hominis adamaverit, turpitudinem solum malum fugerit, reliqua omnia – divitias, honores, bonam valetudinem, vires, imperia – scierit esse mediam partem nec bonis adnumerandam nec malis, monitorem non desiderabit.

7. Belegen Sie anhand Ihrer Kenntnis der Satirendichtung des Horaz, dass die folgenden Aussagen des Latinisten G. Maurach zutreffen!

„Die Satiren [...] belächeln kleinere, darum so häufige Fehler der gewöhnlichen Menschen, und dies so, dass der Satiriker sich selber einbezieht."

(Maurach, Gregor: Horaz. Werk und Leben. Winter, Heidelberg 2001)

8. Weisen Sie nach, dass es zwischen den folgenden Aussagen des amerikanischen Politikwissenschaftlers B. Barber über Entwicklungen im so genannten „arabischen Frühling" und Ciceros Vorstellung vom Verfassungskreislauf sowohl Gemeinsamkeiten als auch Unterschiede gibt! **Drei** wesentliche Gesichtspunkte insgesamt genügen!

„Mit dem Sturz einer Tyrannei ist noch nicht automatisch die Demokratie eingeführt – es folgt viel häufiger die Anarchie. Und aus Anarchie und Unordnung entsteht aufs Neue Tyrannei."

9. a) Erfassen Sie **zwei** wesentliche Informationen, die im folgenden italienischen Text über den Ätna enthalten sind!

   b) Führen Sie die beiden unterstrichenen italienischen Wörter auf ihren lateinischen Ursprung zurück!

L'Etna richiama ogni anno almeno duecentomila turisti per la sua fama di vulcano attivo più alto d'Europa. In tutti quei visitatori c'è ovviamente la segreta speranza di poter assistere a un'eruzione, o allo spettacolo delle fontane di lava.

10. Erläutern Sie, inwieweit die folgenden Aussagen des Historikers Fritz Stern über die Aufgaben eines Geschichtsschreibers auf die Geschichtsschreibung des Livius zutreffen!

„Wie ich anfangs sagte, muss der Historiker zwei Herren dienen, der Vergangenheit und der Gegenwart. Seine Verpflichtung gegenüber der Vergangenheit, seine vollständige, unauflösliche Treue zu ihr, muss stets oberstes Gebot für ihn sein; aber er muss die Tatsache anerkennen, dass die Entscheidungen, die er als Historiker trifft, nicht nur für ihn allein Folgen haben, sondern das sittliche Empfinden und vielleicht das Geistesleben seiner Generation beeinflussen."

(Stern, F. & Osterhammel, J.: Moderne Historiker. Klassische Texte von Voltaire bis zur Gegenwart. C. H. Beck, München 2011)

11. Arbeiten Sie aus dem folgenden Abschnitt aus Ciceros Werk *De re publica* heraus, welche Maßnahmen Numa Pompilius nach seiner Ernennung zum König getroffen hat!

Ac primum agros, quos bello Romulus ceperat, divisit viritim civibus docuitque sine depopulatione atque praeda posse eos colendis agris abundare commodis omnibus; amoremque eis otii et pacis iniecit, quibus facillime iustitia et fides convalescit et quorum patrocinio maxime cultus agrorum perceptioque frugum defenditur.

Teil III

Bearbeiten Sie von den folgenden drei Aufgabenstellungen ***eine*** *Aufgabe nach eigener Wahl! Die Bearbeitung dieser Aufgabe kann auch in einer zusammenhängenden Darstellung ohne Trennung in Teilaufgaben erfolgen. Erreichbar sind insgesamt 16 Bewertungseinheiten.*

12. **Vergil, *Äneis* 4,340–350**

Nachdem Äneas Dido seinen bevorstehenden Aufbruch aus Karthago eröffnet hat, lässt er auf ihre entsetzte Reaktion eine Erklärung folgen:

„Me si fata meis paterentur ducere vitam
auspiciis et sponte mea componere curas,
urbem Troianam primum dulcesque meorum
reliquias colerem, Priami tecta alta manerent,
et recidiva manu posuissem Pergama victis.
Sed nunc Italiam magnam Gryneus[1] Apollo,
Italiam Lyciae[1] iussere capessere sortes;
hic amor, haec patria est. Si te Karthaginis arces
Phoenissam Libycaeque aspectus detinet urbis,
quae tandem Ausonia Teucros considere terra
invidia est? Et nos fas extera quaerere regna.“

Übersetzung

„Wenn das Fatum mir gestattete, mein Leben nach eigenem Recht zu führen und meine Ziele nach eigenem Wunsch zu setzen, würde ich mich vor allem um die Stadt Troja kümmern und um die kostbaren Überreste dessen, was die Meinen besaßen: Die hohen Paläste des Priamus bestünden fort, und mit eigener Hand hätte ich den Bau von Pergamum wiedererstehen lassen für die Besiegten. Aber nun ist es das große Italien, das der Apollo von Grynium[1], Italien, das die lycischen[1] Orakel eilends aufzusuchen befahlen: Dort ist meine Liebe, dort meine Heimat. Wenn dich, Phoenicierin, Karthagos Burg, der Anblick der libyschen Stadt festhält, warum missgönnst du den Teucrern, sich endlich in ausonischem Land niederzulassen? Auch wir haben ein Recht, ein Reich in der Fremde zu suchen.“

(Vergil: Äneis. Lateinisch/Deutsch, übers./hg. von G. und E. Binder. Reclam, Stuttgart 2008)

1 Grynium/Lykien: Ort bzw. Landschaft in Kleinasien mit Orakelstätten des Apollon

a) Interpretieren Sie – ausgehend vom lateinischen Original – die vorliegende Textstelle nach formalen und inhaltlichen Gesichtspunkten! (10 BE)

b) Entwickeln Sie ausgehend von der vorliegenden Textstelle wesentliche Merkmale der *pietas* des Äneas! (6 BE)

13. **Petron, *Satyrica* 47,7–10**

Trimalchio hat gerade bei Tisch von seinen Verdauungsproblemen berichtet und seine Gäste aufgefordert, sich keinen Zwang anzutun, da draußen alles für einen Toilettengang bereit stehe, wenn sich bei ihnen das Bedürfnis einstelle.

Gratias agimus liberalitati indulgentiaeque eius et subinde castigamus crebris potiunculis risum. Nec adhuc sciebamus nos in medio, quod aiunt, clivo laborare. Nam commundatis ad symphoniam mensis tres albi sues in triclinium adducti sunt capistris et tintinnabulis culti, quorum unum bimum nomenculator esse dicebat, alterum trimum, tertium vero iam sexennem. Ego putabam petauristarios intrasse et porcos, sicut in circulis mos est, portenta aliqua facturos. Sed Trimalchio expectatione discussa: „Quem“, inquit, „ex eis vultis in cenam statim fieri? Gallum enim gallinaceum, penthiacum et eiusmodi nenias rustici faciunt: Mei coci etiam vitulos aeno coctos solent facere.“

Übersetzung

Wir danken für seine Großzügigkeit und Nachsicht, nehmen dann aber auch ein Schlückchen ums andere, um uns das Lachen zu verbeißen. Dabei wussten wir noch nicht, dass wir erst, wie man sagt, mitten im Anstieg schwitzten. Denn als man unter Musik die Tische abgeräumt hatte, wurden, mit Maulkörben und Glöckchen drapiert, drei weiße Schweine in den Speisesaal hereingeführt, von denen laut Ansager das eine zweijährig, das zweite dreijährig, das dritte aber schon sechsjährig war. Ich glaubte, es seien Akrobaten hereingekommen und die Säue würden, wie es vor einer Corona auf der Straße üblich ist, einige Kunststücke vorführen. Aber Trimalchio löste die Spannung und sagte: „Welches von ihnen wünscht ihr sofort tischfertig zu sehen? Nämlich einen Gockelhahn, einen Hackepeter und derlei Schmarren machen die Bauern: Meine Köche pflegen ganze Kälber im Kessel garzumachen.“

(Petron: Satyrica. Schelmenszenen. Lateinisch-Deutsch, von K. Müller und W. Ehlers. Artemis München 1983)

a) Interpretieren Sie – ausgehend vom lateinischen Original – die vorliegende Textstelle nach formalen und inhaltlichen Gesichtspunkten! (10 BE)

b) Entwickeln Sie, inwiefern die vorliegende Textstelle typisch für Petrons Schilderung der *Cena Trimalchionis* ist! (6 BE)

14. **Cicero, *Tusculanae disputationes* 2,11 mit Auslassungen**

Cicero sieht eine bedeutende, aber schwierige Aufgabe der Philosophie darin, die Menschen von Ängsten und Sorgen zu befreien:

„Efficit hoc philosophia: Medetur animis, inanes sollicitudines detrahit, cupiditatibus liberat, pellit timores. Sed haec eius vis non idem potest apud omnes: Tum valet multum, cum est idoneam complexa naturam. Fortes enim non modo fortuna adiuvat, ut est in vetere proverbio, sed multo magis ratio, quae quibusdam quasi praeceptis confirmat vim fortitudinis. […] Sed haec eadem num censes apud eos ipsos valere nisi admodum paucos, a quibus inventa, disputata, conscripta sunt? Quotus enim quisque philosophorum invenitur, qui sit ita moratus, ita animo ac vita constitutus, ut ratio postulat?"

Übersetzung

„Das bewirkt die Philosophie: Sie heilt die Seelen, nimmt grundlosen Kummer, befreit von Begierden und vertreibt Ängste. Aber diese ihre Kraft vermag nicht dasselbe bei allen: Sie hat nur dann eine große Wirkung, wenn sie auf eine geeignete Natur trifft. Denn dem Tapferen hilft nicht nur das Glück, wie es in einem alten Sprichwort heißt, sondern noch viel mehr die Vernunft, die gleichsam durch bestimmte Vorschriften die Kraft der Tapferkeit stärkt. […] Aber glaubst du etwa, dass eben diese Lehren auf die selbst – außer ganz wenigen – Einfluss haben können, von denen sie erfunden, erörtert und aufgeschrieben worden sind? Wie selten lässt sich ein Philosoph finden, der so lebt, so in seinem Geist und seinem Leben beschaffen ist, wie die Vernunft es erfordert?"

(Cicero: Tusculanae disputationes. Gespräche in Tusculum. Lateinisch/Deutsch, übers. und hg. von E. A. Kirfel. Reclam, Stuttgart 1997)

a) Interpretieren Sie – ausgehend vom lateinischen Original – die vorliegende Textstelle nach formalen und inhaltlichen Gesichtspunkten! (10 BE)

b) Belegen Sie aus Ihrer Kenntnis der antiken Philosophie, dass die im Textabschnitt getroffenen Aussagen über Philosophie und Philosophen zutreffen! (6 BE)

Lösungen

Teil A: Übersetzung

Als Augustus sein 40. Lebensjahr überschritten hatte und sich in Gallien aufhielt, wurde ihm die Nachricht überbracht, L. Cinna, ein Dummkopf (*wörtlich:* Mann von törichtem Verstand), bereite einen Anschlag gegen ihn vor. Es wurde mitgeteilt, wo, wann und wie er vorgehen wolle. Denn einer aus dem Kreis *(ergänzt)* seiner Mitwisser (*wörtlich*: von seinen Mitwissern) verriet ihn *(ergänzt)*. Augustus beschloss, sich an Cinna zu rächen, und befahl, eine Beratung seiner Freunde einzuberufen.
Er hatte eine unruhige Nacht, als (*oder:* weil) er darüber nachdachte, dass ein vornehmer junger Mann, ein Enkel des Gnaeus Pompeius, verurteilt werden müsse. Immer wieder gab er seufzend verschiedene und einander widersprechende Äußerungen von sich:
„Was nun? Ich soll dulden, dass mein Mörder sicher herumspaziert? Er sollte nicht bestraft werden?" Nach kurzem *(ergänzt)* Schweigen (*silentio interposito:* Ablativus absolutus) zürnte Augustus sich selbst mit lauterer Stimme als Cinna: „Wozu lebst du, wenn so vielen daran liegt, dass du stirbst? Was wird das Ende der Hinrichtungen sein, was das Ende des Blutvergießens? Mein Leben ist nicht so viel wert, wenn so viele vernichtet werden müssen, damit ich nicht umkomme."
Es unterbrach ihn schließlich seine Gattin Livia und fragte: „Erlaubst du mir (ergänzt) einen weiblichen Rat? Mach, was Ärzte zu tun pflegen (*oder:* gewöhnlich tun), die, wenn die gewohnten Heilmittel nicht wirken, die gegensätzlichen ausprobieren. Mit Strenge hast du bisher nichts erreicht. Nun probiere aus, wie sich Milde für dich auswirkt! Verzeih L. Cinna! Er ist verhaftet: Er kann dir nicht mehr schaden, aber *(ergänzt)* deinem Ruf nützlich sein."
Seneca clem. 1, 9, 2–6 (mit Auslassungen)

Teil B: Aufgabenteil

Teil I

1. *Es genügt, wenn Sie zwei Stilfiguren anführen. Die folgende Musterlösung enthält mehr Beispiele.*

Alliteration	*cedat clementia* (Z. 13/14); … *potest, prodesse* … (Z. 14)
Antithese	*Severitate … clementia* (Z. 13/14); *Nocere … prodesse* (Z. 14) … *nihil adhuc profecisti. Nunc tempta* … (Z. 13)
Asyndeton	*ignosce L. Cinnae! Deprehensus est: nocere* … (Z. 14)
Epipher	… *potest,* … *potest* (Z. 14/15)
Parallelismus	*Nocere tibi non iam potest, prodesse famae tuae potest.* (Z. 14/15)

2. *Hier reichen vier Substantive aus. Die ersten beiden finden sich im Übersetzungstext, auf den auch in der Aufgabenstellung hingewiesen wird. Sinnverwandte Verben geben Ihnen ebenfalls Hinweise. Eine deutsche Übersetzung wie in der folgenden Lösung ist nicht von Ihnen gefordert.*

poena, ae	Strafe, Buße
supplicium	Strafe, Todesstrafe
animadversio, onis f.	Bestrafung
castigatio, onis f.	Zurechtweisung, Züchtigung
damnatio, onis f.	Verurteilung
damnum, i	Geldstrafe
multa, ae	Geldstrafe
multatio, onis f.	Bestrafung
punitio, onis f.	Bestrafung
ultio, onis f.	Rache, Strafe
vindicta, ae	Strafe, Rache (auch: Befreiung, Rettung)

3. *Die letzte „zweideutige Silbe" (syllaba anceps) wird im Hexameter immer lang gelesen. (Vergil, Aeneis 3, 610 f.)*

– ∪ ∪ | – – | – – | – – | – ∪ ∪ | – x
Ipse pater dextram Anchises haud multa moratus

– ∪ ∪ | – ∪ ∪ | – – | – – | – ∪ ∪ | – x
dat iuveni atque animum praesenti pignore firmat.

4. *Die Haltung des Epikureers zur menschlichen Gemeinschaft ergibt sich u. a. aus seiner materialistischen Weltsicht.*

Da im rein materialistischen Weltbild Epikurs der aus Atomen bestehende Mensch immer gefährdet und vom Tode bedroht ist, da die ihn formende Atomverbindung fragil ist, sich nach seinem Tod Körper und Seele, beides vergängliche Atomgebilde, für immer auflösen, **lehnt Epikur ein Leben im Kampf um Ruhm und Ehre ab** und rät seinen Anhängern, ein ruhiges Leben fern der Öffentlichkeit und ohne politische Betätigung zu führen getreu seiner Maxime: „**Lathe biosas**" – „Leb im Verborgenen". Der Rückzug ins Private lässt sich übrigens auch mit Epikurs Lehre von der richtigen Lebensführung, die die Lust an die höchste Stelle rückt, begründen. Diese kann nämlich nur in einem Leben im Verborgenen erreicht werden. Ein Leben in der Öffentlichkeit bringt Verpflichtungen mit sich (z. B. Politik, Gesetze) und kann dadurch die angestrebte Unerschütterlichkeit *(ataraxia)* durcheinanderbringen.
Freilich soll dem Leben des Epikureers ein **Kreis enger privater Freunde** Geborgenheit und Schutz vor äußeren Misshelligkeiten gewähren. **Nicht der Staat ist also die Gemeinschaft eines Epikureers**, als dessen Glied sich der Einzelne fühlt und an dessen übergeordnetem Nutzen er sein Handeln ausrichtet, **sondern**

eine kleine, unabhängige, freundschaftlich verbundene Gruppe Gleichgesinnter, in der er sich aufgehoben fühlt.

5. *Die im Unterricht gelesenen Satiren des Horaz (z. B. 1,6; 1,9) können Anhaltspunkte für die Beantwortung dieser Frage geben.*

Maecenas, ein wohlhabender und kulturell interessierter **Vertrauter des Augustus**, nahm Horaz in einen Kreis von Dichtern, die er finanziell förderte und in ihrer literarischen Tätigkeit unterstützte, auf. Er war also ein **Gönner von Horaz**. Beispielsweise schenkte er ihm ein kleines Landgut in den Sabinerbergen. Als Gegenleistung nahm **Horaz** seinen Förderer Maecenas in sein literarisches Schaffen (z. B. Satire 1,6; 1,9) auf und **widmete ihm nahezu alle Werke**.
Außerdem verband die beiden seit Horazens Aufnahme in den Maecenaskreis **eine bis zum Tod reichende Freundschaft**, die über ihre sozialen Unterschiede hinwegsah. In der Satire 1,9, in der Horaz einen zudringlichen „Schwätzer", der sich in den Kreis um Maecenas zu drängen versucht, nur mit Mühe abwimmeln kann, wird deutlich, dass dort **soziale Unterschiede keine Rolle spielen**.

Teil II

6. a) *Achten Sie bereits bei der ersten kursorischen Lektüre auf Schlüsselbegriffe. Typische Junkturen wie „non … voluptatem, secundum naturam, virtutem hominis, turpitudinem … fugerit" führen zur richtigen Lösung.*

Die Textstelle ist der **Stoa** zuzuordnen.

b) Ein **glückliches Leben** (*beatam … vitam,* Z. 1) ist aus stoischer Sicht klar definiert und wird hier durch eine Antithese verdeutlicht. Es besteht nicht im Streben nach Lust, wie die Epikureer meinen (*non quae secundum voluptatem,* Z. 1), sondern folgt den **Gesetzen der Natur** (*sed secundum naturam,* Z. 2).
Das **einzige Gut** des Stoikers besteht darin, sich durch seine **Leistungen** in **Politik und Gesellschaft** zu bewähren (*virtutem unicum bonum hominis,* Z. 2). Schändliches Verhalten meidet der Stoiker (*turpitudinem solum malum fugerit,* Z. 3). Parallelismus und Antithese verdeutlichen den krassen Gegensatz zwischen der vom Stoiker geliebten *virtus* (*adamaverit,* Z. 2) und dem einzigen Übel *turpitudo*, vor dem er flieht (*fugerit,* Z. 3).
Zwischen diesen beiden Extremen liegt alles andere (*reliqua omnia … mediam partem,* Z. 3/4). Fünf Beispiele, die den **mittleren Werten**, lateinisch ***indifferentia***, griechisch ***adiaphora***, zuzurechnen sind, zählt Seneca in der Parenthese auf (*divitias, honores, bonam valetudinem, vires, imperia,* Z. 3/4). Der **Weise** darf durchaus Reichtum der Armut und Gesundheit der Krankheit vorziehen, solange er das eine nicht als Gut und das andere nicht als Übel wahrnimmt (*nec bonis adnumerandam nec malis,* Z. 4/5).
Wer in der stoischen Philosophie so weit fortgeschritten ist, braucht keinen Lehrmeister (*monitorem non desiderabit,* Z. 5), schreibt Seneca in seinen

Epistulae morales an seinen Freund Lucilius, nimmt dabei aber durchaus die Rolle des Lehrers ein, der seinen Schüler einmal mehr zur richtigen Lebensgestaltung ermahnt.

7. *Lesen Sie Maurachs Zitat genau durch und markieren Sie Schlüsselbegriffe. Erinnern Sie sich an die Horazsatiren, die Sie gelesen haben, und stellen Sie drei wesentliche Verbindungen zu Maurachs Aussagen her.*
Die folgende Musterlösung ist ausführlicher, als es von Ihnen erwartet wird. Die lateinischen Zitate und Stellenangaben sind nicht als Prüfungswissen zu verstehen.

- ***Ridentem dicere verum***, lachend die Wahrheit sagen, so definiert Horaz selbst seinen **Erzählstil** (Satire I, 1, 24). Maurachs Beschreibung mit „**belächeln**" trifft also völlig zu. In angenehmem **Plauderton** unterhält Horaz seine Leser, spart nicht mit feinem Humor und leiser Ironie, neigt zu maßlosen Übertreibungen und benutzt Vergleiche, die häufig aus der Tierwelt stammen. Indem er den Leser immer wieder in der 2. Person Singular anspricht (*quid rides,* Satire I, 1, 69; *nescis*, Satire I, 1, 73), leistet er mehr Überzeugungsarbeit als durch ernsthafte Drohungen, die er grundsätzlich vermeidet.
- Typische **Charakterschwächen**, die Maurach „**kleinere, darum so häufige Fehler**" nennt, beleuchtet Horaz von verschiedenen Seiten. Die weit verbreitete Unzufriedenheit mit dem eigenen Leben zeigt er in Satire I, 1 anhand verschiedener Berufsvertreter, die ihre Mitmenschen ständig beneiden, aber im Ernstfall nicht tauschen wollten. Auch **Geiz und Verschwendungssucht**, im Lateinischen *avaritia,* werden in diesem Kontext angeprangert. Aus **übertriebenem Ehrgeiz** ertragen in Satire II, 6 viele römische Bürger das hektische, von Neid und Konkurrenzkampf geprägte Großstadtleben. Der aufdringliche Schwätzer in Satire I,9 biedert sich bei Horaz an und entlarvt sich dabei als völlig unwürdig für den Künstlerkreis um Maecenas. Charakterschwächen werden durch **humorvolle Übertreibung** kritisiert, dagegen sind gravierende psychische Störungen, über die niemand mehr schmunzeln kann, ausgeklammert.
- Von „**gewöhnlichen Menschen**" erzählt der Satiriker, wie Maurach treffend feststellt. Der Protagonist in Satire I,9 ist ein namenloser *quidam* (Vers 3), der typische Kaufmann heißt einfach *mercator,* dasselbe gilt für *caupo, miles, nautaeque* (Satire I,1, 29). Andere tragen sehr häufige Namen wie der alte Nachbar Cervius (Satire II,6,77) oder klingende Namen wie der Tänzer Lepos (griech.: Anmut, Satire II,6,72). Es handelt sich also um **Typen**, nicht um Individuen. Horaz' Gönner Maecenas wird niemals verspottet, sondern dezent und unaufdringlich gelobt; andere berühmte Zeitgenossen spielen in den Satiren keine Rolle.
- Horaz zeigt eine ausgeprägte Fähigkeit zur **Selbstironie** und ist sich seiner eigenen Schwächen sehr wohl bewusst, „**sodass der Satiriker sich selber einbezieht**", schreibt Maurach. Auch Horaz hetzt in Rom von einem Termin

zum anderen und bezeichnet sich mit einigem Selbstmitleid als *misero* (Satire II, 6,59), der zu selten die Ruhe auf seinem *Sabinum* genießt (vgl. Satire II, 6). Er vergleicht sich selbst mit einem missmutigen Esel, der an einer schweren Last trägt, als es ihm nicht gelingt, den Schwätzer abzuschütteln (vgl. Satire I, 9). In der Satire II,7 hält der freche Sklave Davus an den Saturnalien seinem Herrn Horaz einen Spiegel vor. Dieser droht ihm voll Selbstironie mit einer Strafversetzung aufs Land.

8. Der griechische Philosoph und Staatstheoretiker **Plato** hatte die **Verfassung** die „**Seele des Staates**" genannt. Auch für Cicero **formt die jeweilige Verfassung die Struktur eines Staates**, in dem Menschen leben. So spielt bei Umformungen von Staaten in neue staatliche Gebilde die Verfassung die wesentliche Rolle. Auch Barber beschreibt im sogenannten Arabischen Frühling stattfindende staatliche Veränderungen als Verfassungsänderungen.
In **Ciceros Vorstellung vom Verfassungskreislauf**, die ihren Ursprung bei Polybios bzw. Aristoteles hat, wechseln sich **positive Verfassungsformen (Monarchie, Aristokratie, Demokratie)** mit ihren jeweiligen **Entartungen (Tyrannis, Oligarchie, Ochlokratie)** in einer festen **Reihenfolge** ab. Wenn der König ungerecht wird, kann eine Monarchie in eine Tyrannis übergehen. Auf eine Tyrannis folgt bei Ciceros Verfassungskreislauf jedoch nicht wie bei Barber die Anarchie, sondern eine von Cicero als „gut" bewertete Staatsform, nämlich die Aristokratie. Auch lässt Cicero auf eine Anarchie bzw. Ochlokratie nicht wie bei Barber eine Tyrannis (Entartung der Monarchie) folgen, sondern die Monarchie als positive Verfassungsform.
Während die Worte **Barbers** vermuten lassen, dass er die **Demokratie**, die er positiv von Tyrannis und Anarchie abgrenzt, für die **ideale Verfassungsform** hält, würde **Cicero** die **Leitung des Staates durch „einen gerechten König"** *(rex iustus)* der Demokratie vorziehen. Die **ideale Verfassung** sieht er in der „**gemischten Verfassung**" Roms *(genus mixtum)*, in der positive Elemente von Monarchie, Aristokratie und Demokratie verbunden seien.

9. a) *Beschränken Sie sich auf zwei wesentliche Informationen. Richten Sie Ihre Aufmerksamkeit auf Eigennamen und Schlüsselbegriffe.*

- Mindestens 200 000 Touristen besuchen jedes Jahr den Ätna.
- Der Ätna ist berühmt als höchster aktiver Vulkan Europas.
- Alle Besucher hoffen heimlich auf einen Vulkanausbruch.
- Sie möchten das Ausströmen von Lava betrachten.

b) *segreta* secretus, a, um; secernere
spettacolo spectaculum, i, spectare

10. *Bei dieser Frage sollten Sie sich daran erinnern, dass Livius dem Maecenaskreis angehört und damit der Reformpolitik des Augustus nahesteht.*

Livius hat seiner Zeit eine moderne Gesamtdarstellung der römischen Geschichte geschenkt, wie sie sich schon Cicero gewünscht hatte, beginnend mit der Gründung Roms, endend mit dem Prinzipat des Augustus (Titel: *Ab urbe condita*). Obwohl er **nicht wie Fritz Stern**, der die „Verpflichtung" und „unauflösliche Treue" zur Vergangenheit betont, ein **wissenschaftlich exakt forschender** Historiker ist, sondern vielmehr **eloquenter Erzähler einer farbenprächtigen römischen Vergangenheit**, steht auch er wie Stern in der Spannung zwischen dargestellter Historie und eigener verantwortungsvoller Zeitgenossenschaft. Während Stern sich seiner Verantwortung auch den Lesern gegenüber bewusst ist, deren „sittliches Empfinden und ... Geistesleben" geschriebene Geschichte beeinflussen kann, womit auch eine **historisch einwandfrei recherchierte** und zunächst **neutral erscheinende Geschichtsdarstellung** sich **moralischen Kategorien** stellen muss, zielt **Livius** geradezu auf **moralische Einflussnahme** auf seine zeitgenössische Leserschaft ab. Er ist **Mitglied** des dem Kaiser Augustus nahestehenden **Maecenaskreises** und will mit *Ab urbe condita* ebenso wie Vergil mit der *Aeneis* die **moralische Erneuerungsbewegung des Princeps** unterstützen. Seiner eigenen Zeit und ihrer nach dem Bürgerkriegszeitalter desillusionierten Jugend hält er vor allem mit der Darstellung von vorbildlichen Gestalten aus der Frühzeit der römischen Geschichte ***(bona exempla)*** einen Sittenspiegel vor Augen. Wie Vergil und auch Augustus wünscht er sich eine Rückkehr zu den unverdorbenen Sitten der römischen Frühzeit ***(mores maiorum)***.

11. *Bei der Paraphrase des Textes sollten Sie beachten, dass Numa Pompilius als Nachfolger des kriegerischen Romulus von Cicero als „Friedensfürst" dargestellt werden will.*

Numa hat folgende Maßnahmen getroffen:

- Er **teilte** die von Romulus eroberten **Äcker auf die einzelnen Bürger auf** (*agros, quos bello Romulus ceperat, divisit viritim civibus,* Z. 1).
- Er stellte klar, dass **friedlicher Ackerbau** für einen luxuriösen Lebensstil ausreiche und man daher auf Raub und Plünderungen verzichten könne (*docuitque sine depopulatione atque praeda posse eos colendis agris abundare commodis omnibus,* Z. 1–3).
- Er entfachte in ihnen die Liebe zu ruhigem **Frieden** (*amoremque eis otii et pacis iniecit,* Z. 3), dem Garanten für Gerechtigkeit, Vertrauen und ungefährdeten Genuss der Feldfrüchte (*iustitia et fides convalescit et ... cultus agrorum perceptioque frugum defenditur*, Z. 4–6).

Man kann feststellen, dass **Numa Pompilius** – im Gegensatz zum **„Krieger-König" Romulus** von Cicero als „**Friedensfürst**" dargestellt wird.

Cicero rep. 2,26

Teil III

12. a) *Erinnern Sie sich an Ausschnitte aus Vergils* Aeneis, *die Sie gelesen haben. Bedenken Sie, dass es sich bei der vorliegenden Passage um einen Ausschnitt aus der Rede handelt, mit der sich Aeneas von Dido verabschiedet. Beachten Sie besonders den Modus der Verben.*

Der vorliegende Abschnitt aus Vergils Nationalepos markiert den **tragischen Wendepunkt** in der **Didotragödie**. Nachdem der Götterbote Merkur im Auftrag Jupiters Aeneas an seine Bestimmung erinnert hat, beschließt dieser, heimlich mit den Trojanern Karthago zu verlassen, um nach Italien aufzubrechen. Dido jedoch bemerkt die Vorbereitungen zur Abreise und stellt Aeneas verzweifelt zur Rede. Die elf Verse sind Bestandteil von **Aeneas' Antwort**, die in Vers 333 beginnt und in Vers 361 mit dem berühmten unvollständigen Vers endet: *Italiam non sponte sequor,* nicht freiwillig gehe ich nach Italien.
Die zu interpretierenden elf Verse lassen sich in **drei Teile** gliedern:

- In den Versen 1 bis 5 schildert Aeneas **seine Situation** in einem **irrealen** Bedingungssatz, dessen Verben im Konjunktiv Imperfekt den Irrealis der Gegenwart ausdrücken. Das Verb *posuissem* in Vers 5 erklärt in der ersten Person Konjunktiv Plusquamperfekt, also im Irrealis der Vergangenheit, was Aeneas getan hätte.
- In Vers 6 bis 8 a stellt er diesen Hypothesen **seine reale Situation** gegenüber. *Iussere* (Vers 7) als verkürzte Form von *iusserunt* benennt in der 3. Person Plural Indikativ Perfekt den Götterbefehl, im Indikativ Präsens beschreibt das Hilfsverb *est* (Vers 8) seine jetzige Lage.
- In Vers 8 b bis 11, also im dritten Teil, vergleicht Aeneas in einem realen Bedingungssatz mit einer rhetorischen Frage im Hauptsatz **Didos Situation** mit seiner eigenen. Der elliptische Satz in Vers 11, der auf die Wiederholung der Verbform *est* verzichtet, verteidigt energisch Aeneas' Standpunkt.

In besagtem **irrealen Bedingungssatz**, der sich über fünf Verse (zwei für die Bedingungen, drei für die Folgen) erstreckt, wird Dido bewusst ausgeklammert. Das wird betont durch

- die Possessivpronomen der ersten Person Singular *me* an exponierter Stelle am Satz- und Versbeginn von Vers 1,
- *meis* an der Penthemimeres von Vers 1, durch Hyperbaton und Enjambement vom zugehörigen Nomen *auspiciis* getrennt,
- *mea* in der Mitte von Vers 2, hervorgehoben durch Hephthemimeres und
- *meorum* am Ende von Vers 3.

Wenn Aeneas nach eigenem Gutdünken (*sponte mea,* Vers 2) handeln könnte, würde er sich nicht etwa für eine Zukunft mit Dido entscheiden, sondern sich vorrangig (*primum,* Vers 3) der Wiederherstellung seiner **trojanischen Heimat** widmen. Auch dann würde er also private Neigungen ausklammern. Viel wichtiger als seine jetzige Liebesbeziehung wäre ihm der Wiederaufbau der **Burg von Troja** (*Pergama* in Vers 5 ist als *pars pro toto* für die ganze Stadt zu verstehen), wobei er selbst mit Hand angelegt hätte (*recidiva manu,* Vers 5). *Posuissem* (Vers 5) drückt im Irrealis der Vergangenheit aus, was er längst getan hätte: Nach dem Wiederaufbau würde er jetzt die Stadt Troja pflegen (*urbem Troianam ... colerem,* Vers 3/4) und die Überreste seiner Lieben ehren, womit besonders sein verstorbener **Vater Anchises**, seine **erste Gattin Kreusa**, aber auch alle gefallenen Trojaner gemeint sind (*dulcesque meorum reliquias colerem,* Vers 3/4). Besonders eindrucksvoll unterstützt das Versmaß in Vers 3, das fast ausschließlich aus Längen und einem einzigen Daktylus im 5. Versfuß besteht, Aeneas' persönliche Präferenz. Er kann aber eben nicht nach freiem Willen eigene Ziele verfolgen (*sponte mea componere curas,* Vers 2), weil das **Schicksal** (*fata,* Vers 1, betont durch den poetischen Plural), dem er sich bedingungslos unterwirft, andere Pläne mit ihm hat.

Meis ... auspiciis (Vers 1/2) bildet einen schroffen Kontrast zu *Gryneus Apollo* (am betonten Ende von Vers 6) und *Lyciae sortes* (Vers 7). Das Nomen *sortes* steht analog zu Apollo am betonten Ende von Vers 7, der geografische Begriff *Lyciae* ist von seinem Bezugsnomen durch Hyperbaton getrennt und im Hexameter durch Trithemimeres und Penthemimeres hervorgehoben. *Lyciae ... sortes* variiert die Junktur *Gryneus Apollo* und betont die Eindringlichkeit durch die tautologische Formulierung und den poetischen Plural (*sortes,* Vers 7). Das Schicksal lässt Aeneas keinen Spielraum für eigene Entscheidungen (*fata paterentur,* Vers 1), sondern erteilt aus dem Mund des berühmten Apollonorakels einen ganz klaren **Befehl** (*iussere,* Vers 7), der ihm durch den **Götterboten Merkur** übermittelt wurde. Gerade das in Kleinasien, nicht weit von Troja, beheimatete Orakel beordert Aeneas nicht zurück, sondern schickt ihn – mit Geminatio betont – nach **Italien** (Vers 6 und 7 am Anfang), das mit Blick auf das **spätere *imperium Romanum*** als groß (*magnam,* Vers 6 zwischen Penthemimeres und bukolischer Dihärese) bezeichnet wird, obwohl es zur Zeit des trojanischen Kriegs noch völlig unbedeutend war. Das Temporaladverb *nunc* (Vers 6) und die Intensivbildung *capessere* von *capere* (Vers 7) unterstreichen die Dringlichkeit des Befehls, der die kompletten Verse 6 und 7 umfasst.

Der zweite Abschnitt endet mit dem knappen parataktischen Parallelismus, der aus je einem Demonstrativpronomen, einem Nomen im Nominativ und dem Hilfsverb am Ende besteht und bei der Penthemimeres endet (*hic amor, haec patria est*, Vers 8). Diese Aussage, bei der das Possessivpronomen in der ersten Person sinngemäß zu ergänzen ist, setzt die Heimat, die Aeneas so wichtig ist, und die Liebe, für die Dido lebt und stirbt, nahezu gleich. Allerdings ist von der **neuen Heimat Italien** die Rede, mit der sich Aeneas auch erst identifizieren muss. ***Amor*** ist doppeldeutig aufzufassen, da Aeneas einerseits die **Heimat liebt**, andererseits in Italien auch seine **neue Liebe Lavinia** kennenlernen wird. Jedenfalls erklärt er Dido scheinbar gefühlskalt, dass für ihre Liebe in seinem Leben kein Platz mehr ist. Der vorliegende Text greift das Proömium (Buch 1, Verse 1–8) auf, das die schicksalshafte Flucht (*fato* *profugus,* Vers 2) von Troja nach Italien (*Troiae,* Vers 1, *Italiam,* Vers 2) thematisiert und die künftige Gattin bereits implizit erwähnt (*Lavinia ... litora,* Vers 2/3).

Während Aeneas bisher nur von seinen eigenen irrealen und realen Plänen gesprochen hat, in denen kein Platz für **Dido** ist, wendet er sich nun in einem realen Bedingungssatz an sie. Als Antithese zu *me si* (Vers 1) beginnt er mit *si te* (Vers 8) und ergänzt das Possessivpronomen durch die Apposition *Phoenissam* (Anfang von Vers 9), mit der er auf ihre Herkunft aus Phönizien verweist und gleichzeitig eine persönliche Anrede vermeidet. Wie Aeneas wurde auch Dido aus ihrer früheren Heimat vertrieben und floh mit ihrem Volk auf der Suche nach einer neuen Heimat. Sie landete in Nordafrika, wie das Adjektiv *Libycae* (Vers 9) belegt, gründete die Stadt **Karthago** und erbaute einen Palast, der bei Aeneas' Ankunft noch nicht vollendet war. *Karthaginis arces* am Ende von Vers 8 und die sinnverwandte, durch Hyperbaton getrennte Junktur *Libycae ... urbis* (Vers 9) kontrastieren mit den Ausdrücken für Troja, *urbem Troianam* (Vers 3), *Priami tecta alta* (Vers 4) und *Pergama* (Vers 5), die Aeneas' ursprüngliche Herkunft beschreiben, während Dido ihre neue Heimat schon gefunden hat. Aeneas behauptet, dass sie sich hier gebunden fühlt (*detinet,* Vers 9), da er sie weder mitnehmen will noch darf. In einer rhetorischen Frage, die gewiss keine Antwort erwartet (*quae,* am Anfang von Vers 10), wirft er Dido, die einzig von blinder Liebe getrieben wird, Eifersucht vor. Dabei meint *invidia* am Anfang von Vers 11 keineswegs die **Eifersucht** auf eine mögliche Rivalin. Vielmehr unterstellt er ihr, die in Karthago heimisch geworden ist, den Trojanern eine neue Heimat zu missgönnen.
Seine **Trojaner** bezeichnet er nach dem Stammvater als *Teucros* (Vers 10), die mit Hyperbaton in der **künftigen Heimat Italien** eingeschlossen werden (*Ausonia Teucros considere terra,* Vers 10). Aeneas beansprucht für sich und seine Trojaner (*Et nos,* Vers 11) das gleiche Recht, das die Götter vorher Dido gaben (*fas,* Vers 11, mit Ellipse), nämlich im Ausland ein neues Königreich zu gründen (*extera quaerere regna,* Vers 11). Der Begriff *regna* steht in Analogie zur Königin von Karthago, könnte aber auch als Vorgriff auf die Monarchie in der römischen Anfangszeit verstanden werden. Die strukturierte, dabei herzlose Argumentation, mit der Didos Liebe schroff zurückgewiesen wird, könnte auch dem Selbstschutz geschuldet sein, da Aeneas in seiner Entscheidung nicht frei ist. Denn das Ende seiner Rede *Italiam non sponte sequor* in Vers 361 bringt definitiv sein Bedauern zum Ausdruck.
Jedenfalls gelingt es **Dido** nicht, Aeneas umzustimmen. Er reist ab, sie begeht **Selbstmord**, ein Treffen in der Unterwelt (im 6. Buch) führt nicht zur Versöhnung. Vielmehr gilt die Tragödie um Dido als mythologische Begründung der **Erzfeindschaft zwischen Rom und Karthago**, die zu den punischen Kriegen und zur endgültigen Zerstörung von Karthago 146 v. Chr führt. Bereits Aeneas meint das Motiv des Neids bei Dido stellvertretend für ihr Volk zu erkennen.

Mit solchen Argumenten rechtfertigt Vergil den **römischen Imperialismus**, den auch sein Auftraggeber, **Kaiser Augustus**, betreibt.

b) *Beachten Sie die verschiedenen Bedeutungsnuancen von* pietas, *die Sie bei Bedarf auch nachschlagen können.*

Seit Homer wird der epische Held gattungstypisch mit einem **schmückenden Beiwort**, einem ***Epitheton ornans***, versehen. An vielen Stellen besingt Vergil den *pius Aeneas* und bezeichnet ihn bereits in I,10 als *insignem pietate virum*. ***Pietas*** beschreibt das **pflichtgemäße Verhalten** gegenüber den Göttern, also **Frömmigkeit**, aber auch **Pflichtgefühl** und **Pflichterfüllung** gegenüber Menschen, wie den Eltern, Geschwistern und Freunden oder auch gegenüber dem Vaterland. Die vorliegende Passage ist durchaus typisch für die *pietas* des Aeneas, auch wenn der Begriff hier nicht explizit fällt.
Aeneas handelt nicht nach seinen eigenen Vorstellungen (*meis … auspiciis et sponte mea,* Vers 1/2), sondern lässt sich vom allmächtigen Schicksal (*fata,* Vers 1) leiten. Pflichtgemäß erfüllt er den vom **Schicksal** bestimmten **Auftrag**, der ihm gefährliche Irrfahrten (Buch 1–6), einen Gang durch die Unterwelt (Buch 6) und jahrelange Kämpfe um die neue Heimat Latium (Buch 7–12) abverlangt. Seine Frömmigkeit beweist er durch den unerschütterlichen Glauben an den **Willen der Götter**, der ihm durch den Götterboten Merkur bzw. durch das lykische Apollonorakel verkündet wird (*Gryneus Apollo,* Vers 6; *Lyciae … sortes,* Vers 7).
Seine eigene Präferenz wäre wiederum nicht, die Liebesbeziehung zu Dido dauerhaft fortzusetzen. Er würde am liebsten das zerstörte Troja wieder aufbauen (*posuissem Pergama,* Vers 5), an die dortige Tradition anknüpfen (*Priami tecta alta manerent,* Vers 4) und seine tiefe Heimatliebe durch die **Verehrung der Ahnen** in Troja (*dulcesque meorum reliquias colerem,* Vers 3/4) zum Ausdruck bringen. Aufgrund seiner *pietas* verließ er mit seinem Vater **Anchises** auf den Schultern, seinem Sohn **Ascanius** an der Hand und den **Penaten** im Gepäck im Auftrag der Götter das brennende Troja. Seine erste Gattin Kreusa ließ er schweren Herzens in Troja zurück. Auch der Abschied von Dido fällt ihm trotz der distanzierten Wortwahl definitiv nicht leicht, aber der göttliche Auftrag lässt dem *pius Aeneas* keine andere Wahl. Dabei identifiziert er sich völlig mit seiner Bestimmung, sein Volk nach Italien zu bringen (*Italiam magnam … capessere,* Vers 6/7). Dieses bisher unbekannte Ziel definiert er voller Gottvertrauen als seine Liebe und seine Heimat (*hic amor, haec patria est,* Vers 8). Die **Verpflichtung** durch das Schicksal versteht er sogar als **gottgegebenes Recht** (*fas,* Vers 11, gehört zur selben Wortfamilie wie *fata,* Vers 1) auf ein Königreich (*regna,* Vers 11), das spätere römische Reich. Voraussetzung für dessen spätere Gründung ist die Ansiedlung der Trojaner in Italien (*Ausonia Teucros considere terra,* Vers 10).
Das Schicksal fordert also von Aeneas **bedingungslose Pflichterfüllung**, um das bereits in mythologischer Zeit vorherbestimmte römische Weltreich zu

ermöglichen. Die leidenschaftliche Liebe zu Dido (lateinisch *amor*, nicht *pietas*) ist eine der schwersten Prüfungen für Aeneas, der durch den Abschied von der Geliebten im vorliegenden Text wieder *pietas* beweist.

13. a) *Achten Sie auf die Verben, die in Person und Tempus ständig wechseln. So erkennen Sie die Struktur, die verschiedenen Erzählperspektiven und das wechselnde sprachliche Niveau. Die Bedeutung unbekannter Vokabeln entnehmen Sie in der Regel der beiliegenden Übersetzung, da das Nachschlagen im Wörterbuch zeitaufwändig und nur bei Schlüsselbegriffen sinnvoll ist.*

Die *Cena Trimalchionis* ist eine längere Passage innerhalb der fragmentarisch erhaltenen *Satyrica*. Petrons ursprünglich sehr umfangreiches Werk spiegelt satirisch überzeichnet, aber im Grunde realistisch die Gesellschaft in Süditalien zur Zeit des Kaisers Nero. Der Ich-Erzähler Enkolp erlebt mit seinen Freunden zahlreiche groteske Abenteuer.
Unter anderem nimmt er am **Gastmahl** bei dem **neureichen Freigelassenen Trimalchio** teil, das in der vorliegenden Passage bereits voll im Gange ist. Trimalchio ist gerade von der Toilette zurückgekehrt, inszeniert seinen Auftritt ähnlich wie zu Beginn des Gastmahls und erspart seinen Gästen keine unappetitlichen Details, sondern schildert plastisch seine Verdauungsprobleme. Da er annimmt, dass nach dem üppigen Mahl der eine oder andere Gast dasselbe Bedürfnis verspüren könnte, warnt er nachdrücklich vor den Gefahren eines verzögerten Toilettenbesuchs und beschreibt ausführlich seine Sanitäranlagen, die er den Gästen hiermit zur Verfügung stellt.
Nach dem **grotesken Vortrag** des Gastgebers möchten Enkolp und seine Tischgenossen eigentlich schallend lachen, was sie aber aus Höflichkeit buchstäblich hinunterschlucken (*castigamus crebris potiunculis risum,* Z. 1/2). Sie unterdrücken also ein anderes körperliches Bedürfnis als das von Trimalchio geschilderte durch mehrere kleine Schlückchen, wie das **vulgärlateinische Diminutiv** *potiunculis* zeigt. Unmittelbar vor (*subinde,* Z. 1) dem unterdrückten Lachanfall bedanken sie sich beim Gastgeber. *Gratias agimus* (Z. 1) steht wie *castigamus* in der 1. Person Plural im historischen Präsens und bezieht Enkolps Umfeld mit ein, während Trimalchios Stammgäste kaum überrascht sein dürften.
Trimålchios geschmackloser Vortrag wird in **satirischer Verzerrung** bewusst unangemessen mit einem Hendiadyoin als großzügiges und nachsichtiges Verhalten (*liberalitati indulgentiaeque eius,* Z. 1) bewertet. Der erste Satz beschreibt die unmittelbare Reaktion, während der zweite Satz die Handlung kommentiert, beide zusammen markieren den ersten von insgesamt vier Teilen. In der 1. Person Plural im Imperfekt stellt Enkolp fest, sie wussten zu diesem Zeitpunkt noch nicht (*Nec adhuc sciebamus,* Z. 2), dass sie bisher erst die Hälfte des Gastmahls absolviert hatten. In einem gängigen Sprichwort (*quod aiunt,* Z. 2) vergleicht Enkolp das Gelage mit einer mühevollen Bergtour mitten im Aufstieg (*nos in medio ... clivo laborare,* Z. 2/3). Offenbar erlebte er bereits das bisherige Programm als Zumutung.

Im zweiten Teil (Z. 3–6) berichtet der Erzähler objektiv und auf **sprachlich hohem Niveau** von der folgenden Darbietung. Der komplexe Satzbau, der mit einem Ablativus absolutus beginnt, weist als Hauptverb *adducti sunt* in der 3. Person Plural Indikativ Perfekt Passiv auf, umrahmt von dem Nomen *sues*, das vom Participium coniunctum *culti* durch ein weites Hyperbaton getrennt wird. Der anschließende mit AcI verschränkte Relativsatz **parodiert** mit Trikolon und Klimax offensichtlich den Anfang von Caesars *bellum Gallicum* (*quarum unam incolunt … alteram … tertiam* bei Caesar wird zu *quorum unum bimum … esse dicebat, alterum trimum, tertium vero iam sexennem,* Z. 4/5). Dabei geht es keineswegs um die geografische Dreiteilung Galliens, sondern um drei weiße Schweine, auf deren Altersunterschied der verschränkte Relativsatz hinweist. Der vorzeitige Ablativus absolutus schildert das Abräumen der Tische mit musikalischer Umrahmung (*commundatis ad symphoniam mensis,* Z. 3). Der **theatralisch inszenierte Einzug** der mit Maulkörben und Glöckchen geschmückten weißen Schweine (*albi sues in triclinium adducti sunt capistris et tintinnabulis culti,* Z. 3/4) in den Speisesaal lässt an einen Triumphzug denken, bei dem die gefesselten Gegner zur Schau gestellt werden. Der Diener, der den Gästen das Alter der Schweine in aufsteigender Reihenfolge feierlich verkündet, wird als *nomenculator* statt dem klassischen *nomenclator* bezeichnet, dessen Aufgabe normalerweise darin besteht, hohen Beamten die Namen der Passanten zuzuflüstern.

Im nächsten Satz, der den dritten Teil des Textes bildet, schildert Enkolp rückblickend seine damalige spontane Interpretation dieses seltsamen Auftritts. Am betonten Satzanfang steht das eigentlich redundante Personalpronomen *ego,* wie es im **Vulgärlatein** typisch ist, zusätzlich zum Hauptverb in der 1. Person Singular Imperfekt. Da dem Erzähler Trimalchios groteske **Inszenierungen** nicht vertraut sind, erwartet er nun Akrobaten, die gewöhnlich dem Publikum auf der Straße (*sicut in circulis mos est,* Z. 6) irgendwelche Kunststücke vorführen. Sprachlich fallen die griechischen Begriffe *petauristarios* und das Diminutiv *circulis* auf. Das Nomen *portenta,* das im klassischen Latein grundsätzlich negativ konnotiert ist, bezeichnet hier erstmals Kunststücke, was in Verbindung mit dem im Vulgärlatein häufig verwendeten Pronomen *aliqua* wohl keine positive Erwartungshaltung des Erzählers signalisiert. Die umgangssprachlich verkürzte Verbform *intrasse* und die phonetisch unangenehme Alliteration *putabam petauristarios … porcos* zeugen zusammen mit den vulgärlateinischen Elementen und den griechischen Fremdwörtern von einem **niedrigeren Sprachniveau**, das sich auch im vierten Teil bei Trimalchios direkter Rede fortsetzt. Das einleitende *sed* weist auf Enkolps Fehleinschätzung hin. Seine gespannte Erwartung wird mit dem vorzeitigen Ablativus absolutus und einer vulgärlateinisch-bildhaften Wortwahl (*expectatione discussa,* Z. 7) abrupt und in überraschender Weise beendet. Die Schweine sollen keine einstudierte Zirkusnummer vorführen, sondern die Gäste dürfen wählen, welches von ihnen (*Quem … ex eis,* Z. 7, mit Präposition statt partitivem Genitiv) als nächster Gang auf den Tisch kommt.

Völlig absurd ist hier das Adverb *statim* (Z. 8), da die Zubereitung eines ganzen Schweins viele Stunden in Anspruch nähme. **Trimalchio** drückt sich hier nicht vulgär, aber doch in einfachen Worten aus. In drei kurzen parataktischen Sätzen verwendet er wenig differenziert eine Form von *facere*. Dabei **prahlt** er mit seinem überreichen Speiseplan, der auch regelmäßig die Zubereitung ganzer Kälber vorsieht (*vitulos aeno coctos solent facere,* Z. 9). Stolz vergleicht er die Leistung seiner Köche (*Mei coci,* Z. 9) mit anderen Gastgebern, die er diskriminierend als Bauern (*rustici,* Z. 9) bezeichnet. Diese servieren nur Hähnchen, also wesentlich kleinere Tiere, oder gar Hackfleisch, was Trimalchio als Trauerspiel (griechisch: *nenias,* Z. 8) beurteilt. Die figura etymologica *gallum gallinaceum* (Z. 8) kann man als weitere Anspielung auf Cäsars *bellum Gallicum* verstehen. Doch der herablassende Vergleich der Speisen charakterisiert vielmehr ihn als **geschmacklosen Tölpel**, der Quantität mit Qualität verwechselt.
Insgesamt besteht der Reiz der Textstelle im **Kontrast** zwischen relativ **hohem Sprachniveau** und **grotesken Inhalten**, in der **Diskrepanz** zwischen **pompöser Inszenierung** und **banalen Handlungen** und dem Aufbau von Erwartungen, die eine überraschende Wendung nehmen. Staunend, aber ironisch-distanziert schildert Enkolp die alberne Protzerei des primitiven Gastgebers.

b) *Die Teilbereiche a und b können, müssen aber nicht getrennt abgehandelt werden. Erinnern Sie sich an Sprache und Inhalt der im Unterricht gelesenen Passagen aus der* Cena Trimalchionis.
In der Prüfung wird von Ihnen nicht erwartet, dass Sie Zitate und genaue Textstellen angeben können.

Vor dieser Textpassage finden während der Abwesenheit des Hausherrn die sogenannten Freigelassenengespräche statt. Sie sind geprägt von stark fehlerhaftem Vulgärlatein und einfachen Parataxen bzw. unvollständigen Sätzen. Dagegen ist der vorliegende Abschnitt in komplexen Hypotaxen fehlerfrei formuliert. Wenige **vulgärlateinische Elemente** wie griechische Fremdwörter, pleonastische Verwendung von Pronomen und Diminutiva findet man hier nur bei genauer sprachlicher Analyse. Doch auch die Freigelassenen sprechen wie Trimalchio über Armut und Reichtum und mehr oder weniger großzügige Gastgeber.
Trimalchio selbst äußert sich immer wieder in direkter Rede. Das vorliegende Zitat ist immerhin fehlerfrei, während er beispielsweise seine Karriere in Kapitel 75 in **stark fehlerhaftem Vulgärlatein** schildert. Durch seinen Vortrag über Verdauungsprobleme, der dem Ausschnitt unmittelbar vorausgeht, demonstriert er noch mehr als hier seine **fehlenden Manieren**. Mit seinem hochnäsigen Vergleich mit anderen Gastgebern betont er einmal mehr seine Großzügigkeit. In Kapitel 34 weist er auf den besonders guten Wein beim heutigen Gastmahl hin, verbunden mit dem taktlosen Hinweis, dass er gestern vornehmeren Gästen schlechteren Wein vorgesetzt hat (*Verum Opi-*

mianum praesto. Heri non tam bonum posui, et multo honestiores cenabant, 34, 8). Sein kometenhafter **Aufstieg** und ungeheurer **Reichtum**, der hier durch ganze Kälber und Schweine zur Schau gestellt wird, wird mehrfach demonstriert: in Form von Wandmalereien (Kapitel 29), durch den Freigelassenen Hermeros (Kapitel 37) und von Trimalchio selbst (Kapitel 75). Trimalchio zelebriert seinen verspäteten Auftritt, als alle Gäste bereits anwesend sind (Kapitel 32). In Kapitel 78 inszeniert er sogar unsensibel seine eigene Beerdigung.

Durch protzige, häufig derbe und geschmacklose **Inszenierungen** (wie hier mit den geschmückten Schweinen) werden die Anwesenden immer wieder verblüfft. Ein Eber, der beim gestrigen Gastmahl nicht verspeist wurde, ist als Freigelassener dekoriert (Kapitel 41). Trimalchios wenig kompetenter Vortrag über Astronomie wird durch ein Tablett mit 12 Tierkreiszeichen begleitet, bei dem die Gebärmutter einer Sau das Sternzeichen Jungfrau und Hoden und Nieren Zwillinge illustrieren (Kapitel 35). Die Gäste, die darauf keinen Appetit haben, werden nach Abheben des Deckels mit darunterliegenden Leckereien überrascht.

Insgesamt lässt sich feststellen, dass die sprachliche Gestaltung der vorliegenden Textstelle eher untypisch für die *Cena Trimalchionis* ist. Dagegen sind **Überraschungseffekte** durch misslungene, pompöse Theatralik integraler Bestandteil. Auch hier wird Trimalchio als **geschmackloser, prahlerischer Neureicher** entlarvt.

14. a) *Die Interpretation des lateinischen Textes soll zeigen, wie sich Inhalt und sprachliche Form aufeinander beziehen, wie der Inhalt durch formale Mittel unterstrichen wird (z. B. hier durch rhetorische Fragen). Stützen Sie Ihre Argumentation durch lateinische Belege.*

Das in Anfangsstellung stehende *efficit* (Z. 1) weist betont auf die im Folgenden geschilderte Wirkung der Philosophie hin: Sie ist Arzt für die *Seele (Medetur animis),* indem sie unbegründete Sorgen verhindert, von Leidenschaften befreit, Ängste vertreibt. Knapp und prägnant ist in asyndetischer Reihung die heilende Wirkung der Philosophie zusammengefasst. Sogleich aber wird ihr Effekt (Z. 2, *haec eius vis:* Hyperbaton) antithetisch eingeschränkt: Die Philosophie wirkt nicht bei allen Menschen in gleicher Weise. Sie wirkt nur dann *(Tum),* wenn *(cum)* (Z. 3) sie auf eine empfängliche Natur trifft. Nun modifiziert Cicero (oder der Sprecher des Dialogs) ein altes Sprichwort (*ut est in vetere proverbio,* Z. 4): *Fortes … fortuna adiuvat,* indem er dem Glück die um ein vielfaches wirksamere Vernunft gegenüberstellt, wobei die Alliteration *multo magis* (Z. 4) und die Endstellung von ***ratio*** die Kraft der Vernunft betonen, welche mit ihren Regeln (hervorgehoben durch die Alliteration *quae quibusdam quasi*, Z. 4/5) die Kraft der Tapferkeit stärkt. Damit hat Cicero ins Zentrum des zitierten Textes den wichtigen philosophischen Begriff *ratio* gestellt. Die **Vernunft** gewährt dem Menschen in der **akademischen Philosophie Platos** Einblick in die **metaphysische Welt ewiger**

Wahrheiten, die ihn im Denken **der Stoa** mit den **Göttern** verbindet. Erstaunlich ist nun die folgende in Form einer rhetorischen Frage (*num censes,* Z. 6) verstärkte Behauptung, dass die Grundsätze der Philosophie bei denen selbst, von denen sie erfunden, erörtert und aufgeschrieben worden seien (einprägsames Trikolon und Asyndeton), meist nichts gälten. Cicero lässt nur wenige Ausnahmen zu (*nisi admodum paucos*, Z. 6). Die **Skepsis bezüglich der positiven Wirkung der Philosophie** auf die Seele, die sich oben schon andeutete (*eius vis non idem potest apud omnes,* Z. 2/3), wird hier verstärkt und im folgenden Satz radikalisiert: Wieder in Form einer rhetorischen Frage (Alliteration bei *Quotus quisque philosophorum, Z. 7*) beklagt Cicero, dass kaum ein Philosoph so (heraushebende Anapher *ita ... ita,* Z. 8) lebt, wie es seine Vernunft nahelegt (*ut ratio postulat,* Z. 8). Damit äußert Cicero eine Skepsis gegenüber der medizinischen Wirkung der Philosophie auf Seele und Leben des Menschen, die zu preisen er an vielen Stellen seines Werkes nicht müde wird.

b) *Wichtig erscheint hier der Gegensatz von Vertrauen in und Zweifel an der Philosophie.*

Besonders in **Rom** steht weniger die erkenntnistheoretische Seite der Philosophie im Vordergrund des geistigen Interesses als die **aus der Beschäftigung mit ihr abgeleiteten Lebensregeln**. Sowohl in der **Stoa**, wie sie vor allem von Seneca vertreten wird, soll die vernünftige Einsicht des Menschen in die Gesetzmäßigkeiten des Kosmos zu einer **seelischen Gelassenheit *(apatheia)*** führen, die ihn unempfänglich gegen psychische Verletzungen aller Art machen soll (vgl. *Medetur animis ... pellit timores*), wie auch im **Epikureismus**, wo die Einsicht in die Endlichkeit des menschlichen Daseins, das ein Spiel des Zufalls ist, dem Menschen **die Angst vor Göttern, dem Tod und persönlichem Versagen nehmen will**. Dass die Gelassenheit, die Philosophen versprechen, nicht immer leicht erreichbar ist, zeigen viele Briefe Ciceros, die in belastenden Lebenssituationen geschrieben worden sind, ebenso wie die Schriften Senecas, in denen immer erneut um die rechte stoische Grundhaltung gerungen wird. Über welche Macht freilich die Philosophie verfügt, machte Seneca am Ende seines Lebens deutlich, als er den Befehl Neros zum Selbstmord in aller Ruhe und Gelassenheit vollzieht. Er hatte in einem Brief (Epistel 98) den großen Sokrates als Vorbild genannt.

Abitur Latein (Bayern)
2015

Teil A: Übersetzung

Auch in der Politik heiligt der Zweck nicht alle Mittel!

Cicero belegt diese These anhand von Beispielen aus der römischen und griechischen Geschichte. Dabei stellt er scheinbar Nützliches und Ehrenhaftes einander gegenüber.

Utilitatis specie[1] in re publica saepissime peccatur[2]. Sed nihil, quod crudele, utile. Est enim hominum naturae, quam sequi debemus, maxima inimica crudelitas.

Illa autem exempla sunt praeclara, in quibus publicae utilitatis species[1] prae[3] honestate contemnitur. Plena exemplorum est nostra res publica – maxime bello Punico secundo: Cannensi[4] calamitate accepta nulla fuit timoris significatio, nulla mentio pacis. Tanta vis est honesti, ut speciem[1] utilitatis obscuret.

Athenienses, cum Persarum impetum nullo modo possent sustinere statuerentque, ut urbe relicta naves conscenderent libertatemque Graeciae classe defenderent, civem quendam suadentem, ut in urbe manerent hostesque reciperent[5], lapidibus obruerunt. Atque ille utilitatem sequi videbatur, sed utilitas nulla erat repugnante honestate.

Themistocles[6] post victoriam eius belli, quod cum Persis fuit, dixit in contione se habere consilium rei publicae utile. Classem Lacedaemoniorum[7] clam incendi posse ostendit, quo facto Lacedaemoniorum[7] opes frangerentur. Quod Aristides[8] cum audivisset, dixit utile esse consilium, quod Themistocles afferret, sed minime honestum. Itaque Athenienses, quod honestum non esset, id ne utile quidem putaverunt totamque eam rem repudiaverunt.

Maneat[9] ergo, quod turpe sit, id numquam esse utile!

1 species, -ei	*hier:* der Anschein
2 peccare	*hier*: verwerflich handeln, grausam handeln
3 prae (m. Abl.)	*hier:* zugunsten
4 Cannensis calamitas	*gemeint ist die verheerende Niederlage der Römer bei Cannae gegen Hannibal im Jahr 216 v. Chr.*
5 hostes recipere	*hier:* vor den Feinden kapitulieren
6 Themistocles, -is	*athenischer Staatsmann im 5. Jh. v. Chr.*
7 Lacedaemonii, -orum	*die Spartaner: Verbündete der Athener in den Perserkriegen, sonst erbitterte Konkurrenten um die Vormachtstellung in Griechenland*
8 Aristides, -is	*ein wegen seiner Integrität und Gerechtigkeit berühmter Athener*
9 manere	*hier:* gelten

Teil B: Aufgabenteil

Teil I

Bearbeiten Sie von den folgenden fünf Aufgabenstellungen ***vier*** *Aufgaben nach eigener Wahl. Erreichbar sind je vier Bewertungseinheiten.*

1. Welche Stilmittel erkennen Sie in folgendem Ausschnitt aus dem Übersetzungstext? Geben Sie **zwei** Stilfiguren mit den entsprechenden lateinischen Belegstellen an.

   […] nulla fuit timoris significatio, nulla mentio pacis. Tanta vis est honesti, ut speciem utilitatis obscuret.

2. Wählen Sie aus den folgenden Formen die **vier** aus, bei denen es sich sowohl um die Form eines Substantivs als auch eines Verbums handeln kann.

   duxi – ferri – laudi – luci – nolis – regis – vici – vis

3. Analysieren Sie die folgenden Verse metrisch, indem Sie Längen und Kürzen auf Ihr Arbeitsblatt schreiben und die einzelnen Verselemente (Metren) gegeneinander abgrenzen.

   Pro quo, si sceleris tanta est iniuria nostri,
   spargite me in fluctus vastoque immergite ponto.

4. Nennen Sie **zwei** vorbildhafte Römer bzw. Römerinnen aus der Frühzeit Roms und weisen Sie ihnen **jeweils einen** lateinischen Wertbegriff zu, der in der Darstellung des Livius durch ihr Verhalten exemplifiziert wird.

5. Beschreiben Sie **kurz** das Verhältnis zwischen Seneca und Lucilius, wie es sich in den *Epistulae morales* darstellt.

Teil II

Bearbeiten Sie von den folgenden sechs Aufgabenstellungen ***drei*** *Aufgaben nach eigener Wahl. Erreichbar sind je sechs Bewertungseinheiten.*

6. Paraphrasieren Sie **kurz** folgenden Textausschnitt aus Ciceros Werk *De officiis*.

   Sed cum plerique arbitrentur res bellicas maiores esse quam urbanas, minuenda est haec opinio. Multi enim bella saepe quaesiverunt propter gloriae cupiditatem, atque id in magnis animis ingeniisque plerumque contingit, eoque magis, si sunt ad rem militarem apti et cupidi bellorum gerendorum; vere autem si volumus iudicare, multae res exstiterunt urbanae maiores clarioresque quam bellicae.

7. Belegen Sie anhand Ihrer Kenntnis von Petrons *Cena Trimalchionis*, dass die folgenden Aussagen des Klassischen Philologen B. Kytzler zutreffen.

„Am Tisch des protzigen Provinz-Parvenüs Trimalchio trifft sich eine so bunte wie bedenkliche Gesellschaft, deren sinnloser Tafelluxus und sinnleere Tischgespräche amüsant karikiert werden."

8. Arbeiten Sie aus dem folgenden alttestamentarischen Text, in dem der Psalmist Gott direkt anspricht, Aspekte des Gottes- und Weltbildes heraus, die sich von epikureischen Vorstellungen unterscheiden.

„Seh ich den Himmel, das Werk deiner Finger, Mond und Sterne, die du befestigt: Was ist der Mensch, dass du an ihn denkst, des Menschen Kind, dass du dich seiner annimmst?
Du hast ihn nur wenig geringer gemacht als Gott, hast ihn mit Herrlichkeit und Ehre gekrönt."

Psalm 8, 4. Einheitsübersetzung der Heiligen Schrift. © 1980 Katholische Bibelanstalt, Stuttgart

9. a) Erfassen Sie **zwei** wesentliche Informationen, die in der folgenden italienischen Grußadresse an die Schülerinnen und Schüler enthalten sind, die am *Certamen Ciceronianum Arpinas* teilgenommen haben.
   b) Führen Sie die beiden unterstrichenen italienischen Wörter auf ihren lateinischen Ursprung zurück.

„Voi giovani studenti siete la nostra speranza, in voi vogliamo vedere uomini e donne di valore, che nel lavoro e nella vita agiranno sapendo distinguere il bene dal male, il giusto dall'ingiusto, l'onesto dal disonesto, l'utile dal nocivo."

10. Erläutern Sie, inwieweit folgende Ausführungen des Bundespräsidenten Joachim Gauck vor der Bundestagswahl 2013 Parallelen mit Positionen aufweisen, die in Ciceros Werk *De re publica* vertreten werden.

„Deshalb möchte ich Sie ermutigen: Überlassen Sie unsere parlamentarische Demokratie nicht der Beliebigkeit oder gar dem Verdruss. […] Unsere Demokratie lebt davon, dass wir eine Stimme haben und diese Stimme nutzen. Sie lebt davon, dass Bürger andere Bürger auf Zeit damit beauftragen, die öffentlichen Dinge zu regeln. Und sie lebt davon, dass die Gewählten ihren Auftrag ernst nehmen."

11. Weisen Sie anhand von Beispielen aus Ihnen bekannten Satiren des Horaz nach, dass seine folgende Aussage auch auf seine eigene Satirendichtung zutrifft.

Omne tulit punctum, qui miscuit utile dulci
lectorem delectando pariterque monendo.

- mit liebevoller Ironie (Satire)
- Stadt und Landmaus

Übersetzung:
Aller Beifall ist dem gewiss, der Heilsames mischte mit Süßem, der den Leser zum Genießen einlud und zugleich zum Nachdenken.
(Färber, H. & Schöne, W.: Horaz. Satiren. Heimeran, München 1957)

Teil III
Bearbeiten Sie von den folgenden drei Aufgabenstellungen ***eine*** *Aufgabe nach eigener Wahl. Die Bearbeitung dieser Aufgabe kann auch in einer zusammenhängenden Darstellung ohne Trennung in Teilaufgaben erfolgen. Erreichbar sind insgesamt 16 Bewertungseinheiten.*

12. **Cicero, *De re publica* 2,56**
Im Rahmen seiner Ausführungen über die römische Geschichte berichtet Scipio auch von der Verfassung der frühen Republik:
Tenuit igitur hoc in statu senatus rem publicam temporibus illis, ut in populo libero pauca per populum, pleraque senatus auctoritate et instituto ac more gererentur atque uti consules potestatem haberent tempore dumtaxat annuam, genere ipso ac iure regiam. Quodque erat ad obtinendam potentiam nobilium vel maximum, vehementer id retinebatur, populi comitia ne essent rata, nisi ea patrum adprobavisset auctoritas. Atque his ipsis temporibus dictator etiam est institutus decem fere annis post primos consules, T. Larcius, novumque id genus imperii visum est et proximum similitudini regiae.

Übersetzung
Es hielt also in diesem Zustand der Senat das Gemeinwesen zu jener Zeit in der Hand, derart, dass bei aller Freiheit des Volkes wenig durch das Volk, das meiste nach Ansehen, Einrichtung und Gewohnheit des Senates ausgeführt wurde und die Konsuln eine Macht hatten, die der Zeit nach auf ein Jahr begrenzt, der Art und dem Recht nach königlich war. Und was, um die Macht der Adligen zu behaupten, wohl von der größten Bedeutung war, das wurde heftig festgehalten: dass die Versammlungen des Volkes nicht gültig wären, wenn sie nicht das Ansehen der Väter gebilligt hatten. Und zu ebendieser Zeit ist auch ein Diktator ernannt worden, etwa zehn Jahre nach den ersten Konsuln, Titus Larcius, und neu schien diese Form der Herrschaft und der Ähnlichkeit mit der königlichen am nächsten.
(Cicero: De re publica. Lateinisch/Deutsch, übers. von K. Büchner. Reclam, Stuttgart 1987)

a) Interpretieren Sie – ausgehend vom lateinischen Original – die vorliegende Textstelle nach **formalen** und **inhaltlichen** Gesichtspunkten. (10 BE)

b) Untersuchen Sie, inwieweit die hier geschilderte Staatsform der Vorstellung Ciceros von der bestmöglichen Staatsverfassung entspricht. (6 BE)

13. **Vergil, *Aeneis* 8,714–723**

Nach der Landung in Latium erhält Aeneas einen Schild, den Vulcanus auf die Bitte der Venus hin geschmiedet hat. Auf diesem ist das Schicksal der zukünftigen Römer abgebildet. Neben einer Darstellung der Schlacht bei Actium sieht Aeneas folgende Szene:

At Caesar triplici invectus Romana triumpho
moenia dis Italis votum immortale sacrabat,
maxima ter centum totam delubra per urbem.
Laetitia ludisque viae plausuque fremebant;
omnibus in templis matrum chorus, omnibus arae;
ante aras terram caesi stravere iuvenci.
Ipse sedens niveo candentis limine Phoebi
dona recognoscit populorum aptatque superbis
postibus. Incedunt victae longo ordine gentes,
quam variae linguis, habitu tam vestis et armis.

Übersetzung

Doch Caesar zog in dreifachem Triumph in Roms Mauern ein und weihte den italischen Göttern ein ewiges Denkmal, prächtige Tempel, dreihundert an der Zahl, über die ganze Stadt hin. Von Jubel, Spielen und Beifall hallten die Straßen wider; in allen Tempeln bewegten sich Reigen der Mütter, in allen rauchten Altäre; den Boden vor den Altären bedeckten geopferte Stiere. Er selbst sitzt auf der schneeweißen Schwelle des glänzenden Apollotempels, mustert die Geschenke der Völker und lässt sie an den prächtigen Türpfosten befestigen. Es ziehen vorbei in langer Reihe die besiegten Völkerschaften, so verschieden in ihrer Sprache wie in Tracht und Bewaffnung.

(Vergil: Äneis. Lateinisch/Deutsch, übers./hg. von G. und E. Binder. Reclam, Stuttgart 2001)

a) Interpretieren Sie – ausgehend vom lateinischen Original – die vorliegende Textstelle nach **formalen** und **inhaltlichen** Gesichtspunkten. (10 BE)

b) Weisen Sie nach, dass die obige Schilderung der augusteischen Ideologie entspricht, indem Sie Aussagen des Textes zu Ihnen bekannten Beispielen der Selbstdarstellung des Augustus in Bezug setzen. (6 BE)

14. **Seneca, *De vita beata* 26,1 f.**

Seneca sieht sich angesichts seines großen Reichtums dem Vorwurf ausgesetzt, im Widerspruch zu seiner Lehre zu leben. Im folgenden Textabschnitt versucht Seneca, die wahre Einstellung eines Weisen gegenüber dem Reichtum zu verdeutlichen:

„Quid ergo inter me stultum et te sapientem interest, si uterque habere volumus?" – Plurimum: Divitiae enim apud sapientem virum in servitute sunt, apud stultum in imperio; sapiens divitiis nihil permittit, vobis divitiae omnia; vos, tamquam aliquis vobis aeternam possessionem earum promiserit, adsuescitis illis et cohaeretis, sapiens tunc maxime paupertatem meditatur, cum in mediis divitiis constitit.

Numquam imperator ita paci credit, ut non se praeparet bello, quod, etiam si non geritur, indictum est. Vos opes, tamquam periculum omne transcenderint maioresque sint vobis, quam quibus consumendis satis virium habeat fortuna, obstupefaciunt.

Übersetzung

„Was macht also zwischen mir Toren und dir Weisen den Unterschied aus, wenn wir alle beide besitzen wollen?" – Sehr viel: Reichtum nämlich befindet sich bei einem weisen Mann in der Stellung eines Sklaven, bei einem törichten in der eines Herrn, der Weise gestattet dem Reichtum nichts, euch der Reichtum alles; *ihr* – als ob euch einer dessen ewigen Besitz versprochen hat – gewöhnt euch an ihn und hängt ihm an, der Weise denkt dann besonders an Armut, wenn er inmitten des Reichtums steht. Niemals vertraut ein General so auf Frieden, dass er sich nicht auf Krieg vorbereitet, der, auch wenn er nicht geführt wird, dennoch erklärt ist. Euch bringt Reichtum – als ob er alle Gefahr hinter sich habe und euch zu groß sei, als dass ihn zu verbrauchen genug Kräfte habe das Schicksal – um den Verstand.

(Seneca der Jüngere: Philosophische Schriften, übers. von M. Rosenbach. WBG 1987)

a) Interpretieren Sie – ausgehend vom lateinischen Original – die vorliegende Textstelle nach **formalen** und **inhaltlichen** Gesichtspunkten. (10 BE)

b) Vergleichen Sie Senecas Haltung gegenüber dem Reichtum mit der des Horaz. (6 BE)

Lösungen

Teil A: Übersetzung

Unter dem Anschein des Nutzens wird im Staat sehr oft verwerflich gehandelt. Aber nichts, was grausam ist, ist nützlich. Der menschlichen Natur, der wir folgen müssen, ist nämlich Grausamkeit gänzlich entgegengesetzt (*wörtlich:* die größte Feindin).
Berühmt aber sind jene Beispiele (*ergänzen Sie:* aus der Geschichte), bei denen der Anschein öffentlichen Nutzens zugunsten der Ehrenhaftigkeit verworfen wird. Voll (*ergänzen Sie:* solcher) Beispiele ist unser Staat – vor allem im zweiten Punischen Krieg: Nach der Niederlage von Cannae (*wörtlich:* Nachdem die Niederlage bei Cannae erlitten worden war) gab es keinerlei Anzeichen von Furcht, kein Wort von Frieden. So groß ist die Kraft der Ehre, dass sie den Anschein von Nutzen in den Schatten stellt (*wörtlich:* verdunkelt).
Die Athener haben, als sie dem Angriff der Perser auf keine Weise standhalten konnten und beschlossen, die Stadt zu verlassen (der Ablativus absolutus *urbe relicta* ist mit Beiordnung übersetzt), Schiffe zu besteigen und die Freiheit Griechenlands mit der Flotte zu verteidigen, einen Bürger, der riet, sie sollten in der Stadt bleiben und vor den Feinden kapitulieren, gesteinigt (*wörtlich:* mit Steinen zugrunde gerichtet). Und doch schien jener dem Nutzen zu folgen, aber es konnte *(ergänzt)* keinen Nutzen geben ohne Ehre (*wörtlich:* bei widerstreitender Ehre).
Themistokles hat nach dem Sieg in dem Krieg, der mit den Persern geführt *(ergänzt)* worden war, in einer Volksversammlung gesagt, er habe einen für den Staat nützlichen Plan. Er legte dar, dass die Flotte der Spartaner heimlich angezündet werden könne, wodurch die Macht der Spartaner gebrochen würde. Als Aristides dies (*Quod:* relativer Satzanschluss) gehört hatte, sagte er, es sei ein nützlicher Plan, den Themistokles vorschlage (*wörtlich:* vorbringe), aber keineswegs ein ehrenhafter. Deshalb waren die Athener der Meinung, was nicht ehrenhaft sei, das sei gewiss auch nicht nützlich, und lehnten die ganze Sache ab.
Es bleibe also dabei, dass das, was schändlich sei, niemals nützlich sein könne *(ergänzt)*!

Cicero, De officiis 3,46–49 (mit Auslassungen)

Teil I

1. *Zwei Stilfiguren mit eindeutigem Beleg genügen. Erreichbar sind je Stilmittel mit zugehörigem Beleg zwei Bewertungseinheiten.*

Anapher	*nulla ..., nulla ...* (Z. 5)
Antithese	*tanta vis ...honesti, speciem utilitatis* (Z. 6)
	nulla mentio ...Tanta vis (Z. 5/6)
Asyndeton	*nulla ...significatio, nulla mentio pacis* (Z. 5/6)
Chiasmus	*timoris significatio, mentio pacis* (Z. 5/6)
Ellipse	*nulla mentio pacis* (Ergänzen Sie: *fuit.*) (Z. 5/6)
Hyperbaton	*nulla ...significatio* (Z. 5) , *vis ...honesti* (Z. 6)
Oxymoron	*nulla mentio pacis. Tanta vis est honesti* (Z. 5/6)
Parallelismus	*vis ...honesti, speciem utilitatis* (Z. 6)
Personifikation	*Tanta vis ...honesti ...obscuret (Z. 6)*

2. *Die Formen müssen weder bestimmt noch übersetzt, sondern nur genannt werden. Aufgrund eines Fehlers des Kultusministeriums finden sich fünf Formen, die sowohl Verb als auch Substantiv sein können, vier zutreffende Formen genügen.*

Angabe	**Bestimmung**	**Grundform**
Duxi	1. Person Singular Indikativ Perfekt Aktiv	*ducere*
Ferri	Genitiv Singular	*ferrum*
Ferri	Infinitiv Präsens Passiv	*ferre*
Laudi	Dativ Singular	*laus, laudis*
Luci	Dativ Singular	*lux, lucis*
	(oder) Genitiv Singular/Nominativ Plural	*lucus*
Nolis	2. Person Singular Konjunktiv Präsens Aktiv	*nolle*
Nolis	Dativ *oder* Ablativ Plural	*nola, ae*
Regis	Genitiv Singular	*rex*
Regis	2. Person Singular Indikativ Präsens Aktiv	*regere*
Vici	Genitiv Singular *oder* Nominativ Plural	*vicus*
Vici	1. Person Singular Indikativ Perfekt Aktiv	*vincere*
Vis	Nominativ Singular	*vis*
Vis	2. Person Singular Indikativ Präsens Aktiv	*velle*

Ferri, nolis, regis, vici, vis sind Nominal- und Verbalformen.

– – | – ∪ ∪| – – | – –| – ∪∪| – ×

3. Pro quo, si sceleris tanta est iniuria nostri,

– ∪ ∪| – – | – – |– – | – ∪ ∪| – ×

spargite me in fluctus vastoque immergite ponto.

Vergil, Aeneis 3, 604 f.

4. *Rufen Sie sich vorbildhafte Römer bzw. Römerinnen in Erinnerung, die Sie bei der Livius-Lektüre kennengelernt haben. Überlegen Sie anschließend, welchen Wert diese jeweils vertreten. Die Nennung der Personen und der entsprechenden Wertebegriffe reicht aus. Es können insgesamt vier Bewertungseinheiten erreicht werden.*

Lucretia → *pudicitia* (Sie begeht nach der Schändung durch den Sohn des Königs Tarquinius Superbus Selbstmord.)

Cincinnatus → *fides* oder *modestia* (Er zögerte nicht, seiner Pflicht gegenüber dem Staat nachzukommen und übernahm für kurze Zeit das Amt des Diktators. Dafür ließ er seine Arbeit als Bauer zurück und zog nach Rom. Nach getaner Arbeit kehrte er jedoch sofort zu seiner Landwirtschaft zurück.

Cloelia → *fortitudo* (Sie befand sich unter der Zahl der Geiseln, die dem etruskischen König Porsenna gestellt wurden. Mit anderen Mädchen floh sie in die Heimat, wurde jedoch nach Rückforderung der Geiseln wieder Porsenna übergeben, der ihren Mut anerkannte und sie freiließ.)

Coriolan → *pietas* (Er wurde aus Rom verbannt und ging zu den Volskern ins Exil. Dort initiierte er einen Krieg gegen seine Heimat Rom, den er schließlich abbrach, da seine Mutter ihn anflehte, diesen zu beenden.)

5. *Bedenken Sie bei der Beantwortung dieser Frage, dass die Beziehung zwischen Seneca und Lucilius von gegenseitigem Nutzen geprägt ist. Für jeden Aspekt können zwei Bewertungseinheiten erlangt werden.*

In den *epistulae morales* wendet sich Seneca in Briefform an Lucilius, dem gegenüber Seneca als Lehrer auftritt, indem er ihm den Weg zur **richtigen** (vor allem stoisch geprägten) **Lebensweise** aufzeigt.
Zwischen ihnen besteht ein **freundschaftliches Verhältnis**. Jedoch ist Seneca nicht nur **Lehrer**, sondern lernt auch selbst, da die philosophische Unterweisung des Lucilius auch bei ihm dazu führt, dass er sich stetig weiterentwickelt.
In Form eines Dialogs erfolgt diese stetige **Weiterentwicklung Senecas**, indem er von den durch Lucilius gestellten Fragen dazu angeregt wird, selbst philosophische Fragestellungen zu reflektieren.
Seneca und Lucilius stehen daher in einer **wechselseitigen, vertrauten Beziehung**, von der beide profitieren, ohne dass das Verhältnis zu persönlich wird.

Teil II

6. *Bei einer Paraphrase sind die zentralen Aussagen eines Textes mit eigenen Worten wiederzugeben. Eine Übersetzung ist nicht verlangt, sondern dient im Folgenden lediglich zur Orientierung für die anschließende Paraphrase.*

   Übersetzung: Aber da **sehr viele Menschen glauben**, dass **Kriegstaten bedeutender** seien **als zivile**, muss man dieser **Meinung entgegentreten**. Viele nämlich haben oft wegen der **Begierde nach Ruhm Kriege gesucht**, und dies ist meist bei **Männern mit edlem Charakter und großer Begabung** der Fall, umso mehr, wenn sie **fürs Militärwesen geeignet** und begierig auf das Führen von Kriegen sind; wenn wir aber **wahrheitsgemäß urteilen** wollen, so gab es viele **zivile Leistungen von größerem Wert als kriegerische**.

   Cicero, De officiis 1,74

   Die für die Paraphrase wichtigen Stellen sind **fett markiert**. Folgende Paraphrasierung wäre denkbar:
   Nach der Meinung vieler Menschen haben Taten, die im Krieg geleistet werden, mehr Bedeutung als politische. Diese Meinung ist jedoch laut Cicero so nicht richtig, denn der Grund für Erfolge im Krieg ist oftmals Ruhmsucht, besonders bei sehr begabten und selbstbewussten Personen. Jedoch muss man zu Recht zugeben, dass es mehr bedeutende Taten in der Politik als im Krieg gab.

7. *Lesen Sie Kytzlers Zitat genau und markieren Sie Schlüsselbegriffe.*
   Erinnern Sie sich an die Passagen aus Petrons cena Trimalchionis, *die Sie gelesen haben, und stellen Sie drei wesentliche Verbindungen zu Kytzlers Aussagen her. Die folgende Musterlösung ist ausführlicher, als es von Ihnen erwartet wird. Erreichbar sind sechs Bewertungseinheiten.*

   Zu Recht bezeichnet Kytzler Trimalchio als **Provinz-Parvenu**, der seine Herkunft sogar zur Schau stellt. Die Wandmalereien im Speisesaal (Kapitel 29) zeigen ihn als jungen Mann auf dem Sklavenmarkt. Mit Unterstützung von Minerva gelangt er nach Rom, wo er zum Kassenwart ausgebildet wird. Merkur erhebt ihn auf die Ehrentribüne, denn er bekleidet das Amt des *sevir Augustalis,* ein politischer Erfolg, auf den er als Freigelassener besonders stolz ist. Fortuna verhilft ihm zu ungeheurem **Reichtum**, mit dem er **protzt**, wie Kytzler treffend feststellt. Auch zu Recht spricht Kytzler von „sinnlosem Tafelluxus", der sich u. a. darin zeigt, dass er in den Thermen seinen eigenen silbernen Nachttopf (Kapitel 27) benutzt. Im Folgenden inszeniert er in Kapitel 32 schmuckbehängt und mit Begleitmusik seinen verspäteten Auftritt als Gastgeber, im Kapitel 34 werden die Hände der Gäste mit Wein statt mit Wasser gewaschen und das Silbergeschirr wird mit den Speiseresten hinausgefegt. Analog zum Wandgemälde schildert Trimalchio im Kapitel 75 den anwesenden Gästen ganz offen seinen Werdegang. Der ursprünglich aus Kleinasien stammende Sklave diente seinem Herrn 14 Jahre lang als Lustknabe – auch dieses Detail ist ihm nicht zu peinlich –, wofür er im Testament reich entlohnt wird.

Mit diesem finanziellen Grundstock spekuliert der Freigelassene sehr geschickt und erwirbt ungeheuren Reichtum, den er gern zur Schau stellt. Er **prahlt** damit, mehr zu besitzen als seine ganze Heimat (Kapitel 76), und schildert die riesigen Dimensionen seines Wohnhauses (Kapitel 77).

Die **Gesellschaft** kann durchaus als **bunt** bezeichnet werden, denn sie besteht zum einem aus dem superreichen Freigelassenen Trimalchio und zum anderen aus völlig mittellosen Freigelassenen wie Ganymedes, der sich nicht einmal mehr Grundnahrungsmittel wie Brot leisten kann (Kapitel 44). Bunt erscheint die Gesellschaft auch in anderer Hinsicht: Trimalchio und seine Frau sind schon relativ alt, ganz jung sind dagegen die meisten Diener und Encolps Begleiter Giton. Nicht zuletzt kontrastieren schlichte Geister wie die Freigelassenen Dama und Seleukos mit dem relativ gebildeten Agamemnon.

Bedenklich sind viele Geschmacklosigkeiten, beispielsweise seitens des Gastgebers, der bei Tisch seine Verdauungsprobleme thematisiert (Kapitel 47), aber auch seitens der Gäste, beispielsweise die unappetitliche Schilderung eines weiteren entarteten Gastmahls durch den Steinmetz Habinnas. Auf andere Weise **bedenklich** ist das Leitmotiv der Vergänglichkeit, das der geschilderten Veranstaltung einen morbiden Charme verleiht: Der hundertjährige Falernerwein übertrifft die Lebenserwartung eines Menschen. Ein silbernes Skelett bei Tisch ermuntert die Gäste, in einem missverstandenen Epikureismus, tüchtig zuzugreifen. Seleucus berichtet von der Beerdigung des Chrysanthus (Kapitel 42). Trimalchio selbst lässt sein Testament vorlesen, schildert sein geplantes Grabmal, das das berühmte Mausoleum übertrifft, und inszeniert seine eigene Beerdigung, um anschließend weiter zu feiern, solange noch Zeit ist.

Als weitere Beispiele für **sinnlosen Tafelluxus** lassen sich neben dem bereits erwähnten Wein zum Händewaschen und dem hinausgefegten Silbergeschirr die aufwendigen Inszenierungen exotischer Speisen anführen: Im Kapitel 35 werden die zwölf Tierkreiszeichen kulinarisch dargestellt, beispielsweise symbolisieren Hoden und Nieren Zwillinge. Diese Innereien werden aber gar nicht verspeist, die Leckereien befinden sich vielmehr darunter. Ein ganzer Keiler wird mit Freiheitsmütze serviert, weil er beim gestrigen Gastmahl „freigelassen“, also noch nicht verzehrt wurde.

Alle **Tischgespräche** lassen sich als **sinnleer** bezeichnen. Die Freigelassenen äußern sich ab Kapitel 41 wenig kohärent in fehlerhaftem Vulgärlatein. Ihre banalen Aussagen, etwa über das Wetter oder die Brotpreise, widersprechen sich ständig, ihre Gedanken kreisen um körperliche Grundbedürfnisse und niveaulose Vergnügungen wie Gladiatorenspiele. Der Gastgeber blamiert sich selbst mit einem **unsinnigen** Vortrag über Astrologie (Kapitel 39), dem die schmarotzerhaften Gäste schmeichlerisch Beifall spenden. Wirklich relevante Probleme und Gedanken werden dagegen nicht thematisiert.

Amüsant zu lesen ist die *Cena Trimalchionis* definitiv. Durch ironische Distanz zu seinen grotesk überzeichneten Charakteren gelingt dem feinsinnigen Autor Petron eine absolut lesenswerte **Karikatur** der tatsächlichen Verhältnisse.

8. *Erinnern Sie sich an die das epikureische Götterbild prägenden Schlagworte* (casus, *Atome, Intermundien), und rufen Sie sich die biblische Vorstellung ins Gedächtnis, um den Gegensatz zum Psalmisten herauszuarbeiten. Für jeden richtigen Gesichtspunkt werden zwei Bewertungseinheiten vergeben.*

Der **Psalmist** (Psalm 8, 4–6) wendet sich an einen allmächtigen Gott, der die **Welt erschaffen** hat („den Himmel ...Mond und Sterne, die du befestigt"). Einen solchen Gott kennt **Epikur** nicht, dessen Götter auch **bloße Atomgebilde** sind, denen in „Intermundien" gerade noch ein folgenloses Dasein zugebilligt wird.
Im Gegensatz dazu ist der **biblische Schöpfergott** in seiner Fürsorge dem **Menschen nahe** („dass du an ihn denkst, des Menschen Kind, dass du dich seiner annimmst") und hat ihn als **höchstes Wesen**, als Krone der Schöpfung, erschaffen. In der Lehre **Epikurs** ist der Mensch im Gegensatz zu dem alttestamentarischen Menschenbild zu einem ephemeren, d. h. nur kurze Zeit bestehenden, immer vom Zerfall bedrohten **Atomkonglomerat** degradiert, das genauso **zufällig** wieder verschwindet, wie es durch Zufall (*casu*) in die Welt getreten ist.

9. a) *Ihre Lateinkenntnisse lassen Sie den vorgelegten Text leicht entschlüsseln, auch wenn Sie die italienische Sprache nicht beherrschen. Eine Übersetzung der Passage ist nicht nötig und dient im Folgenden lediglich zur Überprüfung, ob Sie den Inhalt richtig erfasst haben. Insgesamt sind sechs Bewertungseinheiten zu erreichen.*

(Übersetzung: „Ihr jungen Studenten seid unsere Hoffnung, in euch wollen wir Männer und Frauen von Wert sehen, welche bei der Arbeit und im Leben handeln, im Wissen um den Unterschied von gut und böse, von gerecht und ungerecht, von Ehre und Schande, von Nutzen und Schaden.")

In dieser italienischen Grußadresse bezeichnet der Sprecher die jungen Menschen als **Hoffnung** für die heutige Zeit.
Er sieht in ihnen Männer und Frauen von **Wert**, die gut und böse, gerecht und ungerecht, ehrlich und unehrlich, nützlich und schädlich zu **unterscheiden** wissen werden.

b) *Die Angabe der deutschen Übersetzung der einzelnen lateinischen Begriffe ist nicht verlangt.*

giusto iustus,-a,-um (gerecht)
nocivo nocere (schaden)

10. *Setzen Sie sich mit den Ausführungen des Bundespräsidenten auseinander, indem Sie diese beispielsweise in eigenen Worten ausdrücken. Vergleichen Sie dann seine Thesen mit den Ihnen bekannten Ausschnitten aus Cicero,* De re publica. *Die folgende Musterlösung ist ausführlicher, als es von Ihnen erwartet wird. Drei wesentliche Aspekte genügen. Es sind sechs Bewertungseinheiten erreichbar.*

Gauck wendet sich als Staatsoberhaupt anlässlich der Bundestagswahlen an die Bürger, während Cicero gerade in der Zeit seines erzwungenen Rückzugs aus der aktiven politischen Tätigkeit seine staatsphilosophische Schrift *De re publica* verfasst.

Trotz dieser konträren Rahmenbedingungen argumentieren die beiden recht ähnlich, denn sie ermuntern beide die Bürger ausdrücklich zu **politischem Engagement**. Der Bundespräsident weist **Verdruss** im Sinn von **Politikverdrossenheit** scharf zurück. Cicero lehnt im Proömium zum ersten Buch die epikureische Position *late biosas* entschieden ab: Politisches Engagement ist vielmehr ein Kennzeichen von *virtus* (I, 1) und entspricht dem in der menschlichen Natur verankerten Bemühen um das Gemeinwohl. Zu Beginn seiner Ausführungen nennt Cicero als Paradebeispiel Marcus Cato, in Kapitel 10 kommt er auf sich selbst zu sprechen. Nur durch seinen unermüdlichen Einsatz von Jugend an war er 63 v. Chr. als Konsul in der Position, den Staat vor der Catilinarischen Verschwörung zu schützen.

Cicero argumentiert, die charakterlich Würdigen sollen als Staatsmänner fungieren (*bonis et fortibus et magno animo praeditis,* I, 9). Man dürfe die Staatsangelegenheiten nicht schlechten Menschen überlassen (*ne pareant improbus,* I, 9). Taktvoll vermeidet der Bundespräsident eine solche Differenzierung in seiner Rede und stellt allgemeiner fest: „Überlassen Sie unsere parlamentarische Demokratie nicht der **Beliebigkeit**".

Die Bürger sollen von ihrem **Wahlrecht** Gebrauch machen. In der Bundesrepublik besitzen alle volljährigen weiblichen und männlichen Staatsbürger das aktive und passive Wahlrecht. In Rom dagegen schließt der Begriff *civis Romanus* (**römischer Bürger**) weite Teile der Bevölkerung, nämlich alle Frauen, Sklaven und Freigelassenen, aus. Immerhin haben in der von Cicero bevorzugten **Mischverfassung** alle römischen Bürger ein Recht auf Mitbestimmung (*De re publica* I, 69 *„esse quasdam res servatas iudicio voluntatique multitudinis"*). In unserer „**parlamentarischen Demokratie**" sind ebenfalls nicht alle Bürger im gleichen Umfang politisch aktiv.

Der **Auftrag auf Zeit**, den die amtierenden Politiker von ihren Wählern erhalten, umfasst in der Regel eine Wahlperiode von vier Jahren und ist vergleichbar mit dem Prinzip der **Annuität** (vgl. *De re publica,* 2,56), das in Rom jährliche Wahlen von Spitzenpolitikern vorsah.

Der *cursus honorum* mit dem vorgeschriebenen Mindestalter ergibt sich in gewisser Weise auch in der Bundesrepublik, da kein Politiker gleich in einer Spitzenposition einsteigt. Beispielsweise muss der Bundespräsident mindestens 40 Jahre alt sein. Von allen gewählten Volksvertretern erwartet Gauck, dass sie

„ihren Auftrag ernst nehmen". Den **idealen Staatsmann** beschreibt Cicero ausführlich in Buch 5. Im *somnium Scipionis* (Buch 6) verleiht er dem idealen Staatsmann geradezu eine transzendente Komponente und geht damit über die Aussage des amtierenden Bundespräsidenten hinaus.

11. *Das vorliegende Zitat stammt aus Horaz' Werk* De arte poetica, *343 f. Die Übersetzung von Schöne gibt den Originaltext, der für das Zitieren von Schlüsselbegriffen herangezogen werden sollte, treffend wieder. Erinnern Sie sich an die im Unterricht gelesenen Satiren und nennen Sie drei wesentliche Aspekte. Die folgende Musterlösung ist ausführlicher, als es von Ihnen erwartet wird. Erreichbar sind für jeden zutreffenden Aspekt je zwei Bewertungseinheiten.*

Die Verbindung des Angenehmen mit dem Nützlichen *(miscuit utile dulci)* erinnert an Horaz' **literarisches Programm**, das er selbst in der Satire I, 1, 24 folgendermaßen formuliert: *ridentem dicere verum* (lachend die Wahrheit sagen). Er möchte dem Leser einen Spiegel vorhalten, ihn humorvoll auf typisch menschliche Schwächen aufmerksam machen, von denen er auch sich selbst nicht ausnimmt: So gibt Horaz in Satire I, 9, wenn er den aufdringlichen Schwätzer kritisiert, auf ironische Weise zu, dass auch er selbst Schwächen aufweist. Dabei verletzt er niemanden persönlich, nennt keine Zeitgenossen, sondern verwendet klingende Namen wie den Schwätzer *garrulus* in Satire I, 9 oder Berufsbezeichnungen wie den *mercator* und den *miles* in Satire I, 1.
Wahr ist sicher die Aussage, dass die Satiren des Horaz den Leser ermahnen (*„monendo"*), was u. a. in Satire I, 1 deutlich wird: Viele Menschen beklagen darin ihren beruflichen Alltag und möchten im Ernstfall doch nicht tauschen. Den Grund für diese Unzufriedenheit der Menschen sieht Horaz in ihrer Habsucht (*avaritia*), die er hier kritisiert. Diese **nützliche** Erkenntnis verhilft demjenigen, der sie verinnerlicht, zu mehr Lebensfreude.
Das weit verbreitete Laster der Habsucht (*avaritia*) wird dem Leser anhand vieler plastischer Vergleiche **humorvoll** übertreibend vor Augen geführt (*lectorem delectando*). Eher mit einem Augenzwinkern als mit dem erhobenen Zeigefinger des strengen Schulmeisters (*pariterque monendo*) verweist Horaz als Kernaussage der ersten Satire in V. 106 f. auf den goldenen Mittelweg:
Est modus in rebus, sunt certi denique fines,
quos ultra citraque nequit consistere rectum.
(Es gibt ein Maß in den Dingen, es gibt schließlich gewisse Grenzen,
diesseits und jenseits derer das Rechte nicht bestehen kann.)

Seine Vorgehensweise vergleicht er mit einem einfühlsamen Elementarlehrer, der seine Schützlinge mit Zuckerplätzchen besticht, das Alphabet zu lernen:
… pueris olim dant crustula blandi
Doctores, elementa velint ut discere prima

Die in Satire I, 1, 25 genannten Zuckerplätzchen sind sicher so **süß** (*dulci*), wie das Erlernen des Alphabets **nützlich** (*utile*) ist.

In Satire II, 6 stellt Horaz das damals bereits hektische und vom Konkurrenzkampf geprägte Stadtleben in Rom dem beschaulichen Landleben gegenüber. Einen Genuss für den Leser stellt es sicherlich dar, wenn er voller **Selbstironie** auch seine eigene Zerrissenheit zwischen seinem Landgut in den Sabiner Bergen, einem großzügigen Geschenk des Maecenas, und seinen teilweise lästigen gesellschaftlichen Verpflichtungen in Rom schildert, bei denen er aber seinem Gönner nahe sein kann. Die berühmte Fabel von der Stadtmaus und der Landmaus rundet diese Satire ab. Diese literarische Gattung macht es sich grundsätzlich zur Aufgabe, zu **unterhalten** und gleichzeitig zu **belehren** (*delectando pariterque monendo*). Dass sie in der Hierarchie der literarischen Gattungen ebenso wie die Satire relativ weit unten steht – *saturis musaque pedestri* formuliert Horaz in Sat II, 6, 17 bescheiden – darf nicht mit minderer Qualität verwechselt werden.
Während die Satiren I, 1 und II, 6 den Leser eher zum **Schmunzeln** bringen, kann man über den Schwätzer in Satire I, 9 sogar herzlich **lachen**. Er klammert sich richtiggehend an Horaz, der mit allen Mitteln, jedoch vergeblich, versucht, ihn abzuschütteln, und sich schließlich mit einem Esel vergleicht, der resigniert die langen Ohren hängen lässt (V. 20). Der Schwätzer entlarvt sich selbst als völlig ungeeignet für den Maecenaskreis, indem er auf seine Sing-und Tanzkünste hinweist, die nur bei Hetären gefragt sind, und meint, durch Bestechung Einlass zu bekommen. Inmitten all der **scherzhaften Übertreibungen und humorvollen Vergleiche** artikuliert Horaz seinen aufrichtigen Dank an Maecenas, dessen Künstlerkreis ausschließlich positiv geschildert wird und als vorbildlich gelten darf (V. 49 ff.):

domus hac nec purior ulla est
nec magis his aliena malis …
Est locus uni
cuique suus.
(Kein Haus ist reiner und weiter entfernt von diesen Übeln …
Jeder Einzelne hat dort seinen eigenen Platz.)

Horaz selbst bezeichnet seine Satiren als *Sermones,* Plaudereien, die in lockerem Ton mit einem Quäntchen **Humor** für angenehme Unterhaltung sorgen. Auch die geschmeidigen Hexameter erhöhen das **Lesevergnügen**, zumal in der Antike grundsätzlich laut gelesen wurde. Seine Definition eines erfolgreichen Dichters in dem Buch *De arte poetica* trifft also in vollem Umfang auch auf ihn selbst zu.

Teil III

12. a) *Achten Sie besonders auf Schlüsselbegriffe aus dem Wortfeld Politik. Aber auch Tempus, Modus und Stellung der Verben verdienen Beachtung. Erinnern Sie sich an gelesene Ausschnitte aus Cicero,* De re publica, *um Verbindungen zwischen den eher theoretischen Ausführungen und dem vorliegenden historischen Beispiel aus den Anfängen der Republik herzustellen. Stützen Sie Ihre Aussagen durch lateinische Belege. Die folgende Musterlösung ist ausführlicher, als es von Ihnen erwartet wird. Erreichbar sind insgesamt zehn Bewertungseinheiten.*

Da Cicero nach seiner Rückkehr aus dem Exil von den Machthabern Caesar und Pompeius vom aktiven Staatsdienst ausgeschlossen worden war, versuchte er, mittelbar durch seine staatsphilosophischen Schriften die Politik zu beeinflussen. In Anlehnung an Platons *Politeia* verfasste er sein Werk *De re publica* in sechs Büchern. Während Platon einen utopischen Idealstaat entwirft, geht Cicero die Thematik wesentlich pragmatischer an. Die realistischen, aber eher theoretischen Ausführungen der Bücher eins, drei und fünf werden in den Büchern zwei, vier und sechs anhand konkreter Beispiele, vor allem aus der römischen Geschichte, veranschaulicht.
Der vorliegende Textausschnitt skizziert die **politischen Verhältnisse** circa zehn Jahre nach der sagenhaften Vertreibung des letzten König Tarquinius Superbus, also noch vor Beginn der Ständekämpfe.
Der Text umfasst **drei Sätze**, wobei der erste und längste in fast vier Zeilen zunächst allgemein die **frühe Republik** beschreibt, die bereits in einer Art Mischverfassung, allerdings mit einem ausgeprägten monarchischen Prinzip, besteht. Der zweite Satz schildert in etwas mehr als zwei Zeilen das vehemente Bestreben der Adligen, möglichst **wenig Macht** an die **Volksversammlung** abzugeben. Der annähernd gleich lange dritte Satz spricht von der **Ernennung des ersten Diktators**, der wenige Jahre nach der Vertreibung des letzten Königs noch wesentlich stärker als die *Consuln* mit einem Monarchen vergleichbar ist.
Der erste Satz beginnt, was für die lateinische Sprache untypisch ist, mit dem Hauptverb *tenuit* in der 3. Person Indikativ Perfekt Aktiv. Das Subjekt, der personifizierte *senatus*, und das direkte Objekt *rem publicam* sind eingerahmt von dem **antithetischen Chiasmus** *hoc in statu* und *temporibus illis,* wobei das Demonstrativpronomen *illis* weit zurück in die Vergangenheit weist. Subjekt und direktes Objekt stehen zur Demonstration der engen Verbindung unmittelbar nebeneinander. Die Senatoren hielten bewusst und aktiv und trotz des Perfekts von *tenuit* für lange Zeit an diesem Zustand des Staates fest. Dass Senat und Konsuln aktiv handelten, wird durch die aktivischen Verben *tenuit* und *haberent* unterstrichen.
Der anschließende Konsekutivsatz fesselt die Aufmerksamkeit des Lesers nicht zuletzt durch eine Vielfalt an rhetorischen Figuren. Die **vierfache Alliteration** *pauca per populum, pleraque* (Z. 2), das **Polyptoton** *populo … populum* (Z. 1/2) und das **polysyndetische Trikolon** *auctoritate et instituto*

ac more (Z. 2) betonen die fast schon absurde **Antithese**, dass in einem freien Volk (*populo libero*) nur sehr wenig durch das Volk (*pauca per populum*), sondern das meiste durch den Senat (*pleraque senatus*) geregelt wird. Die Vorgehensweise des hier bereits zum zweiten Mal genannten *senatus* beschreiben **drei positiv konnotierte** Nomina im *Ablativus qualitatis,* während das Volk nur mit dem nicht wirklich zutreffenden Adjektiv *libero* näher bestimmt wird. Der Senat besitzt also Ansehen (*auctoritate*), sein Vorgehen ist geprägt von offiziellen Einrichtungen (*instituto*) und tradierten Gepflogenheiten (*more*). Der zweite Teil des Konsekutivsatzes wird durch das altertümliche *uti* statt *ut* eingeleitet und beschreibt den Status der *consules*: Ihre Amtsgewalt ist zwar, wie das ausgeprägte **Hyperbaton** optisch veranschaulicht, auf ein Jahr begrenzt (*potestatem ... annuam,* Z. 3), ähnelt aber der des Königs. Der **Parallelismus** unterstreicht die **Antithese** (*tempore dumtaxat annuam, genere ipso ac iure regiam,* Z. 3/4). Das Adjektiv *regiam* markiert den pointierten Schluss des Satzes, setzt das **Hyperbaton** fort und wird durch das **Hendiadyoin** unterstrichen: Sowohl der Ursprung (*genere ipso*) als auch der Rechtsstatus (*iure*) der *consules* ist mit dem eines Königs vergleichbar.
Allgemein stellt Cicero bisher fest, dass die Befugnisse der jeweiligen Konsuln denen der legendären sieben Könige der römischen Frühzeit vergleichbar sind, dass der Senat weiterhin ein starkes, traditionell verankertes Gremium ist und dass das Volk nun dem Namen nach frei, aber weiterhin kaum in die Politik involviert ist.
Im zweiten Satz, der auffälligerweise mit dem Relativpronomen *quodque* beginnt, greift *potentiam nobilium* (Z. 4) *senatus auctoritate* (Z. 2) auf. Während *potestas* (Z. 3) die rechtmäßig übertragene Amtsgewalt bezeichnet, steht *potentia* für eine tatsächliche Machtstellung nun des gesamten Adels (*nobilium*), der energisch an seiner bisherigen Macht festhält. Trotz drastischer (*vehementer,* Z. 5) Maßnahmen (*vel maximum* im Superlativ) weist das Hauptverb *retinebatur* im **Indikativ Imperfekt Passiv**, das man auch als *imperfectum de conatu* deuten könnte, darauf hin, dass die starke Position des Adels auf Dauer nicht haltbar sein wird. Bisher erhalten nur die Volksentscheide (*populi comitia*) Gültigkeit, denen der Senat auch zustimmt. Dass damit kaum zu rechnen ist, verdeutlichen der **Irrealis** und die **Verneinung** bei den Verben (*ne essent rata; nisi ... adprobavisset,* Z. 5/6) sowie das wiederholte und hier **personifizierte Nomen** *auctoritas* am **betonten** Satzende. Der zweite Satz konkretisiert also die schwache Position des Volkes (*populi*) gegenüber dem übermächtigen Senat (*patrum*) in der Anfangsphase der Republik.
Der einzige Eigenname des Textausschnitts, *T. Larcius*, der im letzten Satz mittig platziert ist, gehört dem ersten römischen *dictator,* der dieses neue Amt (*novumque id genus imperii*) um 500 v. Chr. innehatte. *His ipsis temporibus* (Z. 6) greift *temporibus illis* (Z. 1) auf und wird konkretisiert durch die zweite Zeitangabe im selben Satz. Bereits circa zehn Jahre nach Einführung des Konsulats (*decem fere annis post primos consules,* Z. 7) wird ein

Sonderamt mit außerordentlichen Kompetenzen eingeführt. Das Hauptverb im Passiv *institutus est* lässt darauf schließen, dass jedenfalls der erste Amtsinhaber nicht um die Macht (*imperii,* Z. 8) gekämpft hat. Offenbar machte das noch unausgegorene System der frühen Republik bereits nach einem Jahrzehnt ein weiteres Amt mit umfassender Befugnis nötig, das dem legendären vertriebenen König noch näher kam, wie das **Adjektiv** im **Superlativ** zeigt (*proximum similitudini regiae,* Z. 8). Anscheinend war die Anfangsphase der römischen Republik noch recht stark der Monarchie verhaftet.

b) *Erinnern Sie sich an die gelesenen Passagen aus dem ersten Buch von Ciceros* De re publica. *Besonders wichtig sind seine Ausführungen zur Mischverfassung und zu den drei reinen Staatsformen. Erreichbar sind insgesamt sechs Bewertungseinheiten.*

Selbst politisch entmachtet, verfasst Cicero von 54 bis 51 v. Chr. sein Werk *De re publica.* Tief beunruhigt beobachtet er den Verfall der *libera res publica,* weil Männer wie Caesar und Pompeius in dieser Zeit die ganze Macht an sich reißen und jahrhundertealte Prinzipien wie Annuität, Kollegialität, *cursus honorum* und Mindestalter faktisch außer Kraft setzen. Der vorliegende Text *De re publica* II,56 skizziert die Anfänge der Republik um 500 v. Chr. Was ist nun laut Cicero die ideale Staatsform?
Die reinen Verfassungsformen **Monarchie, Aristokratie** und **Demokratie** lehnt er grundsätzlich als zu **instabil** ab. Der Monarch kann leicht zum Tyrannen entarten (Kapitel I,65), die Aristokratie zur Ochlokratie (Kapitel 66), übermäßige Freiheit des Volkes endet im Chaos, stellt er in Kapitel 67 in enger Anlehnung an Platon fest. Müsste er sich für eine der drei reinen Formen entscheiden, so würde er die Monarchie vorziehen (*longe praestat mea opinione regium,* Anfang Kapitel 69). Sein **Ideal** ist aber wegen ihrer höheren Stabilität eine **Mischverfassung,** die Elemente der drei reinen Formen enthält und die er in Rom mehrere Jahrhunderte lang verwirklich sieht.
Die Volksversammlung mit Stimm- und Wahlrecht der Bürger ist ein typisch demokratisches Element. Die Volkstribunen vertreten in besonderem Maß auch durch ihr Veto in Senatssitzungen die Interessen des einfachen Volkes. Grundsätzlich haben auch Plebejer Zugang zum *cursus honorum.* Cicero selbst ist stolz, als *homo novus* alle Ämter bis zum *consul suo anno* erreicht zu haben. Doch sind dies Errungenschaften der sogenannten **Ständekämpfe**, die von circa 500 bis 287 v. Chr. die **demokratischen Elemente** in der römischen Verfassung schrittweise stärkten.
Das **aristokratische Element** ist durch einen einflussreichen Senat verwirklicht, zu dem anfangs nur Patrizier, bald aber auch Vertreter des Ritterstands Zugang hatten. Die beiden Konsuln und im Ausnahmezustand ein *dictator* bilden das **monarchische Element**. Der vorliegende Text schildert durchaus eine frühe Form der **Mischverfassung**. Von wenn auch schwachen **demokratischen** Elementen zeugen die Begriffe *populo libero* (Z. 1/2) und *populi comitia* (Z. 5). Erkennbar ist die Sympathie für den einflussreichen Senat

(*senatus auctoritate,* Z. 2, *patrum ....auctoritas*). Lediglich im zweiten Satz wird die *potentia nobilium vel maxima* leicht kritisiert. Ähnlich einer **Monarchie** ist die Amtsgewalt der Konsuln (*consules potestatem,* Z. 3) und vor allem das neu geschaffene Amt des Diktators (*novumque id genus imperii,* Z. 7/8).
Cicero dürfte also der geschilderten **frühen Republik** weitgehend positiv gegenüberstehen. Freilich weiß er, dass diese **frühe Mischverfassung** eben noch nicht stabil war, weil die Masse der Bevölkerung mehr Mitspracherecht einforderte. Optimal verwirklicht sieht Cicero die ideale Verfassung nicht 500 v. Chr. und noch viel weniger zur Entstehungszeit von *De re publica,* sondern im 2. Jhd. v. Chr. nach Ende der Ständekämpfe. Daher findet der fiktive Dialog an den drei Tagen des Latinerfests 129 v. Chr. mit Scipio Aemilianus als Hauptsprecher statt, dem Cicero weitgehend seine eigenen politischen Ansichten in den Mund legt.

13. a) *Beachten Sie den Hinweis auf die Schlacht bei Actium und die beiden Eigennamen. Benutzen Sie die Übersetzung für eine erste Orientierung, arbeiten Sie dann aber mit dem Originaltext, den Sie auch zitieren sollen. Ziehen Sie lateinische Belege heran, um Ihre Aussagen zu stützen. Die folgende Musterlösung ist ausführlicher, als es von Ihnen erwartet wird. Erreichbar sind insgesamt zehn Bewertungseinheiten.*

Seit den beiden berühmten homerischen Epen, die aus jeweils 24 Gesängen bestehen, ist das verbindliche Versmaß der Hexameter. Im Auftrag des Augustus verfasste Vergil das römische Nationalepos *Aeneis* in zwölf Büchern, wobei die Bücher eins bis sechs als „römische Odyssee" bezeichnet werden. Beim vorliegenden Ausschnitt aus dem achten Buch der „römischen Ilias" handelt es sich um den Höhepunkt der Schildbeschreibung, die ein Vorbild bei Homer hat (*Ilias,* 18,483–608). Allerdings ist auf Achills Schild allgemein frühgriechisches Leben dargestellt, während der von Venus bei *Vulcanus* für ihren Sohn *Aeneas* in Auftrag gegebene **Schild** brisante **politische Ereignisse** darstellt. Eine ausführliche Beschreibung eines Gegenstands, während der Handlungsablauf unterbrochen wird, eine sogenannte **Ekphrasis,** ist seit Homer ein typisches Gattungsmerkmal des Epos. Vergils Werk fungiert als **mythologische Rechtfertigung des römischen Imperialismus**. Unmittelbar nach der Zerstörung Trojas, also lange vor der Gründung Roms, bewährt sich der Trojaner *Aeneas,* der als Präfiguration des Augustus gezeichnet wird, durch seine herausragende *pietas* bei den vorausgehenden Irrfahrten und den Kämpfen in Latium.
Dreimal blickt Vergil weit voraus in die Zukunft:
Im ersten Buch verspricht *Jupiter* seiner Tochter *Venus* die **römische Weltherrschaft**.
In der Römerschau im sechsten Buch zeigt *Anchises* seinem Sohn die künftigen Römer und motiviert *Aeneas* durch seine Prophezeiung der römischen Weltherrschaft, sich dem **Schicksal** (*fatum*) nicht zu verweigern.

Auf *Euanders* Schilderung einer idealisierten Vorgängerstadt folgt als dritter Blick in die Zukunft die Schildbeschreibung, auf der die Schlacht bei Actium 31 v. Chr., also *Augustus'* Sieg über *Antonius* und damit das Ende des Bürgerkriegs ‚dargestellt ist. Der anschließende dreifache Triumphzug (*triplici … triumpho,* V. 1 mit Hyperbaton) fand 29 v. Chr. tatsächlich statt.
Der zu interpretierende Abschnitt lässt sich in drei Teile gliedern. Die V. 1–3 schildern vor allem die **religiöse Dimension des Triumphzugs**, die V. 4–6 die feiernde Bevölkerung, wobei in den V. 5/6 wiederum die **sakrale Bedeutung** betont wird. Die V. 6–10 stellen den **Sieger Augustus** den unterworfenen Völkern gegenüber und fokussieren damit die Außenpolitik.
Das Hauptverb *sacrabat* in der 3. Person Indikativ Imperfekt Aktiv steht am betonten Ende von V. 2. Das Subjekt *Caesar,* das durch die **Trithemimeres** in V. 1 abgehoben wird, meint eigentlich *Augustus.* Die Bezeichnung **Caesar** erinnert an seinen Adoptivvater, der durch seine Siege überhaupt erst die Voraussetzungen für den **Triumphzug** geschaffen hat. Bei seinem dreifachen Triumph begibt sich (*invectus* am zentralen Mittelplatz in V. 1) Augustus hinter die römischen Stadtmauern, wie das **doppelte Hyperbaton** *triplici … triumpho Romana … moenia* mit **Enjambement** betont.
Statt der gängigen Junktur *dis immortalibus* bezieht sich das attributive Adjektiv „unsterblich" (*immortale*) auf das Nomen *votum* (Grundbedeutung: Gelübde), während die Götter aus nationaler Tradition als italisch (*dis Italis*) bezeichnet werden. Indem Caesar bei den heimischen Göttern ein Gelübde einlöst, verleiht er dem Triumphzug einen Hauch von Ewigkeit, der durch die **doppelte Hyperbel** und das **doppelte Hyperbaton** *maxima ter centum, totam delubra per urbem* in Verbindung mit dem Superlativ *maxima* unterstrichen wird. Unmöglich können auf einem Schild 300 Tempeleinweihungen in der ganzen Stadt dargestellt sein.
V. 4 beinhaltet einen abgeschlossenen Satz, der den Blick auf die feiernde Bevölkerung lenkt. Das **polysyndetische Trikolon** mit **Alliteration** *Laetitia ludisque plausuque* im *Ablativus qualitatis* hängt ab von den personifiziert als lärmend beschriebenen Straßen Roms (*viae fremebant*). Durch diese stilistischen Mittel wird die Freude der Bevölkerung unterstrichen.
Die V. 5/6 knüpfen an V. 3 an, indem sie den Blick in die 300 Tempel lenken. Die **Anapher** *omnibus* (V. 5) zu *templis* als Synonym zu den *delubra* in V. 3 ermöglicht eine stark elliptische Formulierung; *in templis* wird nicht wiederholt, als Verb müsste man sinngemäß *erant* ergänzen. In Tempeln tanzende Mütter (*matrum chorus*) erinnern an die Ehegesetze zur Wiederherstellung der guten alten Sitten durch Augustus.
Die am Versende erwähnten Altäre leiten mit **Polyptoton** und **Assonanz** zu V. 6 über (*arae; ante aras*): den heimischen Göttern zum Dank geopferte Jungstiere (*caesi stravere iuvenci,* mit **Hyperbaton**) bedecken den Boden vor den Altären.
Die feierliche Atmosphäre spiegelt sich metrisch in **vier Spondeen** und nur **einem Daktylus** im fünften Versfuß. In den Tempeln sind also auch Priester anwesend, die nicht ausdrücklich erwähnt werden. Als Verantwortliche für

die Opferhandlungen dienen sie dem *pontifex maximus* Augustus und unterstreichen die **religiöse Dimension des Triumphzugs**.
Der am betonten Versanfang mit dem Demonstrativpronomen *ipse* benannte Augustus sitzt (*sedens* im Partizip Präsens Aktiv) vor dem Tempel seines Lieblingsgottes **Apoll**, der im Genitiv mit dem Beinamen *Phoebi* V. 7 abschließt. Die **Tautologie** *niveo candentis* (V. 7) unterstreicht zusammen mit **Parallelismus** und **Hyperbaton** (*niveo candentis limine Phoebi*) die Bedeutung gerade dieses Gottes für Augustus. Während der historische Triumphzug auf dem Kapitol endete, führt er in Vergils Darstellung zum Apollotempel auf dem Palatin, um die Wichtigkeit Apolls, aber auch die religiöse Komponente von **Augustus' Weltherrschaft** zu unterstreichen.
Standen die Verben bisher im Perfekt oder Imperfekt, versetzt das **Präsens** nun den Leser bzw. Betrachter mitten ins **politische Geschehen**. Der Herrscher begutachtet die Geschenke der unterworfenen Völker (*dona recognoscit populorum,* V. 8), die als mahnende Trophäen an den Torpfosten des Tempels befestigt werden. Das attributive Adjektiv *superbis* in V. 8, das mit Enjambement zu *postibus* gehört, hat hier keine negative Konnotation.
An dem Weltherrscher und **Friedensstifter** ziehen die besiegten Völker in langen Reihen vorbei (*victae longo ordine gentes,* V. 9), Hyperbaton und Parallelismus wirken zusätzlich **übertreibend**. Das **Trikolon** *linguis, habitu vestis, armis* (V. 10) und die **chiastische Stellung** von *quam* und *tam* betonen die **Verschiedenartigkeit der Völker** (*variae*) und damit auch die **Größe der eroberten Gebiete**.

b) *Die Teilbereiche a und b können, müssen aber nicht getrennt abgehandelt werden. Beispiele für Augustus' Selbstdarstellung sind neben Münzen insbesondere seine Autobiographie* res gestae, *der Friedensaltar Ara pacis und die berühmte Augustusstatue von Prima Porta. Die folgende Musterlösung ist ausführlicher, als es von Ihnen erwartet wird. Drei aussagekräftige Beispiele genügen. Erreichbar sind insgesamt sechs Bewertungseinheiten.*

Seine enge Verbundenheit mit dem Gott Apoll dokumentiert Augustus ganz konkret durch die Errichtung eines **marmornen Apolloheiligtums** auf dem Palatin in unmittelbarer Nähe des Kaiserpalasts, auf das V. 7 anspielt *(niveo candentis limine Phoebi).*
Apoll, aber auch *Saturn* und *Tellus mater* sind auch auf der berühmten **Augustusstatue** von Prima Porta dargestellt. Wenn der Text von 300 geweihten Tempeln spricht, werden sicher alle wichtigen Götter (*dis Italis,* V. 2) bedacht, explizit erwähnt wird im Textausschnitt nur *Apoll.*
Die wohl wichtigste politische Aussage auf dem Brustpanzer der Statue ist die Rückgabe der Feldzeichen des Crassus durch die Parther an Augustus. In allgemeiner Form ist in V. 8 von *dona populorum* die Rede. Die Statue zeigt den **Herrscher** barfuß, was bedeutet, dass er nicht mehr lebt und nach seinem Tod **vergöttlicht** ist. Bereits zu Lebzeiten darf der von Caesar adoptierte *pontifex maximus* sich *divi filius* nennen, in den Provinzen beginnt

schon der Kaiserkult. Der theologische Wortschatz, der im vorliegenden Text geballt auftritt, lässt die **Unterwerfung** der anderen Völker als **von den Göttern gewollt** erscheinen und verleiht auch dem Herrscher selbst pseudogöttliche Züge.

In seinen *res gestae* (19–21) berichtet Augustus, er habe in seinem sechsten Konsulat 82 Tempel restaurieren und 14 neu erbauen lassen. Die Weihung von 300 Tempeln anlässlich seines Triumphs erscheint nun gar nicht mehr so stark übertrieben. Neben den Baumaßnahmen bezweckte seine **Restaurationspolitik** insgesamt die Wiederbelebung der früheren **religiösen Bräuche**, auf die Vergil in den V. 5 und 6 anspielt.

Mit seinem Sieg über Antonius beendet Augustus die langen, blutigen Bürgerkriege und demonstriert durch die feierliche **Schließung des Janustempels,** die er auch in den *res gestae* 13 schildert, dass nun im ganzen Reich **Frieden**, die sprichwörtliche *pax augusta,* herrscht. Die mit **Polyptoton** doppelt erwähnten Altäre (*arae, aras*) assoziiert man natürlich mit der berühmten **Ara pacis**, die Augustus errichten ließ.

Zwei lange Prozessionszüge an den äußeren Breitseiten des Altars inszenieren den *pontifex maximus* inmitten eines Priesterkollegiums. Augustus' *pietas* während des Triumphzugs spiegelt den sprichwörtlichen *pius Aeneas* Vergils wider. Die vom Schicksal bestimmten Irrfahrten und Kämpfe des *Aeneas* erscheinen erst durch die römische Weltherrschaft und die *pax augusta* sinnvoll. Die bei Vergil präsente **Parallelisierung von Aeneas und Augustus** legt auch das Relief des mythischen Stammvaters im Eingangsbereich der *Ara pacis* nahe. Der *clupeus virtutis,* gewissermaßen eine Nachbildung des von Vergil beschriebenen Schilds, demonstriert ebenfalls die *pietas* des Augustus. Schließlich findet seine Selbstdarstellung auf **Münzen** im ganzen Reich weite Verbreitung.

Zusammenfassend kann man feststellen, dass sich Augustus nicht nur in seinem literarischen Auftragswerk, der *Aeneis,* sondern in vielfältiger Weise als **Friedensfürst** darstellen lässt.

14. a) *Die Interpretation des lateinischen Textes muss zeigen, wie sich Inhalt und sprachliche Form aufeinander beziehen, wie der Inhalt durch formale Mittel (z. B. Stilfiguren) unterstrichen wird. Ihre Argumentation soll durch lateinische Belege gestützt werden. Bedenken Sie, dass mit Seneca ein „Weiser" aus der Schule der Stoa spricht. Insgesamt sind zehn Bewertungseinheiten erreichbar.*

Der Text beginnt in Z. 1 mit der Frage eines **fiktiven Sprechers**, der sich gegenüber einem „Weisen" (*sapientem*) als „dumm" (*me stultum*) bezeichnet (was ironisch gemeint ist), welcher **Unterschied** zwischen ihm und dem Angesprochenen bestehe, wenn sie doch **beide nach Besitz strebten** (*si uterque habere volumus*). Diese Frage erscheint in Form einer **Antithese** bzw. eines **Parallelismus**. Hier wird gleich am Anfang sichtbar, wie **Seneca** aus einer

philosophischen Abhandlung durch wiederholte Einführung fiktiver Sprecher einen lebendigen Quasi-Dialog herstellt.
Die **Antwort** ist eindeutig: *Plurimum* (Z. 2). Beim **Weisen** habe der **Reichtum dienende Funktion**, beim **Dummen** spiele er die **beherrschende Rolle** (*in servitute – in imperio,* Z. 2/3): Diese knappe, lapidare **Antithese** wird im Folgenden erläutert:
Der Weise „überlässt dem Reichtum nichts" (*divitiis nihil permittit,* Z. 3), der Reichtum (*divitiis – divitiae:* das **Polyptoton** macht aus dem Objekt ein handelndes Subjekt) „euch alles". An Stelle des einen Dummen (*me stultum,* Z. 1) spricht nun Seneca mit *vobis* ein breiteres Publikum an, das dadurch gleichermaßen als dumm bezeichnet wird. Wenn der Weise „dem Reichtum nichts" überlässt, dann ist wohl zu ergänzen: von seiner inneren Freiheit.
Die **Ellipse** von *permittunt* bei *vobis divitiae omnia* (Z. 3) lässt zusätzlich im Unklaren, was der Reichtum eigentlich diesen seinen Besitzern überlässt; es geht Seneca hier wohl vor allem um eine erneut einprägsame **Antithese**: *nihil – omnia.*
Das **Gegensatzpaar** *vos – sapiens* wird im Folgenden weitergeführt, wenn Seneca (überspitzt und mit ironischem Unterton) beschreibt, wie sich die Menge, als wäre ihr sein ewiger Besitz gewiss, an den Reichtum gewöhnt und sich in ihn verstrickt (*adsuescitis illis et cohaeretis,* Z. 4), während der **Weise** paradoxerweise gerade dann am meisten an die **Armut** denkt (*maxime paupertatem meditatur,* Z. 5), wenn er mitten im **Reichtum** steht (*in mediis divitiis constitit,* Z. 5), wobei *paupertatem … in mediis divitiis* gleichsam ein **Oxymoron** bilden, die Vereinigung zweier widersprüchlicher Begriffe, die den Leser verblüffen und damit seine erhöhte Aufmerksamkeit gewinnen soll.
Hier wird eine **stoische Grundhaltung** verdeutlicht, die Seneca immer wieder aufs Neue beschreibt: Der Stoiker rechnet mit allen **Schicksalsschlägen**, um ihnen, wenn sie eintreten, in **stoischer Gelassenheit** (*gr. Ataraxia*) entgegenzutreten. Seneca fährt mit einem von ihm bevorzugten **Vergleich** aus dem **militärischen Bereich** fort: Ein **guter Feldherr** denkt gerade im **Frieden** (ein stark betontes *numquam* steht am Anfang des Satzes) an den **Krieg**, der, auch wenn er gerade nicht geführt wird, gleichsam immer angekündigt ist (*etiam si non geritur, indictum est,* Z. 6/7). Während sich Seneca also anscheinend im Kampf mit den verderblichen Einflüssen des Reichtums als siegreichen Feldherrn sieht, machen finanzielle Mittel (*opes*) euch (Unaufgeklärte ist zu ergänzen) blind (*obstupefaciunt*), so als ob (das *tamquam* der vierten Zeile wird wieder aufgenommen, um den bloßen Anschein von Wirklichkeit zu verdeutlichen) sie über alle Gefahr erhaben seien (*periculum omne transcenderint,* Z. 7) und aller Macht des Schicksals trotzen könnten, wobei die ungewöhnlich schwierige Konstruktion *maiores … quam quibus consumendis satis virium habeat fortuna* (beachten Sie die hervorgehobene Schlussstellung von *fortuna*) das Verständnis eher erschwert.
Insgesamt macht der Versuch Senecas, seinen in einer bevorzugten Stellung unter dem Kaiser Nero gewonnenen **Reichtum** mit den **sittlichen Grundsät-**

zen eines stoischen Philosophen in **Einklang** zu bringen, den bemühten Eindruck einer ihrer selbst nicht ganz sicheren Argumentation. Sokrates, welcher über seiner philosophischen Tätigkeit seine häuslichen Pflichten vergaß und in Armut starb, auf den sich Seneca so gerne beruft, hatte die hier geschilderten Schwierigkeiten nicht.

b) *Denken Sie daran, dass sich Horaz selbst als „ein Schweinchen aus der Herde Epikurs" charakterisiert. Erinnern Sie sich bei der vorgelegten Aufgabe vor allem an im Unterricht gelesene Horazsatiren. Sie können insgesamt sechs Bewertungseinheiten erreichen.*

Für **Horaz**, der sich einmal „ein Schweinchen aus der Herde Epikurs" nennt, ist im Sinne Epikurs ein **bescheidenes Leben** ohne große Ansprüche und ohne großen Ehrgeiz im privaten und öffentlichen Leben **erstrebenswert**, während **Seneca** gerade in den **Verlockungen** von Macht und Reichtum **Gefahren** sieht, in denen der stoische Weise sich bewähren kann, indem er seine **innere Freiheit** trotz aller sie einengenden Fesseln bewahrt.
In der ersten Satire des ersten Satirenbuches beschreibt **Horaz** die pathologischen Folgen einer **übertriebenen Besitzgier**, die mit dem Neid auf andere zu erklären ist: Bei zunehmendem Reichtum bringt sie den Besitzer immer mehr um seinen **Lebensgenuss**, weil sich der Geizige bei wachsendem Vermögen immer weniger gönnen und es genießen kann. Dazu kommt noch, dass er aufgrund seiner Gier in seinem Umfeld als unbeliebter Zeitgenosse gesehen wird: Der dort von Horaz beschriebene **Reiche** könnte Seneca gut als **Beispiel** für den unsachgemäßen **Umgang „der Dummen" mit Reichtum** dienen.
Dass im Maecenaskreis **äußere Güter** keine Rolle spielen, betont Horaz in der *Satire 1,9* einem ehrgeizigen „Schwätzer" gegenüber, der sich Zugang zu Maecenas verschaffen will.
Eine **Parabel** für ein **geglücktes, bescheidenes Leben** entwirft Horaz in der Fabel von der Stadt- und der Landmaus in seiner *Satire 2,6*, in der seine **Sympathie** ganz der **armen Landmaus** gehört. Während Horaz freilich das Thema mit leichter dichterischer Hand eher spielerisch behandelt, ist der Umgang Senecas damit fast zu sehr von moralisch-philosophischem Ernst geprägt.
Insgesamt lässt sich bei Horaz erkennen, dass er Reichtum, der nicht nötig ist und eher als Last gesehen wird, grundsätzlich hinterfragt, Seneca jedoch meint, dass er lediglich bei den „Dummen" zu einer Störung ihres seelischen Gleichgewichts führen könne, da nur die „dummen" Reichen keine vernünftige Einstellung zu ihrem Reichtum hätten.